우리 시대는 속도, 효율, 성과로 평가된다. 이런 시대에 하나님과 함께 가기 위해 삶의 속도를 늦추고, 변화시키시는 하나님의 은혜에 자신을 맡기라고 말하는 것은 큰 도전이다. 저자가 뉴욕이라는 대도시 목회자라는 점을 고려하면 더욱 그렇다. 하지만 저자는 그리스도인들에게는 다른 삶의 방식이 있음을 환기한다. 영혼 깊은 곳에 자리한 하나님과 함께하는 공간을 갈망하기 때문에 침묵과 정지와 고독이라는 관상적 리듬을 통해 온종일 하나님 앞에 있는 것이 필요하다고 설득한다. 그래서 환대와 화해, 소망과 정의의 실천으로 인도하는 관상적 리듬은 그리스도가 우리 삶과 교회 그리고 세상에 뿌리내리는 길이고, 이런 실천을 통해 변화된 사람들은 세상을 향한 강력한 증인이 될 것이라는 담대한 확신을 전해 준다.

김경은 장로회신학대학교 영성 신학 조교수

저자는 예수님께 뿌리내린 삶을 살려면 세상에 의해 피상적으로 형성된 삶을 벗어 버리고 의도적으로 우리 삶을 재조정할 필요가 있다고 말한다. 그리고 그 중 하나로 인종 화해를 제시한다. 뉴 라이프 펠로십 교회는 복음의 차원에서 인종주의가 가지는 의미를 밝히고, 인종주의 문제의 해결을 위해서 30년이라는 오랜 세월, 구체적인 실험을 해 온 공동체다. 한국 사회도 인종주의로 인한 갈등이 점점 심각해지고 있는 상황에서 이런 교회와 목회자의 경험이 녹아 있는 통찰이 책으로 나와 번역되었다는 것이 하나님의 선물로 여겨진다. 미국적 배경을 가지고 있기는 하지만, 보편적으로 적용할 수 있는 점들이 많다. 인종주의를 넘어서 평화와 화해의 하나님 나라를 갈망하는 한국 교회와 성도들에게 추천한다.

김세진 공익법센터 어필 변호사

영성 형성은 그동안 한국 교회가 익숙하게 해 오던 제자 훈련의 여정을 훨씬 깊고 풍요롭게 변화시켜 줄 것이다. 저자는 영성 형성의 중심 주제를 개신교 상황에 맞게 깊이 있고 친절하게 설명하면서 구체적인 실천 방안까지 제시한다. 기독교의 다양한 영적 전통에서 축적된 영성 형성의 내용뿐만 아니라 저자의 목회 경험에서 찾아낸 지혜를 실천 방안에 녹여 냈다.

김홍일 성공회 사제, 한국살렘영성훈련원 원장

현대는 피상성의 시대다. 사람들은 진득하고 깊이 있는 것보다는 빠르고 즉각적인 만족을 주는 것들을 추구한다. 스낵을 먹듯이 짧은 시간 동안 가볍게 콘텐츠를 소비한다는 '스낵 컬처'라는 표현이 그러한 피상성을 잘 보여 준다. 이러한 피상성의 추구는 우리의 영적 성장에 큰 장애물이다. 저자는 현대 문화 속에서 우리 삶이 피상적으로 형성되고 있음을 고발하면서, 더 깊이 있게 형성되는 삶을 위한 다섯 가지 가치와 그 실천 방안을 제시한다. 이것들 중에는 신앙과 문화 배경의 차이로 낯설게 다가오는 내용도 있다. 그러나 오랜 배움과 경험에서 나온 저자의 통찰은 깊이 있는 영성과 삶을 위해 천천히 곱씹어 볼 가치가 충분하다.

송태근 삼일교회 담임 목사

『예수님께 뿌리내린 삶』은 우리 시대를 위한 책이다. 정직하고 지혜로우며 통찰력 있고 재미있으며 무엇보다 깊이가 있다. 리치와 뉴 라이프 펠로십 교회가 정서적 건강과 인종적 정의를 결합해 내는 방식은 영감을 준다는 말로는 부족하다. 교회의 미래를 위한 영성 형성이 여기 있다.

존 마크 코머 브리지타운 교회 교육과 비전 목사, 『슬로우 영성』 저자

리치 목사님의 지도 아래 10년 가까이 성경을 공부했다. 그가 이 책에서 소개하는 핵심 가치들은 끊임없이 변하는 세상에서 그리스도인으로 어떻게 살아야 하는지 안내할 뿐 아니라 목적이 있는 삶, 곧 꾸준히 열정적으로 예수님을 가리키는 삶을 살도록 이끈다.

수전 켈리치 왓슨 여러 차례 상을 받은 텔레비전 드라마 〈디스 이즈 어스〉 출연 배우

리치 빌로다스는 관상적인 것에서 은사주의적인 것, 수도자적인 것에서 선교적인 것, 심리학적인 것에서 신학적인 것에 이르는 폭넓은 자료들을 그리스도 중심적이고 복음적인 방식으로 능숙하게 통합해 낸다. 깊이 있는 영적 여정을 거치는 동안 그는 따뜻하고 지혜로운 음성을 갖게 되었다. 연약한 부분을 고백하는 대목은 신선하고, 삶을 변화시키는 통찰과 실천 방안들은 명확하며 설득력이 있다. 이 책을 읽으면서 나도 모르게 미소가 지어졌고 성령이 주시는 마음의 찔림을 느꼈으며 '아멘'이 터져 나왔다.

글렌 패키엄 뉴 라이프 교회 부담임 목사, *Blessed Broken Given* 저자

우리 문화의 영향으로 그리스도인들의 신앙이 피상성을 띠게 되었다는 증거는 도처에 있다. 좀더 깊이 형성된 삶으로 가는 길은 대단한 미스터리가 아니지만, 리치 빌로다스가 보여 주다시피 그 길은 의도와 목적과 비전을 가지고 추진해야 할 대항 문화적 실천들로 가득하다. 이 책이 제시하는 비전은 우리가 신자로서 더 깊이 총체적으로 만들어지기 위해 필요할 뿐 아니라 교회가 더욱 깊이 있게 세워지기 위해서도 필요하다.

캐런 스왈로 프라이어 *On Reading Well, Books and Fierce Convictions* 저자

리치 빌로다스의 이 글은 수십 년간 그의 삶을 일부 구성했던 수도자 정신이라는 우물에서 길어 올린 것이다. 기독교 리더들 중에 관상적 삶을 오늘날 우리가 직면하는 복잡한 사회적·문화적·영적 현실과 잘 연결시켜서 구현해 내는 사람은 드물다. 『예수님께 뿌리내린 삶』은 하나님과 함께 인격적 온전함을 향해 가는 여행에 나서라고 초대한다. 그것은 정의, 평화, 화해라는 더 나은 세상을 만드는 새로운 도덕적 상상력으로의 여행이다. 적극 추천한다!

브렌다 솔터 맥닐 *Becoming Brave* 저자

『예수님께 뿌리내린 삶』은 우리 세대를 짓누르는 피상적 제자도의 유혹에서 벗어나 거룩함을 추구하라는 강력한 촉구다. 리치가 능숙하게 엮어 내는 개인과 공동체 형성의 경험 및 실천 방안들은 영적 건강과 번영으로 이끄는 현재적 제자도를 추구할 열의와 힘을 준다. 한장 한장 넘길 때마다 더욱 풍요로워지는 선물 같은 책이다.

가브리엘 살구에로   칼바리오 도시교회 목사, 전미 라틴계 복음주의연맹 대표

저자는 목사의 주된 과제가 군중을 모으는 것이 아니라 그들이 그리스도 안에서 형성되는 것임을 이해한다. 영성 형성은 영적 엘리트만의 실천이 아니라 모든 기독교 제자도의 핵심이다. 리치는 내가 서구 현대 교회에 바라는 바를 구현하고 있다. 그것은 우리가 영성 형성을 향해 방향을 전환하는 것이다. 『예수님께 뿌리내린 삶』은 우리가 따라가야 할 길을 분명하게 알려 주고, 영성 형성을 위한 본질적 실천 방안들을 모두가 이해할 수 있는 방식으로 소개한다.

브라이언 잔드   미주리주 세인트조지프의 워드 오브 라이프 교회 목사, *Sinners in the Hands of a Loving God* 저자

내 친구 리치 빌로다스는 교회사의 영적 지도자들에게 깊은 영향을 받았다. 하지만 이 책이 중요하게 다루는 것은 고대의 실천 방안들에 참여하여 충만한 삶을 살라는 촉구만이 아니다. 리치는 개인적 회복과 선교적 참여 모두를 강조한다. 여기서의 참여는 불의에 도전하는 것을 말한다. 『예수님께 뿌리내린 삶』이 새로운 장르의 영적 지도를 대표한다고 믿는다. 그것은 곧 홀로 떠나서 기도하시며 동시에 소외된 자들과 함께하셨던 예수님의 본을 따르는 삶이다.

브라이언 로리츠   *The Dad Difference* 저자

이 책은 서구 교회의 제자도 부재라는 고질적 문제와 씨름한다. 신학적으로 풍성하고 목회적으로 민감하며 놀라울 만큼 실제적이다. 리치는 현대의 가장 긴박한 사안들과 그것들이 제자도에 끼치는 영향을 주저 없이 다룬다. 이 시대에 참으로 필요한 책이다!

뎁 허쉬   선교 리더, 강사, Untamed 저자

리치 빌로다스는 깊이 있고 개인적이며 매력적이고 감동적으로, 하나님이 우리를 걸작으로 빚어내실 가능성을 보여 준다. 보기 드물고 강력한 이 책은 빛나는 통찰력과 절절한 이야기들로 독자를 하나님께 더 깊이 데려가며 세상을 더 아름답게 만들 것이다.

켄 시게마츠   캐나다 브리티시컬럼비아주 밴쿠버 텐스 교회 목사, 『상황에 끌려다니지 않기로 했다』
저자

리치 빌로다스는 우리의 피상성을 우아하게 드러내고 삶에는 훨씬 더 많은 것이 있음을 보도록 도와주면서 참을성 있게 우리를 예수님께 뿌리내린 삶 속으로 이끌고 들어간다. 빌로다스 목사는 현대를 사는 우리의 존재 방식을 잠식하는 변형된 모습들을 차근차근 보여 준다. 그리고 개인적 영성과 온전한 기독교 제자도를 담아낸 내용으로 우리가 깨어나기를 요구한다. 이 책은 더 깊은 삶으로 나오라는 강력한 소환장이다.

데이비드 피치   시카고 노던 신학교 복음주의 신학 린드너 석좌교수, 『하나님의 임재: 선교적 교회의
7훈련』 저자

예수님께 뿌리내린 삶

IVP(InterVarsity Press)는
캠퍼스와 세상 속의 하나님 나라 운동을 지향하는
IVF(InterVarsity Christian Fellowship)의 출판부로
생각하는 그리스도인을 위한 문서 운동을 실천합니다.

THE DEEPLY FORMED LIFE
Copyright ⓒ 2020 by Richard A. Villodas Jr.
All rights reserved.

Korean translation copyright ⓒ 2022 by Korea InterVarsity Press
156-10 Donggyo-ro, Mapo-gu, Seoul 04031, Republic of Korea.

This translation published by arrangement with Water Brook,
an imprint of Random House, a division of Penguin Random House LLC
through EYA(Eric Yang Agency).

이 책의 한국어판 저작권은 EYA(Eric Yang Agency)를 통하여
Random House와 독점 계약한 IVP에 있습니다.
신 저작권법에 의하여 한국 내에서 보호받는 저작물이므로
무단 전재와 무단 복제를 금합니다.

예수님께 뿌리내린 삶
그리스도의 형상을 이루는 다섯 가지 일상 제자도

The Deeply
Formed Life

리치 빌로다스 | 홍종락 옮김

Ivp

로지에게

―――――――――――

당신의 사랑 덕분에
내 삶이 더 깊이 형성되었어요.

차례

서문	피터 스카지로	15
서론	피상적 세계에 의해 형성된 삶	19
1장	탈진한 삶을 위한 관상적 리듬	39
2장	관상적 리듬을 위한 깊이 있는 실천 방안	57
3장	분열된 세계를 위한 인종 화해	83
4장	인종 화해를 위한 깊이 있는 실천 방안	105
5장	피상적으로 살아가는 세상을 위한 내면 점검	131
6장	내면 점검을 위한 깊이 있는 실천 방안	153
7장	몸과 영혼을 분리하는 문화에 맞선 성적 온전함	175
8장	성적 온전함을 위한 깊이 있는 실천 방안	197
9장	고립되고 관계가 끊긴 사람들을 위한 선교적 현존	221
10장	선교적 현존을 위한 깊이 있는 실천 방안	241
후기	깊이 있게 형성된 길로 나아가기	269
감사의 글		275
주		279

일러두기
본문의 각주는 옮긴이 주, 미주는 저자 주입니다.

서문

나는 이런 일을 절대 하지 않는다. 추천 서문을 쓰는 일 말이다. 보통 한 주에 한 번은 책 추천사나 추천 서문을 써 달라는 요청을 받는데 그때마다 거절한다. 사실, 이 책에 대해서도 주저하는 마음이 없지는 않다. 그러나 책 때문이 아니다(이 책은 훌륭하다. 이에 대해서는 뒤에서 다룰 것이다). 내 추천 서문을 읽은 사람들이 오해해서 내게 질문을 던지기 시작하고, 내가 하나님이 허락하신 한계를 벗어나 나의 몫이 아닌 사역으로 끼어들게 될까 봐 걱정스럽기 때문이다.

그러나 이 책은 나의 규칙을 깨고 추천할 만한 가치가 있다. 웬델 베리(Wendell Berry)식으로 말하면 이 책이 **지역적**이라서 좋다. 이 책은 지역 교회에 기반을 두고 있다. 이 교회에서 나는 스물아홉 살의 리치를 부목사로 고용한 이후로, 그가 성장하여 담임 목사가 되는 과정과 교인들을 위해 큰일들을 하는 모습을 지켜보는 특권을 누렸다. 이 점은 중요하다. 리치는 이 책에 담긴 개념들을 **실제** 사람들에게 적용하여 **실제** 삶에서 구현하고 있기 때문이다. 그는 이 세대를 위해 오래된 지혜를 구체화하고 있다. 폭넓은 독서로 배운 내용과 목회 현장에서 오랜 시간에 걸쳐 발견한 보물들을 결합해 낸다. 이것은 어려운 일이다. 그러나 여기서 그치지 않고 이것을 다음 단계로 끌어올린다. 영성 형성을 위한 풍부한 자원을 인종 화해, 성, 안식일 휴식 같은 현안에 적용하는 것이다. 21세기의 20년대에 접어든 이 시점에서 이것은 아주 의미심장하고 중요하다.

이 책을 읽으면 독자는 한껏 자극을 받을 것이다. 이 책은 독자가 제자도에 대해, 특히 영성 형성이 오늘날 삶의 가장 어려운 기회들에 어떤 영향을 주는지에 대해 훨씬 폭넓게 생각하도록 격려할 것이다. 독자는 삶에 영향을 미칠 실천적 리듬들을 발견할 것이다. 그리고 오랫동안 갈망해 온 삶, 깊이 있는 삶을 발견하게 될지도 모른다.

우리는 깊이 있는 의도적인 영성 형성을 종종 무시한다. 그러나 감정의 경우처럼, 이런 영성 형성의 뿌리도 우리 삶의 표면 아래에 숨겨져 있다. 다섯 가지 긴급한 가치를 중심으로 깊이 있게 형성된 삶을 꾸리라는 리치의 초청은 개인이자 하나의 문화로서 우리를 변화시킬 잠재력을 갖고 있다. 책을 읽고 나니 어느새 이렇게 자문하게 된다. '가족 구성원들이 이런 깊이를 갖추고 살아간다면 그 가족의 모습은 어떻게 될까? 독신들은 어떤 모습으로 변할까? 동네는 어떻게 될까? 도시는? 국가는?' 그렇게 된다면 우리의 삶은 훨씬 더 풍요로워질 것이다. 예수님이 그분의 백성들을 위해 의도하신 삶에 훨씬 가깝게 변화될 것이다.

그래서 더 이상 말을 보태지 않고 이 탁월한 책을 추천한다. 이 책의 저자는 예수님을 따르면서 뉴욕시의 퀸스라는 장소, 가장 다인종적이고 다양한 교회 중 한 곳에서 목회하고 있다.

계속 읽어 나가며 깊이 있게 형성되시길.

피터 스카지로
뉴욕 뉴 라이프 펠로십 교회와 '정서적으로 건강한 제자도' 운동의 설립자
『정서적으로 건강한 영성』『정서적으로 건강한 리더』 저자

서론

피상적 세계에 의해 형성된 삶

가끔 집에 있을 때면 소파에 앉아, 볼 만한 좋은 영화를 찾아 채널을 이리저리 돌려 본다. 아마 다들 그렇겠지만, 그동안 아무리 많이 보았어도 또 보게 되는 영화들이 있다. 그 영화들은 내가 아끼는 작품 목록에 올라 있다. 몇 편만 꼽아 보면 〈쇼생크 탈출〉, 〈반지의 제왕〉, 〈대부〉, 〈굿 윌 헌팅〉, 그리고 로맨스 영화의 고전 〈Mr. 히치: 당신을 위한 데이트 코치〉가 있다.

여기에 더해서 내가 사족을 못 쓰는 또 한 편의 영화가…〈타이타닉〉이다. 앳된 얼굴의 잭(레오나르도 디카프리오)과 세련된 로즈(케이트 윈슬럿)가 아래쪽 갑판 무도장에서 지그를 추는 모습을 다시 보려고 되감기 버튼을 누르지 않을 사람이 있을까? 이 블록 버스터 히트작(10억 달러 수입을 넘긴 첫 번째 영화였다)[1]의 특징은 화려한 목걸이, 더할 나위 없이 어울리는 셀린 디옹의 주제곡, 그리고 물론 눈을 뗄 수 없는 강렬한 이야기다. 그러나 최근에 다시 봤을 때, 어찌된 일인지 이

전에는 보지 못했던 선명한 대비를 발견하고 깜짝 놀랐다.

타이타닉호의 위쪽 갑판에는 놀랄 만한 호화로움, 시선을 사로잡는 풍요와 부가 있었다. 그와 선명한 대조를 이루는 아래쪽 갑판에는 가난에 찌든 승객들이 머물렀다. 물론, 타이타닉호는 출항하고 며칠 후 빙산과 충돌했고, 사회·경제적 지위와 관계없이 모든 승객이 재난을 맞았다.

또 다른 충격적 대비가 눈에 들어온 시점은 비극적 빙산 충돌 장면이 나온 직후였다. 꼭대기층 사람들에게는 비극적이게도 아무 자각이 없었다. 모든 것이 여전히 훌륭해 보였고 삶은 근사했다. 그러나 빙산을 들이받은 아래쪽 상황은 전혀 달랐다. 얼마 지나지 않아 아래쪽의 문제(물)가 위쪽 갑판으로 솟아오르기 시작했다. 그리고 영화의 결정적 순간에 (스포일러 주의!) 얼음장 같은 심해가 두 동강이 나 버린 타이타닉호를 삼켰다.

이것은 하나의 비유다. 설령 우리가 의식하지 못해도 아래쪽 갑판 사람들의 문제는 조만간 위쪽으로 올라오기 마련이라는 것이다. 참으로, (우리의 가족, 교회, 학교, 직장에 속한) 많은 사람들이 같은 배를 타고 있고 부지불식간에 배가 두 동강이 나서 바닷속으로 빨려 내려갈 위험에 처해 있다. 사실, 온 세계가 침몰하는 듯한 느낌이 종종 들기도 한다.

이 비유를 우리의 소셜 미디어 생활로 좀더 확장해 보면, 위쪽 갑판에서는 여러 상황이 아주 훌륭해 보일 수 있다. 심지어 인상적으로 보이기도 한다(적어도 인스타그램은 그런 인상을 준다). 우리는 유능하고 능력 있는 사람으로 보이고 싶어 한다. 그러나 목사인 나는 사람들이

우리는 시간을 내서 내면 깊숙이 들어가 보려 하지 않는다. 피상성
에 머물도록 길들여졌기 때문이다.

신중하게 모아 놓은 이미지들 배후의 진실을 거듭거듭 보게 된다.
 가까이 다가가 보면 소셜 미디어에 담기지 않는 모습을 보여 주
는 사람들을 나는 일상적으로 만난다. 가끔은 그들의 프로필 사진란
을 다시 찾아 사진 일부를 들여다본다(이렇게 말하니까 스토커처럼 보인
다는 거 안다). 내가 그들의 사진을 훑어보는 이유는 단 하나다. 상황
이 겉모습과 다른 경우가 아주 많다는 것을 기억하기 위해서다. 표면
적으로는 매우 만족스럽고 즐겁고 성공한 것처럼 보이는 사람도 사적
으로 따로 만나면 속에 있는 자살 충동, 마약중독, 불륜, 감당치 못할
수치심, 내면의 분노 등을 털어놓는다. 나는 얼음장 같은 물이 차오르
는 것을 본다. 그것은 정신 차리라는 경고다. 내 소셜 미디어 프로필
사진을 볼 때 나의 심연에서도 이와 유사하게 위협적인 물이 솟아오
를 수 있음을 안다.
 사실인즉, 우리의 영적 삶은 아래쪽 갑판에서 진정한 모양과 질감
을 갖춘다. 그러나 다들 알다시피, 우리는 시간을 내서 내면 깊숙이
들어가 보려 하지 않는다. 피상성에 머물도록 길들여졌기 때문이다.
그것도 예수님의 이름으로 말이다. 우리의 정서적 건강과 관련된 문
제든, 인종, 성, 정의 같은 복잡한 일들과 관련된 문제든 세상의 아주
복잡한 일들을 헤쳐 나가려 할 때 이런 피상성은 우리에게 불리하게
작용한다.

어떻게 하면 깨어져 나가는 주변 세상에서 치유의 도구가 되면서도 우리 개인의 삶에서 온전함을 경험할 수 있을까? 우선, 삶의 자리가 달라져야 한다. 아래쪽 갑판으로 내려가야 한다.

내가 목회하는 뉴 라이프 펠로십 교회는 '빙산'을 교회 로고로 사용하기로 결정했다. 이 빙산은 파괴의 도구가 아니라 변화의 깊이를 나타내는 상징이다.

빙산은 그리스도 안에서의 영성 형성이라는 목표, 즉 예수님은 우리 안에서 그분의 생명을 형성하기 원하신다는 사실을 떠올리게 한다. 의미심장하게도, 빙산의 90퍼센트는 수면 아래 잠겨 보이지 않는다.[2] 그리고 예수님은 우리 존재의 10퍼센트만이 아니라 전 존재를 변화시키고 싶어 하신다. 하지만 서구 세계의 기독교는 삶의 변화를 가져오는 강력한 수단이 되지 못하고 주변부로 밀려나 삶의 액세서리 정도로 치부된다. 표면적 변화를 강조하는 모습은 기독교 내부 어디에서나 여전히 볼 수 있고, 이런 면모는 모든 전통, 교단, 운동에서 두루 나타난다.

하나님께 감사하게도 나는 20년 넘게 나름의 방식으로 하나님을 추구하고 세상에 큰 선물들을 건네는 다양한 기독교 전통들 안에서 시간을 보냈다. 하지만 신앙을 이분화해서 내면을 희생하고 외면을 강조하는 모습도 목격했다. 몇 가지 사례를 제시해 보겠다.

- 일부 보수적 전통에서는 변화의 핵심이 올바른 신학을 머리에 집어넣는 일에 있다고 보고, 하나님이 원하시는 내적 작업을 간과한다.

- 일부 진보적 전통에서는 변화의 핵심을 올바른 행동과 사회참여라고 보는 반면, 개인적 겸손과 자비는 소홀히 한다.
- 일부 은사주의 및 오순절 전통에서는 변화의 핵심이 올바른 체험을 하는 것이라고 본다. 그러나 제대로 사랑하고 내면세계를 탐구하는 깊이 있는 작업은 하지 않는다.

뉴 라이프 교회에서 교인들과 30년 넘도록 거듭거듭 발견한 바에 따르면, 하나님이 우리 안에서 하시고자 하는 일을 이루려면 우리의 내면을 들여다봐야 한다. 더 깊이 들여다보고 깊이 있게 형성되어야 한다. 왜 그럴까? 피상성이 빚어낸 문화가 암암리에 우리를 일관된 방식으로 형성하고 있기 때문이다. 한마디로, 우리는 피상적으로 형성되고 있다.

매 순간 (피상적으로) 형성되는 삶

우리가 알든 모르든, 보든 못 보든, 이해하든 못 하든, 우리는 매 순간 피상적으로 형성될 위험 앞에 있다. 우리의 거짓 자아, 출신 가문, 대단히 조작적으로 만들어진 소셜 미디어가 우리를 형성하고, 성취, 소유, 효율성, 지적 능력, 재능을 따져 사람의 값어치를 결정하는 세상의 가치 체계가 우리를 형성한다. 그래서 우리는 하나님 안에서의 삶이라는 본질로 꾸준히 다시 부름받아야 한다. 그 본질은 지속적 변화의 본질, 즉 우리 안에 형성되는 그리스도시다. 나는 예수님을 따르는 세월 내내 이것을 끊임없이 탐구해야 했다.

예수님을 따르는 사람이 되고 3년쯤 지난 20대 초의 대학생 시절, 한 교수가 리더십에 대한 수업을 마치고 내게 했던 말이 생생하게 떠오른다. 나는 포스트모더니즘과 교회에 대한 책을 읽고 알게 된 내용을 수업 시간에 발표하는 과제를 맡았다. 문제는 내가 책을 읽지 않았다는 것이다.

물론 나름대로 포스트모더니즘을 공부하긴 했는데, 그래 봐야 책의 표지와 차례를 훑어본 정도였다. 그런 상태로 그 주제에 대해 발표를 해 나갔다. 절반쯤 진행했을 때, 교수는 내 말을 중간에서 끊고 이렇게 물었다. "리치, 책을 안 읽었군, 그렇지 않나?"

나는 기어들어 가는 목소리로 대답했다. "네, 안 읽었습니다." 학생들의 웃음소리와 수군거리는 소리가 들려왔다. 발표 시간은 아직 10분이 남아 있었다. 교수가 자리로 돌아가라고 말할 줄 알았다. 그러나 그게 아니었다. "계속해 보게."

수업이 끝나고 교수는 내게 잠깐 이야기를 나눌 수 있느냐고 물었다. 나는 책가방 한쪽 끈을 어깨에 멘 채로 서 있었고, 그는 분명한 표현을 써서 내게 경고의 말을 했다. "리치, 자네는 책의 표지만 읽고도 30분 동안 그 책에 대해 발표할 수 있는 재능이 있네. 하지만 자네는 저주도 받았어. 자신의 재능에 의지해서 살아갈 수 있다고 믿고 성품 형성이라는 심오한 작업을 소홀히 할 유혹을 받는 것이지. 자네의 재능은 겨우 거기까지만 자네를 데려갈 수 있지만, 심오한 성품을 특징으로 하는 삶에는 그런 한계가 없지."

그의 말은 내 마음을 꿰뚫었다. 며칠 동안 그에게 분개하기는 했다. 어떻게 내가 저주를 받았다고 말할 수가 있지. 그러나 스물두 살의 어린 나이였지만 그 순간은 내 인생의 전환점이 되었다. 나는 깊이 있게 형성되는 삶에 관해 배우고 있었다.

너희 안에 그리스도가 형성될 때까지

사도 바울은 그리스도를 따르는 갈라디아(현재의 터키) 사람들에게 보낸 서신에서 그들을 향한 고통스럽고도 충격적인 바람을 밝혔다. 편지의 수신자들은 그리스도 안에서 깊은 변혁을 경험하지 못하도록 방해하는 종교적 변화에 몰두한 이들이었다. 편지의 서두를 보면 바울이 그들의 생활 방식에 얼마나 충격을 받았는지 분명히 드러난다. 편지가 시작되고 몇 절 만에 그는 이렇게 썼다. "여러분을 [그리스도의] 은혜 안으로 불러 주신 분에게서, 여러분이 그렇게도 빨리 떠나 다른 복음으로 넘어가는 데는, 나는 놀라지 않을 수 없습니다. 실제로 다른 복음이 있는 것은 아닙니다. 다만 몇몇 사람이 여러분을 교란시켜서 그리스도의 복음을 왜곡시키려고 하는 것뿐입니다"(갈 1:6-7).

갈라디아 교인들은 그리스도 안에서 발견하는 하나님의 은혜라는 단순한 메시지에서 벗어났다. 바울이 전한 이 메시지(복음)는 분명 그들을 변화시키고 있었다. 하지만 얼마 후에 어떤 교사들이 교회로 침투하여 겉모습을 꾸미는 데 집중하는 다른 복음을 가르치기 시작했다.

거짓 교사들은 예수님에 대한 믿음만으로는 충분하지 않다고 말했다. 남자 교인의 경우, 하나님 백성의 일원으로 받아들여지려면, 할례를 받아야 하고 구체적인 절기들을 지켜야 하며 무엇보다 유대교 문화의 관습들을 유지해야 한다고 가르쳤다. 그들은 본질적으로 이

> 하나님이 우리 안에서 행하기 원하시는 심오한 작업에 우리가 관심이 없다면, 피상적 변화를 만들어 낸다 한들 무슨 소용이 있겠는가?

렇게 말하고 있었다. "예수님을 믿고 이런 일들을 한다면 하나님의 백성이 될 것이다. 이렇게 하면 언약 백성이 될 것이다. 그리고 자신이 제대로 '형성'되었음을 증명할 것이다."

그러나 바울은 **그렇지 않다**고 분명하게 말했다! 우리의 변화는 바깥에서 안으로 이루어지는 것이 아니라 안에서 시작하여 바깥으로 퍼져 나간다. 우리는 자기를 내어주고 아낌없이 쏟아내는 그리스도의 구속적 사랑에 거듭거듭 동의함으로써 변화된다. 우리는 그 사랑을 받고 그 사랑에 의해 형성된다. 바울은 이 부분에 집중했다. 같은 편지 뒷부분에서 바울은 자신의 "어린 자녀들"에 대한 관심을 이렇게 표현했다. "너희 안에 그리스도가 형성될 때까지 내가 다시 산고를 치르노라"(4:19, 한글KJV).

바울의 요점은 그들 안에 그리스도가 형성되는 것 단 한 가지였다. 하나님이 우리 안에서 행하기 원하시는 심오한 작업에 우리가 관심이 없다면, 피상적 변화를 만들어 낸다 한들 무슨 소용이 있겠는가? 바울은 2천 년 전의 교회에 편지를 쓰고 있었지만, 그들이 직면한 문제는 오늘날에도 동일하다. 깊이 있게 형성되지 못하고 피상적으로 빚어지는 데 안주하는 것이다.

신자로 빚어진 나의 이야기

나는 푸에르토리코 출신의 뉴욕 사람이다. 브루클린의 이스트 뉴욕 구역에서 태어나고 자랐다. 1980년대와 1990년대에 브루클린의 이 지역은 뉴욕시에서도 가장 방치되고 가난하고 마약이 만연한 지역으로 손꼽혔다. 이런 동네에서 자라다 보니 잡다한 경험을 했다. 길거리 축구의 행복한 기억과 길거리에 쓰러진 두 구의 시체를 본 무서운 기억을 모두 갖고 있다.

열두 명도 더 되는 사촌들과 한동네에 살면서 어울려 놀던 참으로 즐거운 기억들이 떠오른다. 그리고 마약 사용과 폭력 때문에 때 이른 죽음을 맞이한 친척들의 가슴 아픈 사연들도 접해야 했다. 자라면서 내 주위에는 멋진 본이 되는 신앙의 사람들도 있고(이를테면 할머니 할아버지와 고모들) 역기능 가정의 사례들도 있었다. 이 모든 경험이 나를 만들었다.

나는 신앙에 무관심한 가정에서 자랐다. 그래서 교회나 하나님을 부정적으로 바라보지 않았다. 그에 대한 생각 자체가 거의 없었으니까. 내가 어렸을 때 부모님은 잘해야 1년에 한 번 정도 교회에 나가셨지만, 할머니 할아버지와 함께 교회에 정기적으로 다닐 수 있도록 나를 보냄으로써 본인들의 무관심을 벌충했다. 처음에는 내 안에 좋은 종교적 가치관 같은 것이 스며들기를 부모님이 원하시는 줄 알았다. 하지만 내가 교회에 가야 엄마 아빠가 꼭 필요한 휴식 시간을 가질 수 있다는 걸 나중에 알았다(네 시간 동안 스페인어로 진행되는 오순절교회의 예배가 끝날 때까지 자리에 앉아 있는 걸 종교적 호기심이라고 할 수 있다면,

두 분에게는 그런 것이 아예 없었다).

이 교회를 다니는 동안 하나님에 관한 첫 번째 개념이 내 안에 형성되었다. 초등학생 시절에 이미 하나님이 예측할 수 없고 강력한 분이라는 사실을 배웠다. 회중 안의 누구라도 언제든 거룩한 것과 인간적인 것이 만나는 장이 될 수 있었다. 어린 나는 사람들이 땅바닥에 쓰러지고 춤추고 소리치고 우는 모습을 호기심과 두려움을 안고 지켜보았다. 그런 일이 벌어질 때, 회중 안에는 그 일을 정상적인 일로 여기는 반응과 신성한 일로 바라보는 반응이 모두 있었다. 내가 이해하기에는 너무나 큰일이었지만 나는 강한 호기심을 느꼈다.

하나님이 사람들을 치유하며 환영하신다는 사실도 배웠다. (보통 스무 명 정도가 참석했던) 예배 시간에 마약중독자들이 들어와 존재감을 드러내던 순간들도 기억난다. 예배에 자주 참여했던 한 사람은 나의 술 취한 삼촌이었다. 삼촌이 여봐란듯이 요란하게 들어오면 두 명의 집사가 그를 맞이했다. 그들은 삼촌을 환영하고 그를 위해 기도했고 그럴 만한 상황이 생기면 그를 기분 좋게 데리고 나갔다. 어릴 때부터 나는 하나님의 집은 환대를 베푸는 신성한 장소이자 상처 입은 자들을 위한 안전한 장소임을 보았다.

열두 살 때 부모님에게 교회를 그만 다녀도 되느냐고 물었을 때 부모님은 그러라고 하셨다. 그러나 5년 후, 고등학교 3학년이 된 나는 다시 교회에 다니고 있었다. 목사의 딸과 교제하게 되었기 때문이다(그러자 다시 교회에 열정적으로 참여하게 되었다). 2년 정도 이어진 관계가 마침내 끝났을 때, 나는 급격히 불안과 우울에 빠져들었다. 내 삶에는 모종의 평화가 필요했다. 그래서 어느 8월의 일요일 저녁에 어린 시절 다녔던 교회로 돌아갔다. 그날 나는 절망을 뚫고 들어오는 하나님의 사랑을 만났다.

교회 안으로 들어갔더니 백 명 정도의 사람이 모여 있었다. 길고 좁은 상가 건물은 사람이 더 들어설 틈이 없었다. 요란하고 활기찬 찬양 시간이 지나자, 마약중독자였다가 설교자가 된 목사가 에스겔 37장으로 설교하기 시작했다. 하나님이 마른 뼈들의 골짜기에 생명을 불어넣으시는 이야기였다(1-14절을 보라). 그는 (통역 없이 영어와 스페인어로) 설교하면서 앞에서 왔다 갔다 하는가 하면 중앙 복도를 오르내리며 춤을 추기도 했다. 멋들어진 갈색 악어가죽 신발과 그에 어울리는 벨트 차림이었다.

설교를 마무리하면서 그는 '생기'(하나님의 호흡, 5-6절을 보라)를 얻기 원하는 사람은 앞으로 나와 기도를 받으라고 했다. 영적으로도, 정서적으로도 숨이 막혔던 나는 그의 제안을 받아들였다. 내 영혼은 마른 뼈 골짜기와 같았고, 나는 하나님의 생명을 갈망하고 있었다. 나를 위해 기도하는 설교자의 이마에서는 땀방울이 떨어지고 내 볼 위로는 눈물이 흘러내렸다. 나는 거룩한 것과 인간적인 것이 한데 어우러지는 장소가 되었다. 나는 (열다섯 명 정도 되는 친척들과 함께) 그리스도 안의 삶으로 부르는 은혜로운 초청을 받아들였다.

그 시점부터 내 안에 잠겨 있던 뭔가가 열렸다. 나는 항상 기도했다. 교회가 제공하는 모든 예배와 성경 공부 모임에 참석했다. 일주일에 대엿새는 교회에 가서 기도회, 청년 모임, 남전도회에 참여했고, 심지어 매주 있는 여성도 성경 공부 모임까지 빠트리지 않았다. 가정 기도 모임들도 샅샅이 찾아 자청해서 참여했다. 교회 모임이 없을 때는 할아버지 침실에서 할아버지와 어깨를 맞대고 성경을 배웠다. 무슨 일이 일어나고 있는지 설명하기는 어려웠지만 내 영혼이 갈망하던 것을 발견했다는 사실만큼은 분명했다.

이것이 지금도 계속되고 있는 내 영적 여정의 시작이었다. 이 길을 가면서 나는 예수님을 따르는 다양한 길을 접했다. 스물한 살의 대학생이던 나는 사막의 교부 교모에 대해 알게 되었고 침묵, 고독, 관상의 실천을 실험하기 시작했다. 스물세 살에는 하나님이 성령의 임재와 사역을 통해 사람들을 어떻게 변화시키는지에 대해 더 배웠다. 스물다섯 살에는 하나님이 가난한 사람들을 특히 편파적으로 돌보신다는 사실을 알게 되었다. 영적·정서적·사회적으로 가난한 이들이 하나님께 중요하다면 나도 그들을 중요하게 여겨야 한다는 점을 분명하게 배웠다. 스물여덟 살에는 내 감정과 정서의 세계가 영성 형성에 녹아들게 하는 내면 점검의 여정을 시작했다. 서른 살에는 인종, 문화, 경제, 젠더의 장벽을 넘나드는 하나님의 화해 능력에 대한 급진적 비전을 접했다.

이 책을 통해 지금까지의 여정에 함께했던 사연, 통찰, 실패들을 나누고자 한다. 외치는 교회들과 침묵의 경험들이 지금의 나를 만들었다. 나는 떼제(Taizé) 공동체 찬양을 불렀고 흑인 복음성가를 외웠다. 새벽 세 시에 트라피스트 수도사들과 기도로 하루를 시작하기도 했고, 새벽 세 시에 오순절파 교인들과 함께 기도하며 하루를 마무리하기도 했다. 전례로 무장하기도 했고, 성령 안에서 죽임을 당하기도 했다.* 나는

---

* 은사주의 집회에서 쓰러지는 현상. 성령 안에서 살해당함, 성령 안에서 안식함이라고도 한다.

믿음으로 말미암는 칭의에 대해 설교했고, 세상에서의 정의로 이어지는 믿음에 대해서도 설교했다.

예수님을 따르며 살아온 20년 넘는 세월 동안 나는 폭넓은 여러 흐름과 전통의 영향을 받아 빚어지는 특권을 누렸다. 그리고 깊이 있는 영성 형성을 위해서는 폭넓은 정보가 필요하다는 사실을 배웠다. 그것은 단순히 인지적 차원만이 아니라 우리 삶의 구성 자체가 깊이 있게 형성될 수 있는 방식의 영향이어야 했다. 그리스도인의 증언이 신뢰감을 주려면 하나님의 백성 가운데 아름답고 다양하게 드러나는 그분의 행하심을 붙들어야 하고, 우리가 살아가는 바로 이 시대에 예수님과 그분의 나라에 그 어느 때보다 충실하고자 전력을 다해야 한다는 사실을 거듭거듭 깨달았다. 미국삼나무의 사례로 이것을 가장 잘 설명할 수 있다.

강력한 근계

최근에 강연차 샌프란시스코 지역으로 떠나면서 나는 가족과 함께 헤아릴 수 없이 많은 미국삼나무들로 둘러싸인 캠핑장에서 주말을 보냈다. 그곳으로 차를 몰고 가면서 그 위풍당당한 나무들을 처음 본 순간 경이감과 놀라움에 숨이 막혔다. 도시 사람으로 살아온 나는 고층 빌딩과 혼잡한 거리에 익숙하다. 그런데 그 큰 나무들이 출퇴근 시간 뉴욕시의 지하철 이용자들처럼 빽빽하게 모여 있는 광경을 보자 내 영혼 안에서 뭔가가 활짝 열렸다.

숙소로 잡은 오두막에 짐을 부린 후, 우리는 캠핑장 주변을 산책했다. 15분 동안 고개를 쭉 치켜들고 높이가 무려 60미터나 되는 나무들을 올려다보았다. 미국삼나무들 중 어떤 것들은 거의 120미터 높이까지 자란다는 것을 알게 되었는데, 37층 건물과 비슷한 높이였다. 그야말로 탄성이 나오는 장관이었다.

그 주말에 미국삼나무에 대해 알게 된 내용이 발단이 되어 이 책의 내용을 구상하게 된다. 강연장에서 설교할 차례를 기다리는 사이, 우리를 초대한 교회의 목사 윌이 연단으로 올라와 기도회를 이끌었다. 그 역시 푸에르토리코 출신이었는데 길고 숱 많은 레게 머리는 미국삼나무를 연상시켰다.

그는 공동체 생활에 대해 몇 마디를 했고 미국삼나무의 근계(根系)에 대한 짧은 교훈을 전했다. 미국삼나무들이 중심을 잡고 튼튼히 서 있는 것은 그 뿌리들이 서로 굳게 얽혀 있기 때문이다. 이 나무의 뿌리는 1.5-1.8미터를 파고드는 데 그치지만 바깥으로 나온 뿌리들은 길게는 옆으로 30미터나 뻗어 나간다. 이 뿌리들이 나무를 안정시키는 더 크고 더 넓은 근계를 형성하여 각각의 나무를 단단히 지탱해 주고 하늘 높이 자랄 수 있게 해 준다.

이 새로운 정보를 얻은 후 나는 미국삼나무에 대해 좀더 공부하게 됐고, 이 나무가 오늘날 그리스도인들에게 필요한 영성 형성의 핵심 은유임을 깨달았다. 하나님은 우리가 온전히 살아 있기를 원하신다. 하늘 높이 솟아올라 우리가 누릴 수 있는 하나님의 선한 삶을 증언하기를 바라신다. 그러나 우리의 삶이 이런 방식으로 빚어지고 변화되려면, 우리를 서로 한데 묶어 줄 강력한 근계를 갖추어야 한다.

내가 말하고 싶은 바는 우리 삶과 주변 세계가 큰 유익을 얻을 수 깊이 있게 형성된 삶은 통합을 특징으로 하고, 영성 형성의 다양한 층위들을 한데 묶어 낸다.

있는 근거가 존재한다는 점이다. 깊이 있게 형성된 삶은 통합, 교차, 뒤얽힘, 엮임을 특징으로 하고, 영성 형성의 다양한 층위들을 한데 묶어 낸다. 이런 삶은 기도 가운데 하나님과 함께하고, 화해를 향해 나아가고, 정의를 위해 일하고, 건강한 내면생활을 갖추고, 우리의 몸과 성을 우리가 청지기로서 관리해야 할 선물로 인식하도록 이끈다.

이것이 불가능한 기준으로 느껴질지도 모르겠지만 하나님의 은혜와 성령의 임재와 그리스도의 몸의 지원을 받으면, 그리스도 안에 거하는 삶에 대한 좀더 포괄적인 견해와 실천으로 의도적이고 끊임없이 나아갈 수 있다. 내가 제시하는 이 책의 목표는 모든 문제를 해결할 즉효 전략이 아니라 우리의 문제를 다루면서 우리가 더 심오한 깊이와 성숙함을 갖도록 도와줄 장기적 비전이다.

깊이 있게 형성된 삶

이 책에서 나는 깊이 있게 형성될 필요가 있는 다섯 영역을 탐구할 것이다. 이것들이 우리가 관여해야 할 전부는 아니지만, 그래도 이 다섯 영역은 꼭 챙겨야 한다. 예수님을 따르려 할 때 우리는 그리스도인의 정체성과 사명에 다층적으로 접근할 필요가 있다. 우리에게는 다음과 같은 것들이 필요하다.

1. **탈진한 삶을 위한 관상적 리듬.** 우리 대부분은 멈출 줄 모르고 외향적으로 살아간다. 그러다 보니 하나님과 함께할 시간이 없다. 이것은 우리 영혼에 대한 폭력이다. 고대의 사막과 수도원 전통의 영향을 받은 나는 느리지만 활기차고 변혁적인 삶의 방식에 뿌리내리는 데 도움을 주는 풍부한 자원들을 알고 있다. 바쁘고 괴로운 세상의 방식에 사로잡히지 않는 삶의 비전을 제시하고자 한다.

2. **분열된 세계를 위한 인종 화해.** 내가 목회하는 교회는 적어도 75개국에서 모인 사람들로 구성되어 있기 때문에, 세계의 적대감이 종종 교회 공동체에 직접적인 영향을 미치곤 했다. 우리는 당파적이고 이념적으로 깊이 분열된 문화에서 예언자적 공동체로 나아갈 길을 도모하며 30년이 넘도록 함께 여행해 왔다. 나는 우리가 함께 나아갈 화해의 길을 제시할 것이다.

3. **피상적으로 살아가는 세상을 위한 내면 점검.** 자신의 내면세계를 효율적으로 탐색할 도구가 없는 사람들이 많다. 자신을 제대로 인식하지 못하면, 불안으로 절뚝거리게 되고 사랑을 베푸는 성숙한 인간으로 성장할 기회를 놓치게 된다. 나는 내면세계라는 악명 높은 미지의 영역을 탐험하는 데 도움을 줄 안내자 역할을 맡고자 한다.

4. **몸과 영혼을 분리하는 문화에 맞선 성적 온전함.** 우리는 영적

생활과 육체의 건강한 통합이 어떤 모습으로 나타나는지 모를 때가 많다. 우리는 하나님을 우리의 온 자아로 사랑하고 육체를 자신의 삶과 관계의 번영을 위해 관리해야 할 선물로 보는 과정을 탐구하려 한다.

5. **고립되고 관계가 단절된 사람들을 위한 선교적 현존.** 우리 삶 속에 타인을 위한 자리를 만든다는 것은 무엇을 의미할까? 우리는 불의, 가난이라는 괴로운 현실에 어떻게 참여하며 영적으로 힘들어하는 사람들과 어떻게 관계하는가? 이 주제를 연구하면 세상으로 나가 다른 이들을 위한 치유와 소망의 존재가 되는 데 도움이 될 것이다.

나는 이 다섯 개의 가치 각각에 두 장씩 할애할 것이다. 첫 장에서는 신학적이고 성경적 비전을 제시하여 큰 그림을 보도록 도울 것이다. 두 번째 장에서는 깊이 있는 영성 형성의 과정에 참여하게 해 줄, 단순하지만 쉽지 않은 실천 방안을 제시할 것이다.

실천에 대한 한마디

깊이 있게 형성된 삶은 우리 삶을 의도적으로 재조정하지 않고는 이루어질 수 없다. 독자는 이 책의 내용을 현실에서 구체화할 다양한 방법을 발견하게 될 텐데, 그 방법들을 고려하기에 앞서 실천 자체에 관해 몇 마디 당부할 말이 있다.

첫째, 실천이 우리를 구원하거나, 실천 때문에 하나님이 우리를 더 사랑하시게 되는 것이 아니다. 우리는 그리스도 안에 있는 하나님의 거저 주시는 신실한 사랑으로 구원받는다. 하나님의 사랑은 한결같다. 다시 말해, 우리가 무엇을 하든 하나님이 우리를 더 사랑하시거나 덜 사랑하시게 만들 수 없다. 실천은 우리가 깊이 있는 여러 방식으로 하나님의 사랑을 받고 표현하도록 돕는 수단일 뿐이다.

이 책에서 제시하는 실천 사항들은 인격적이고 공동체적인 요소를 갖고 있다. 다른 사람들의 참여 없이 혼자서 할 수 있는 실천 사항도 있지만, 모든 실천은 사람들이 있을 때 한층 강화된다. 실천은 우리에게 부족한 점이 무엇인지 강력하게 증언해 주는 사람들로 이루어진 공동체 안에서 가장 큰 지지를 받는다. 삶의 어떤 영역에서는 우리 모두 복음서의 중풍병자와 같다(막 2:1-12을 보라). 때때로 우리에겐 우리 자신을 예수님 앞으로 데려다줄 친구들이 필요하다.

여러 실천 사항들은 주일 예배, 성찬식, 복음을 전하는 설교 듣기, 다른 이들과 모여 기도하고 우정을 나누기 같은 핵심적 영적 실천들을 보완하고 거기에 활력을 더하기 위한 장치다. 실천은 무언가를 실행에 옮기는 일일 뿐 아니라, 생각하고 바라보는 방식을 재구성하는 수단이기도 하다.

실천에는 시간이 걸린다. 그것을 실천*이라 부르는 이유는 우리가 배워야 할 새로운 점이 항상 있기 때문이다. 빠르게 실행에 옮기고 그 과정에서 의미 있는 결과를 경험하는 실천이 있는가 하면, 몸에 익히

---

*   practice, 이 단어는 연습, 훈련이라는 뜻도 갖고 있다.

는 데 시간이 많이 걸리는 실천도 있다. 하나님이 당신에게 허락하신 것과 동일한 자비를 자신에게 베풀기 바란다.

목회적 상황

나는 뉴욕시 퀸스의 뉴 라이프 펠로십 교회를 목회하는 큰 특권을 누리고 있다. 우리는 예수님과 서로를 잘 사랑하고자 노력하는, 다인종, 다계급, 다민족, 이민자, 다세대 도시 공동체다. 결코 잠들지 않는 도시에서 살아가는 우리는 모든 도시 거주자들과 동일한 고민을 안고 있다. 내가 이 사실을 밝히는 이유는 영성 형성에 관한 대부분의 책이 흔히 산, 숲, 수도원을 기본 배경으로 하기 때문이다. 나는 사이렌 소리가 울려 퍼지고 노숙인들이 샤워하기 위해 우리 교회로 모여들고 지하철을 타려는 사람들이 미친 듯이 내달리는 상황을 배경으로 글을 쓰고 생각하며 살아간다. 깊이 있게 형성된 삶은 침묵과 고독을 돕는 환경의 혜택을 누리는 사람들만을 위한 것이 아니다. 개인적 경험을 통해 자신 있게 말하자면, 그 삶은 하나님의 은혜로운 사랑으로 빚어지기를 갈망하는 모든 계층의 사람들에게 열려 있다. 이 책을 통해 하나님이 그분의 사랑과 만나는 심오한 만남의 자리로 당신을 초대하시기를 바란다.

이제, 우리의 첫 번째 관심 영역인 관상적 리듬으로 사는 삶에 대해 살펴보자.

1장

탈진한 삶을 위한 관상적 리듬

1901년, 미국인 의사 존 하비 거드너(John Harvey Girdner)는 '뉴욕염'(Newyorkitis)이라는 용어를 만들었다. 초조함, 빠른 움직임, 충동성 등의 증상을 보이는 질병을 가리키는 단어다. 거드너에 따르면 뉴욕염은 당시 "맨해튼섬 주민들의 상당수가 앓고 있는 질병"[1]이었다. 뉴욕 토박이인 나는 이 단어에 웃음이 절로 나오면서도 숨이 턱 막히는 듯하다. 웃음이 나오는 이유는 거드너가 이미 오래전에 사라진 세상을 묘사하고 있기 때문이다. 그곳은 인터넷이 없고 고속 차량도 없고 우리가 하는 모든 일에 영향을 미치는 기타 기술 발전도 없던 세상이다. 하지만 나는 숨이 막힌다. 뉴욕염이 거드너가 백 년도 더 전에 발견한 질병이라면 오늘날 우리는 도대체 어떤 상태일까 싶어서다.

1901년에 거드너는 사람들이 종종 자기도 모르게 얼마나 위험천만한 속도로 사는지 보여 주는 뭔가를 포착했다. 우리 세계의 속도는 줄어들지 않았다. 세계는 점점 더 빠르게 더 바쁘게 움직이고, 우리는 익숙해진 이 속도가 우리 영혼을 위한 원래의 속도가 아님을 떠올린다. 우리는 리듬을 놓친 사람들, 할 일은 너무 많고 그 일을 해낼 충분한 시간은 없는 사람들이 되었다. 이 병은 더는 뉴욕만의 현상이 아니다. 전 세계 사람들이 감염되었다. 나는 이 병을 매일 본다.

얼마 전, 나는 토요일 아침에 동네를 걷고 있었다. 내가 사는 아파트 건물로 다가가는데 길 반대편에서 한 노인이 나를 향해 미친 듯이 소리를 질렀다. "유대인이신가요?" 무인도에 발이 묶인 사람이 문명 세계로 돌아가게 해 줄 누군가를 발견한 것처럼 그는 손을 흔들어 댔다. 그는 내게 가까이 다가오면서 같은 질문을 되풀이했다. "유대인이신가요?" 이상한 질문이었지만 내가 수염을 기르고 있었으니 유대인으로 볼 수도 있겠다는 생각이 들었다.

토요일의 이른 아침이었지만 나는 다소 큰 소리로 대답했다. "아닙니다. 푸에르토리코 사람입니다."

"그렇군요, 잘됐네요." 그는 숨을 고르고 이마의 땀을 닦으며 말했다. "도움이 필요합니다. 아흔 살의 어머니를 아래층으로 모셔 와야 해서요."

여유 있는 아침이라 호기심을 느끼며 그의 아파트로 따라 들어갔다. 엘리베이터에 도착했을 때 그는 산만하게 다른 방향을 바라보면서 말했다. "6층 부탁합니다." 이상하다는 생각이 들었지만 기꺼이 버튼을 눌렀다. 엘리베이터가 올라가는 동안 통성명을 하고 올라가는 숫자를 어색하게 바라보았다. 그의 호흡이 거칠고 힘겨워 보였다. 곁눈질로 바라보니 그가 뭔가를 중얼거리고 있었다.

엘리베이터는 6층으로 올라갔다. 그다음 그가 작은 아파트로 들어

가면서 이렇게 외쳤다. "엄마, 리치가 왔어요."

그러자 그의 어머니가 짜증 섞인 목소리로 이렇게 소리쳤다. "리치가 누구야?" (상당히 뉴욕스러운 순간이었다.)

집 안으로 들어가 보니 잘 차려입은 노파가 보행 보조기를 붙들고 있었다. 노인은 커다란 진주 목걸이에 조금 커 보이는 구두를 신고 있었다. 그녀는 화를 내면서 불평을 늘어놓았다. "너무 바빠." "시간이 늘 부족해." "모든 걸 어떻게 다 끝마치지?"

금세 상황이 파악되었다. 이 모자는 지역 회당으로 가려 하는데 안식일을 지켜야 하는 터라 엘리베이터 버튼을 누를 수가 없었다. 그가 내게 원한 것은 엘리베이터 버튼을 누르는 것뿐이었다.

그때를 떠올리면 웃음이 나온다. 그 만남에서 가장 인상적이었던 부분은 노부인이 스트레스를 받고 있었다는 점이다. 아흔 살의 노인이 안식일에 할 일이 너무 많아서 압박감을 느끼고 있었다.

뉴욕염은 여전히 건재하다.

위험할 정도로 고갈된 삶

살다 보면 쉽게 탈진 직전의 상태가 될 수 있다. 우리 삶의 속도는 종종 파괴적이다. 여유가 없이 살다 보면 쇠약해진다. 녹초가 된다. 이런 상황에서 발생하는 문제는 정신없이 바쁜 속도만이 아니다. 그 결과로 **하나님과 함께하는 삶**이 사라진다는 것이 진짜 문제다. 교육자이자 활동가인 파커 파머(Parker Palmer)는 자신을 너무 많이 내주어서 남은 것이 하나도 없는 상황이 번 아웃의 주된 원인이 아니라고 설득

> 속도, 피상성, 산만함의 문화에 사로잡혀 있는 한 우리는 하나님이
> 원하시는 모습이 되지 못한다.

력 있게 주장한다. "번 아웃이 드러내는 문제는 무(無)다. 애초에 아무 것도 없는 상태에서 주려고 했다는 것이다."²

다른 속도로 사는 삶은 어떤 모습일까? 하나님과 깊이 이어질 수 있는 삶의 리듬, 분주함과 탈진 대신 여유와 기쁨이 가득한 삶의 방식이 존재한다면 어떨까? 속도, 피상성, 산만함의 문화에 사로잡혀 있는 한 우리는 하나님이 원하시는 모습이 되지 못한다. 우리에겐 다른 방식으로 뿌리내리게 하는 영성이 절실히 필요하다.

어떤 계층에 속하건 어떤 직업을 갖고 있건, 다들 정말로 분투하며 살아간다. 끊임없이 티격태격하는 아이들을 돌보느라 한순간의 휴식이 아쉬운 한부모, 생사가 달린 선택의 압력에 끝없이 시달리는 의사, 지쳐 쓰러질 정도로 혼자 여러 역할을 하는 목사들, 격무에 시달리는 교사들, 잠도 못 자고 시험을 치르는 학생들, 간신히 연명하기도 벅찬 영세 이민자 자영업자들, 매일 해결해야 할 끝 모를 위기에 짓눌린 치료사와 사회복지사들. 우리 삶의 속도는 잔인할 만큼 빠르다.

이런 현실을 부정하지 못하는 우리는 세상에서 다른 방식으로 살아가도록 초대받는다. 작고한 일본의 신학자 고스케 고야마(Kosuke Koyama)는 『시속 5킬로미터의 하나님』(*Three Mile an Hour God*)이라는 제목의 책을 썼다.³ 고야마는 하나님과 이어지려면 하나님의 속도로 여행해야 한다는 생각을 전달하려 했다. 세상의 모든 시간의 주인

이신 하나님은 서두르지 않으신다. 하나님이 시속 5킬로미터의 속도로 움직이신다고 주장한 고야마는 수치를 마구잡이로 정한 게 아니다. 사람들은 평균적으로 이 속도로 걷는다. 이렇게 서두르지 않고 느긋하고 여유 있는 순간에 우리는 종종 하나님을 만난다. 라이트(N. T. Wright)도 이렇게 단언했다. "생활의 속도를 늦출 때 비로소 하나님을 따라잡을 수 있다."4 이것이 관상적 리듬의 역설이다.

하지만 오해하지는 말길 바란다. 우리가 전화 접속 인터넷 서비스로 돌아가야 한다거나 비행기 대신에 배를 타고 이동해야 한다고 주장하는 건 아니다. 이 세상은 빠른 속도 덕분에 자유롭고 멋진 방식으로 탈바꿈했다. 그러나 생활 속도가 지나치게 빠르다 보니 하나님 및 다른 사람들과의 관계가 믿을 수 없을 만큼 피상적으로 변했다. 우리 삶과 공동체에서 깊이를 찾아보기 어렵게 된 것은 속도 중독의 영향을 받는 세상에 휩쓸렸기 때문이다. 달라스 윌라드(Dallas Willard)의 유명한 말대로, "분주함은 우리 시대 영성 생활의 가장 큰 적이다."5

이런 속도, 산만함, 피상적 영성의 위기에 맞설 방식이 존재한다. 수백 년에 걸쳐 시험과 검증을 거친 이 방식은 청소년 시절에 그리스도인이 된 이후 내 삶의 특징이 되었다. 그것은 바로 수도자적이고 관상적인 삶의 방식이다. 우리는 수도자의 방식을 배워야만 하는 시대를 살고 있다. 효율성, 속도, 성과의 힘에 사로잡히지 않는 사고방식과 삶의 방식이 절실히 필요하다. 시공간을 다르게 이해하고 살아가는 방식이 필요하다. 수도자적 상상력이라는 보화가 필요하다.

수도자적 상상력

이 개념을 암흑시대의 낡아 빠지고 부적절한 생각이라고 무시하기 전에, 지금 우리의 삶과 신앙을 바로잡는 중요한 방식으로 수도자적 접근을 설명하려 한다. 켄 시게마츠(Ken Shigematsu)의 진술대로, "우리 각 사람 안에는 수도사나 수녀의 '배아'가 있다."[6] 우리의 영혼은 하나님과 함께하는 공간을 깊이 갈망한다. 그 공간은 침묵, 정지, 고독으로 정의할 수 있다.

대학생 시절 이런 종류의 수도자 영성을 처음 경험한 뒤로 내 삶은 영구히 달라졌다. 뉴욕 로클랜드 카운티의 나약 대학(Nyack College) 학생이던 나는 4학년 때 개인 영성 형성 수업을 필수로 들어야 했다. 그리고 수업의 일부로 어느 프란체스코 수도원으로 주말 피정을 가야 했다. 그 주말에 학생들은 수도원의 각기 다른 곳에 배치되어 여덟 시간 동안 오로지 "하나님과 함께했다." 나는 성경 없이 일기장만 가지고 야외 예배당 연단에 머물라는 말을 들었다. 홀로 있으면서 그 경험에 대해 쓰는 것이 과제였다. 그날은 내 평생 정말 힘들고 신나는 하루로 손꼽힌다.

나는 눈을 감고 새들이 지저귀는 아름다운 소리에 귀를 기울이다가 땅바닥으로 고개를 돌려 개미 떼가 열심히 일하는 모습을 지켜보았다. 그 순간의 정적 속에서 창조 세계의 모든 부분이 각기 다른 방식으로 나와 하나님을 이어 주었다.

죽 늘어선 빈 나무 의자들을 내려다보며 설교자로 살아갈 내 미래의 삶에 대해 생각했다. 연단 중앙에 있는 요셉에게 안긴 아기 예수 조각상에 시선을 고정하기도 했다. 눈을 감고 숨을 깊이 들이마시면서 하나님이 그 따뜻한 품에 나를 안으시는 장면을 상상했다. 마음 깊숙이 하나님의 은혜의 말씀이 들려오는 즐거운 관상의 순간들이 있었다. 나는 일기장 여러 쪽에 걸쳐 기도, 두려움, 간구에 대해 썼다. 지칠 정도로 쓰고 나서는 수도원 구내를 멍하니 바라보았다.

하지만 그 시간이 전부 천상의 경험 같았다는 인상을 주고 싶지는 않다. 마냥 지루하고 더럭 겁이 나는 시간도 있었다. 그럴 때면 흥미가 떨어지면서 어디 다른 곳으로 가고 싶어졌다. 정확히 말하면, 고독과 침묵의 처음 한 시간이 지나자마자 바로 집에 가고 싶었다. 그러나 꼼짝없이 거기에 머물러야 했다. 단조로움에서 벗어나려고 제자리 뛰기를 하고 (이런 걸 고백해도 되는지 모르겠지만) 튼튼한 성찬대 위에서 낮잠을 자기도 했다.

하지만 그날 내 안에서 어떤 변화가 일어났다. 그 순간부터 내 영혼의 욕구가 깨어났다. 나는 대학 캠퍼스로 돌아오자마자 뭔가 불법적인 일이라도 하듯 도서관이나 조용한 장소로 몰래 가서 기도했다. 내 안에 뭔가가 자리 잡았고, 나는 이 길을 좀더 의도적으로 따라갈 필요가 있음을 인식했다.

그로부터 5년 후 뉴 라이프 펠로십 교회의 교역자로 합류했다. 이 교회는 오랫동안 수도원 전통에서 양분을 얻고 있었고 나는 이곳에서 수도원 제도의 부요함을 다시 접했다. 교역자로 있으면서 수도원에서 기도하고 수도사들과 함께 연구하는 데 많은 시간을 보내는 특권을 얻었다. 그때 배운 내용을 통해 내가 더욱 확신하게 된 진실이 있다. 삶의 속도를 늦추기로 의도적으로 노력하지 않으면 예수님이 우리를 그분의 형상으로 빚으시도록 맡기는 삶을 누릴 가망이 전혀 없다는 것이다.

수도자 영성은 우리 삶의 속도를 늦추어 하나님과 함께하는 것을 뜻한다. 정신없는 속도로 움직이고 성취에 중독된 이 세상에서 속도를 늦춤으로써 하나님 앞에서 중심을 잡고 잠잠히 있는 자리로 들어서는 것이다. 그렇게 되면 온종일 하나님 앞에서 지낼 기회를 얻게 된다.

하나님 앞에서 지내는 연습

온종일 하나님 앞에서 지낸다는 개념을 대중화시킨 인물은 로렌스 수사다. 로렌스 수사는 17세기 가르멜 수도회 수사였고 『하나님의 임재 연습』(The Practice of the Presence of God)이라는 유명한 책을 썼다. 이 책의 개념은 간단하다. 하나님이 우리의 모든 활동 안에 임재하신다는 사실을 기억하고 기도로 그분께 마음을 드리라는 것이다. 설거지를 하든 논문을 쓰든 프로야구 뉴욕 메츠팀의 경기를 관람하든(주님, 메츠를 제발 도와주세요), 우리는 하나님 앞에 있어야 한다. 아주 간단하다. 그렇지 않은가? 그러나 하나님 앞에 있는 것은 나에게도, 내가 이 내용을 전한 사람들에게도 너무나 어려운 일이다.

로렌스 수사의 삶을 돌아보다 보니 그가 특별한 환경에서 살았다는 사실을 가끔 잊었다는 생각이 문득 들었다. 어려운 일이었겠지만 로렌스 수사에게 '하나님의 임재 연습'이 가능했던 것은 그의 생활의 구조와 리듬 때문이었다. 예수님을 따르는 자들이 그런 삶의 구조와 리듬 없이 로렌스 수사의 방식으로 하나님의 임재 연습을 실행하려고 하다가는 끝없는 실망과 단절감에 빠지기 십상이다.

내가 볼 때 문제는 그가 수도원에 살았다는 사실을 우리가 잊는다는 데 있다. 수도원이라는 삶의 환경을 통해 로렌스 수사의 생활 조건을 미루어 짐작해야 (그리고 위안을 얻어야) 한다. 그는 정해진 기도 시간들을 지켰다. 공동체로 기도했고 혼자서도 기도했다. 그의 삶 전체가 하나님과의 교제에 도움이 되는 방식으로 정돈되어 있었다. 어쩌면 이제 이런 생각을 할지도 모르겠다. '그거야 좋지. 하지만 나는 수도원에서 살지 않잖아.' 나도 마찬가지다. 그렇지만 침묵, 고독, 기도의 리듬을 중심으로 삶을 배열하려고 어떻게든 노력하자 내 삶이 의미심장하게 풍성해지는 것을 볼 수 있었다.

많은 그리스도인들에게 '수도자적'(monastic)이라는 단어는 문화적 잔재에 불과하고 신학적 오해를 불러일으킨다. 그 결과로, 너무나 많은 사람이 이 전통이 제공하는 선물과 문화를 무시한다. 이제 수도원 제도의 역사적·성경적 측면들을 살펴보려 한다. 그 과정에서 독자가 이 접근법을 현대의 쉴 새 없이 바쁜 삶에 적용하고 싶은 마음이 들기를 바란다.

성경에 나오는 수도자적 순간들

수도자적 삶은 성경의 지면들에 뿌리를 두고 있다. 수도사(monk)라는 단어의 어원인 그리스어 '모나코스'(monachos)는 '혼자'를 뜻한다. 수도자적 삶이 요구되는 이유는 기도로 하나님과 연합하는 것의 가치와 절박함 때문이다. 수도자적 삶에는 많은 요소(이를테면 청빈과 정절의 서원)가 있지만, 나는 여기서 수도원의 특성이라고 할 수 있는 기도, 침묵, 고독을 강조하고 싶다.

수도자적 실천의 신학적 근거를 찾으면서 나는 고독, 침묵, 느긋한 영성으로 빚어진 삶을 살았던 이들의 사례가 성경에 가득하다는 사실을 알았다. 모세, 다윗, 마리아, 세례 요한, 예수님의 삶을 간략하게 제시해 본다.

모세: 사막의 사람. 어린 시절에는 이집트인처럼 살았지만 유대 민족이 압제받는 상황에 눈을 떴고 비극적이게도 그 문제를 직접 해결하려 했다. 정의감에서 촉발된 분노를 참지 못하고 이집트 사람을 살해한 뒤 사막으로 달아났다.

사막에서 40년을 보내는 동안 모세는 침묵과 고독의 존재로 살았다. 당시 그의 하루가 어떠했을지 잠시 생각해 보라. 와이파이도 없고, 차도 없고, 군중도 없다. 그는 매일 양 떼를 돌보면서 몇 시간이고 침묵 속에 머물렀다.

그의 영성 실천에 관한 세부 내용은 성경에 나오지 않지만, 하나님이 불붙은 떨기나무라는 침묵의 상황에서 모세에게 나타나신 것은 우연의 일치가 아니다.

다윗: 수도사 같은 생활로 빚어진, 하나님의 마음에 합한 사람. 다윗이 쓴 시편의 상당수는 침묵과 고독의 장소에서 탄생했다. 다윗은 관상의 사람이며 침묵의 사람이었다. 한 시에서 그는 이렇게 썼다. "주님, 나에게 단 하나의 소원이 있습니다. 나는 오직 그 하나만 구하겠습니다. 그것은 한평생 주님의 집에 살면서 주님의 자비로우신 모습을 보는 것과, 성전에서 주님과 의논하면서 살아가는 것입니다"(27:4).

젊은 시절 다윗은 정적의 삶을 살았다. 그 시간은 분명 양털 깎기와 노래를 만든 세월이자 거인과 사자와 곰과 싸운 세월이기도 했다. 그러나 혼란과 예측 불가의 삶 가운데도 잠잠함을 지키고 하나님의 임재를 우선시했다.

노래를 짓고 음악을 연주한 다윗의 생활 방식은 수도자적 리듬이라는 맥락에서 흘러나왔다. 다윗은 영혼을 평온하게 하는 일(131:2을 보라), 영혼이 "잠잠히 기다리"는 일(62:5), 가만히 있어 하나님이 하나님이심을 아는 일(46:1을 보라)에 대한 시편을 썼다. 성경의 기도책인 시편은 깊은 관상과 성찰에서 나왔다.

마리아: 관상적 숙고와 깊은 성찰로 빚어진 젊은 여성. 천사 가브리엘이 하나님의 좋은 소식을 전했을 때, 마리아는 "이 모든 말을 고이 간직하고, 마음속에 곰곰이 되새겼다"(눅 2:19).

마리아는 잠잠히 홀로 있는 가운데 주님을 본 사람이었다. 하나님의 말씀을 신중한 태도로 골똘히 경청했고 그 말씀이 자신을 빚어가도록 맡겼다. 그녀는 천사의 메시지를 묵상하면서 그 철저한 부조리를 숙고했고 거기 담긴 자신을 향한 놀라운 초대에 경이로워했다. 깊이 사고하는 사람이었기 때문에 은혜롭게 찾아오신 하나님께 물리적·영적으로 자신의 전 존재를 열었다.

세례 요한: 인생의 많은 부분을 광야에서 보낸 고독한 선지자. 그는 기도, 고독, 침묵의 (그리고 몇 가지 이상한 식습관을 가진) 사람이었다. 요한은 광야에서 하나님과 함께하는 삶을 살았고, 그곳에서 하나님의 마음을 전하는 선지자적이고 강력한 말씀을 선포하여 길 잃은 백성이 주님의 길을 예비하게 했다.

예수님: 하나님의 아들, 사람의 아들. 수도자적 삶에 대한 깊은 헌신과 떼 놓고 예수님을 이해할 수는 없다. 예수님은 꾸준히 적극적으로 말씀을 가르치고 치유하며 귀신을 쫓아내고 그 외에도 많은 일을 하셨지만, 침묵과 고독 가운데 성부와 보내신 긴 시간이 없었다면 자기모순적인 삶이 되었을 것이다. 온전한 인간이신 예수님이 그런 삶을 사실 수 있었던 것은 기도 가운데 성부와 함께하는 일에 끊임없이 시간과 힘을 쏟았기 때문이라고 강력하게 주장할 수 있다.

누가복음에서는 예수님이 세례를 받으신 후 성부의 음성이 하늘에서부터 들려와 예수님을 인정하는 대목이 나온다. "너는 내 사랑하는 아들이요, 나는 너를 좋아한다"(3:22). 이 장면 직후에 예수님은 광야에서 40일 동안 머물면서 악마에게 시험을 받으셨다. 그분은 사막이라는 환경에서 홀로 사탄을 만나셨고 성부께서 인정하시는 내용 이외의 다른 존재로 규정되기를 거부하셨다.

이 치열한 싸움을 치른 후 예수님은 사람들이 있는 곳으로 돌아와 다음 구절을 인용하셨다. "주님의 영이 내게 내리셨다. 주님께서 내게 기름을 부으셔서…"(4:18). 복음서에서 예수님은 하나님의 능력을 전하신 후 그 능력의 원천이신 하나님과 교제하는 자리로 거듭거듭 돌아가셨다.

초기 몇 세기의 수도원 생활

성경의 증언 이후에도 수도자 영성은 초기 기독교회의 특징이었다. 예수님이 부활하시고 1, 2세기가 지난 후, 사람들은 다양한 이유로 하나님과 함께하고자 사막으로 떠났다. 초기 사막 교부와 교모들은 기도, 고독, 침묵, 금식, 기타 영성 훈련으로 부르심을 느꼈다. 예수님을 따르는 이 길을 처음으로 확립한 사람이 누구였는지 제대로 파악하기는 어렵다. 하지만 지금 우리의 목적을 생각할 때, 수도원 생활이 현저히 늘어난 이유가 기독교 신앙이 그 독특성과 급진적 소명을 잃어버렸기 때문이라는 설명은 주목할 만하다.

처음 몇 세기 동안 기독교는 무시와 박해를 받는 종교였다. 사도행전은 예수님을 따르는 자가 그분을 세상의 주님으로 주장하기 때문에 치러야 했던 대가와 저항을 설명한다. 그러나 예수님을 하나님과 왕으로 고백하는 일에 따르는 혹독한 위험에도 불구하고 기독교는 들불처럼 퍼져 나갔다.

그리스도인들은 사회의 가장자리에 있으면서 하나님 나라에 관한 급진적 메시지를 선포하고, 가난한 사람들을 섬기며, 병든 사람들을 치료하고, 제국의 길과 반대 방향으로 나아갔다. 그러나 4세기에 이르면서 문화적 풍경이 달라졌고, 경건한 그리스도인들은 삶의 방향에 대한 중요한 결정에 직면하게 되었다.

4세기 초 무렵에 어느 전투가 벌어지기 전날, 콘스탄티누스(로마의 황제가 되는 인물이다)는 자신이 계시를 받았다고 주장했다. 군인들의 방패에 기독교의 상징을 그려 넣으라는 내용이었다. 기독교 역사가 후스토 곤잘레스(Justo González)의 설명을 들어 보자. "콘스탄티누스는 군인들에게 그리스어 글자 키(X)와 로(P)를 겹친 모양의 상징을 그려 넣은 방패와 군기, 즉 라바룸(labarum)을 사용하도록 명령했다. 이 글자들은 '그리스도'를 뜻하는 그리스어 단어의 첫 두 글자였으니, 이라바룸이 기독교의 상징이 되기에 충분했을 것이다."[7]

이후 콘스탄티누스는 적들을 상대로 승리를 거두었고 결국 제국이 그리스도인들을 대하는 방식을 바꾸었다. 전면적 사태 변화로 기독교는 박해받던 종교에서 제국의 친구가 되었다. 그러나 이런 의미심장한 변화와 함께 믿음과 제자도에 대한 새로운 문제가 제기되었다.

많은 그리스도인에게 다른 종류의 신앙의 위기가 찾아왔다. 곤잘레스는 좀더 자세히 이렇게 썼다. "예수님이 말씀하셨던 좁은 문이 너무나 넓어져서 헤아릴 수 없이 많은 군중이 허겁지겁 그 문을 통과하고 있었다. 그중 많은 이들이 오로지 특권과 지위를 좇아 그 길을 가는 것처럼 보였고, 기독교의 세례와 십자가를 지는 삶이 의미하는 바를 깊이 들여다볼 마음 따위는 없는 것 같았다."[8] 다시 말해, 기독교는 사람들이 세상의 방식을 포기함으로써가 아니라 정치·문화적 힘을 통해 세상의 방식을 취함으로써 하나님 및 교회와 함께하는 삶으로 들어가겠다고 나서는 급격한 문화적 변화를 겪었다.

바로 이런 상황에서 다수의 사람이 자기 십자가를 지고 사막으로 들어가기로 결정했다. 예수님을 따르기 위해 치러야 할 의미심장한 대가는 더 이상 없었다. 세상의 정치적 방법들에 순응하는 것과 기독교 사이에 분명하고 강력한 구분은 더 이상 존재하지 않았다. 많은 남녀가 세상 권력의 유혹에 저항하기 위해 사막으로 들어가 십자가로 빚어진 삶을 살고자 했다. 그런 삶은 기도, 금욕, 영성을 형성하는 훈련을 특징으로 하게 될 터였다.

4세기에 콘스탄티누스 집권 후 수도 생활이 시작된 과정은 오늘날 우리의 상황을 되돌아보라는 강력한 경종을 울린다. 간단히 말해, 기독교가 세상 체계를 영속화하는 공범이 되거나 사회 상황과 무관한 존재가 되면, 세상의 권력, 가치관, 우선순위를 좇는 것이 우리 삶의 주요 특징이 되기 십상이다.

사막의 교부, 교모 들, 그리고 이후의 수도사들을 거울삼아 주변 세상의 속도, 권력, 우선순위에 사로잡히는 것을 꾸준히 거부해야 한다. 그래야 예수님을 따를 수 있음을 기억할 필요가 있다. 우리는 하나님이 주시는 다른 종류의 권력, 속도, 우선순위에 의해 빚어지도록 부름받은 존재다.

세상을 떠남

우리는 이들 초기 수도사들과 같은 방식으로 세상을 떠나고 세상의 여러 유혹과 거짓된 확신의 메시지들로부터 떠나라는 초대를 받는다. 깊이 있게 형성된 삶은 내려놓으라는 촉구를 진지하게 받아들이는 삶이다. 주변 세상의 속도, 소음, 가치 체계는 우리에게 꾸준히 영향을 미친다. 또한 깊이 있게 형성된다는 것은 다른 리듬으로 꾸준히 되돌아간다는 뜻이다. 교제, 성찰, 지금 이 순간에 몰입할 수 있는 생기 있는 삶을 특징으로 하는 리듬으로 말이다. 하지만 이런 속도로 살려면 세상을 떠나야 한다. 이것이 예수님을 따르는 일의 역설이다. 세상을 떠나야만 세상 안에서 진정으로 편안해질 수 있다.

신학자이자 시인인 토머스 머튼(Thomas Merton)은 이렇게 썼다. "고독은 사치품이 아니라 반드시 갖추어야 할 필수품이다. 고독은 '완전'해지기 위한 수단이 아니라 하나님이 주신 삶을 '살아 내기' 위

이것이 예수님을 따르는 일의 역설이다. 세상을 떠나야만 세상 안에서 진정으로 편안해질 수 있다.

한 수단이다."[9] 관상적 리듬은 우리가 세상에서 살아남을 뿐 아니라 번영하기 위해 세상을 떠날 수 있게 한다. 이 과정이 내 삶에서 어떻게 이루어졌는지 소개해 본다.

최근의 안식년 기간에 나는 넉 달가량 트위터, 페이스북, 인스타그램 같은 모든 소셜 미디어를 끊기로 결심했다. 미디어 금식을 시작하면서 하나님과 둘만의 시간으로 나흘을 떼어 놓았다. 휴대전화에서 앱을 삭제하는 순간 벌써 불안해지기 시작했다. '세상이 어떻게 돌아가고 있을까? 사람들이 나에 관해 무슨 말을 할까? 놓치는 정보가 있으면 어쩌지? 뉴욕 닉스가 케빈 듀란트를 영입했을까?' 맞다, 모두 세상을 뒤흔들 만한 생각이다. 이런 생각들이 한참 동안 쏟아지면서 나의 중독적 상태를 드러냈다. 나는 끊임없이 밀려드는 정보, 이미지, 소셜 미디어 안의 무모한 일들을 들여다보는 대신에 기도하면서 침묵 속에 있기로 했다.

혼자서 나흘을 보냈는데, 30분 동안 눈을 감고 하나님과 함께하는 일로 그 시간을 시작했다. 목적은 그 일에서 뭔가를 얻는 것이 아니라 그저 잠잠히 있는 것, 아무것도 하지 않고 아무 말도 하지 않은 채 그저 하나님의 임재 앞에 있는 것이었다. 눈을 감으니 내 사역의 영향력을 생각하게 되었다. 다른 사람들 앞에서 쌓아 온 나의 정체성에 대해서도 생각했다. 내가 어떤 식으로 세상의 가치 체계를 은밀히

추종하며 살고 있는지 보였다.

세상은 이렇게 말한다. "모습을 드러내라. 자신의 가치를 증명하라. 이름을 내라. 자신의 무대를 만들라." 그러나 이런 생각이 들었다. '리트윗과 좋아요를 빼면 나는 누굴까? 칭찬하고 인정해 주는 목소리 규모에 왜 그렇듯 골몰하고 연연하는 걸까? 만난 적도 없는 사람들의 칭찬에 관심이 온통 쏠려 있으면서 어떻게 내 정체성의 근거가 하나님의 사랑이라고 말할 수 있지?'

침묵 기도 중에 나는 이 질문들의 답을 얻었다. 그러나 그런 질문들은 내버려 두고 전혀 다른 것을 추구하라는 초청의 형태로 답이 주어졌다. 긴 침묵의 시간 동안 소셜 미디어 없이 지내면서 나는 세상에서 점차 희미해졌다. 좋든 나쁘든 나에 대해 어떤 말이 오가는지, 나에 대한 말이 조금이라도 있는지 알지 못한 채, 또 다른 현실 차원에서 자신을 발견하는 중이었다. 아주 실질적 의미에서 나는 세상과 그 지배력에서 떠나고 있었다. 그러나 그것은 영구적인 떠남이 아니었다. 그리스도의 제자에게 세상을 떠난다는 것은 다른 문을 통해 세상으로 다시 들어간다는 뜻이다. 그 문은 하나님의 사랑과 용납, 하나님의 존재 방식이다. 나는 떠남을 통해 비로소 집에 도착한다는 사실을 깨달았다.

당신이 갈망하는 바가 이것 아닌가? 우리의 아름다움, 평화, 기쁨이 흐릿해지게 하는 삶의 속도에 신물이 나지 않는가? 집에서처럼 편안해지고 싶지 않은가? 지금 같은 삶의 속도는 우리 영혼에 폭력을 가한다. 안팎의 산만함 때문에 우리 내면과 주변에서 이루어지는 하나님의 활동을 제대로 볼 수 없게 된다.

안팎의 산만함 때문에 우리 내면과 주변에서 이루어지는 하나님의 활동을 제대로 볼 수 없게 된다.

가끔 누군가가 슈퍼마켓 안에 갇혀서 굶어 죽는 시나리오를 상상한다. 상상이 되는가? 불가능하다고 생각할지 모르지만 우리의 영적 삶에서는 이런 일이 매일 벌어진다. 알든 모르든, 우리는 하나님의 생명과 사랑이 풍성한 슈퍼마켓 안에 있다. 그 모든 것을 이용할 수 있다. 그런데도 영적으로 굶주린다. 그런 식으로 살 필요가 없다.

하나님은 우리의 변화에 전념하신다. 그분은 우리 삶을 단순히 개선하는 정도가 아니라 우리 안에 자신의 생명을 주입하기 원하신다. 하나님은 매일 사랑으로 다가오셔서 우리에게 손을 내밀고 찾으며 주목하라고 호소하신다. 이런 하나님께 반응하는 것이 관상적 리듬의 본질이며 수도자적 삶의 목표다. 우리는 하나님의 존재 방식에 우리 자신을 열어야 한다. 즉, 세상을 떠나되 다른 방식으로 다시 들어와야 한다. 사도 바울의 말처럼, 우리는 "자유롭게 살되 하나님의 영이 이끌고 북돋아 주시는 대로"(갈 5:16, 메시지) 살라는 초청을 받는다.

그럼 이것을 구체적으로 실천할 방법은 무엇일까? 다음 장에서는 관상적 리듬의 느리고 의도적인 방식에 우리 삶을 뿌리내리게 해 줄 네 가지 필수적인 실천 사항을 살펴볼 것이다.

2장

관상적 리듬을 위한 깊이 있는 실천 방안

수도사에게 야단맞아 본 적이 있는가? 나는 있다. 윌리엄 메닝거 (William Meninger) 신부와 대화를 나누다 혼이 났다. 그는 유명한 기독교 수도사이자 수도원 환경에서 드리는 침묵 기도를 재활성화한 선구자 중 한 사람이다. 메닝거 신부는 주말 세미나 강사로 우리 교회를 찾았고 일요일 오전에 좌담회가 예정되어 있었다. 수십 년간 수도원 생활에 전념한 메닝거 신부는 침묵 기도가 깊이 몸에 밴 사람이었다. 그의 일상생활의 상당 부분은 침묵 기도로 채워졌다.

예배 시간에 우리 교인들은 시편 46편 10절을 바탕으로 한 찬양 "나는 가만히 있어 주께서 하나님이심을 알겠습니다"를 열정적으로 불렀다. 그 찬양이 끝난 직후, 곧장 또 다른 찬양으로 넘어갔고 활기찬 찬양이 계속 이어졌다. 나는 이 선량한 수도사가 우리의 즐거운 소란에 깊이 감동할 거라고 확신했다. 하지만 예배가 끝난 후 나는 예상치 못한 깨달음을 얻었다.

메닝거 신부는 교회 로비에 서서 교인들과 인사했고 커다란 아이패드로 모든 활동을 사진으로 촬영했다. 그는 인사하는 모든 사람과 미소를 나누고 함께 웃었다. 나는 매우 기쁜 심정으로 그 광경을 바라보았다. 그렇게 20분 정도 지난 후 세 번의 예배 중 두 번째 예배를 준비하기 위해 그에게 다가가 안내했다. 그의 미소와 웃음이 어리둥절한 표정으로 바뀐 것은 바로 그때였다.

자기 생각을 표현하는 데 거리낌이 없었던 80대의 수도사는 나에게 예배에 대한 몇 가지 소감을 얘기해도 되겠느냐고 물었다. 그러고는 내가 대답할 틈을 주지 않았고 내 사무실에 도착할 때까지 기다리지도 않았다. 혼잡한 교회 로비 한복판에서 그는 자신의 생각을 밝혔다. 안경을 코끝에 걸치고 아이패드를 손에 든 채 나에게 조목조목 얘기했다. 우리 교회에 처음 온 그가 벌써 바로잡을 점을 지적하고 있었다.

그가 말했다. "가만히 있어 하나님이 하나님이심을 아는 것에 관해 모든 교인이 찬양했습니다. 그것은 좋습니다만, 찬양한 대로 실천하는 게 어떨까요? 시간을 내어 가만히 있어 보는 거예요." 내 마음속에서는 '시간을 내어 자리를 옮기시는 게 어떻습니까, 노인 양반?'이라고 반박하고 싶었지만, 나는 부드럽게 미소 지으며 말했다. "글쎄요." 그는 우리가 예배 시간에 누릴 수 있는 침묵의 선물에 대한 지혜로운 말을 (그리 부드럽지 않게) 계속 들려주었다. 그 순간이 뇌리에 각인되었다. 가만히 있음에 대해 찬양하기는 쉽지만 그것을 실천하기는 어렵다는 사실을 상기시켜 주기 때문이다.

관상적 리듬이 삶에 깊이 형성되려면 특정한 훈련이 필요하다. 고를 수 있는 선택지가 많지만, 내가 하나님을 더 깊이 아는 데 도움이 되었던 네 가지 훈련에 초점을 맞추고자 한다. 이 훈련들이 독자에게도 도움이 되리라고 믿는다. 또한 이 훈련들은 내면생활, 인종적 적대감, 선교, 소셜 미디어나 가정에서 매일 접하는 상시적 대립에 대응하는 데 도움이 될 것이다. 네 가지 관상적 훈련은 침묵 기도, 안식일 준수, 성경 천천히 읽기, 정주(定住)의 다짐이다.

침묵 기도

누군가와 함께 말없이 있으려면 대체로 그 사람과 상당히 친밀하거나 친숙해야 한다는 건 두말할 필요 없는 사실이다. 아내 로지와 나는 결혼한 지 거의 15년이 되었다. 서로 친밀해지면서 소위 '끈끈한 침묵'을 누릴 능력도 갖게 되었다. 물론, 유대를 깨뜨리는 '침묵 전략'을 경험하기도 했다. 그런 침묵은 수동적 공격성이나 분노를 특징으로 한다. 하지만 나는 지금 그런 종류의 침묵이 아니라 긴 드라이브, 집에서의 조용한 순간들, 함께 산책할 때 누리는 양질의 침묵을 말하는 것이다. 우리가 사귀던 시절에 비하면 정말 많이 달라졌다.

  로지와 내가 처음 데이트를 시작했을 때만 해도 모든 침묵의 순간을 말로 채워야 했다. 우리는 서로에게 매료되었고 서로를 발견해 가는 시기에 있었다. 이때 둘 사이의 침묵은 지루함이나 무관심으로 여겨져서 어색한 분위기를 만들었을 것이다. 그러나 세월이 지나면서 달라졌다. 우리는 함께하는 삶에 관한 것들을 계속 발견해 가는 중이지만, 이제는 (많은 부부가 그렇듯) 특별한 일이 없어도 가만히 함께 있을 수 있다. 누군가와 친숙해질수록 그 사람 앞에서 고요하게 있는 일이 훨씬 쉬워진다.

이런 일반적 관찰 내용이 옳다면, 이것은 하나님과 함께하는 삶에 대해 많은 것을 의미한다. 하나님 앞에서 침묵하는 일이 불편하다면 그 이유가 그분과 친하지 않기 때문이라고 주장할 수 있다. 기독교 신앙(특히 개신교, 복음주의, 오순절 전통의 상당 부분)은 상당히 시끌벅적하다. 주일 찬양 모임은 끊임없는 소리로 채워져서 침묵의 기회를 막는다.

침묵 기도는 그리스도 안에서 깊이 있게 형성된 삶을 경험하게 하는 가장 큰 선물 중 하나다. 침묵 기도의 핵심은 요구보다는 우정에 근거하여 하나님과의 관계를 확립하겠다는 의지다. 분명, 하나님께 요청하고 청원해야 할 시간이 있고 어려운 일을 맞아 하나님께 외쳐야 할 때가 있다. 시편은 하나님께 말로 드리는 기도가 어떤 것인지 생생하게 보여 준다. 이 기도는 하나님과 함께하는 삶의 중심이 된다. 그러나 말로 하는 기도가 최고의 것이 되려면 침묵의 순간에서 흘러나와야 한다. 침묵은 말의 형태를 빚고 거기에 힘을 불어넣는다.

간단히 정의하면, 침묵 기도는 하나님과 가만히 함께하면서 그분께 마음을 집중하는 행위다. 말을 내려놓고 말씀이신 분(예수님)과 함께하는 일이다.

사회에서는 명상의 유익에 대해 많은 말을 한다. 명상과 침묵 기도의 차이점은 인격자와의 교제 유무다. 명상의 목표는 흔히 심리적·신체적 건강 증진이고(아주 중요한 목표다) 침묵 기도의 목표는 하나님과의 교제다.

이런 종류의 교제에 관해 내가 아주 좋아하는 이야기가 마더 테레사의 인터뷰 중에 나온다. 인터뷰에서 기도할 때 하나님께 무슨 말을 하느냐는 질문을 했다. 그녀는 이렇게 대답했다. "저는 말하지 않습니다. 그냥 듣습니다."

인터뷰를 진행하는 사람은 그녀의 대답을 이해했다고 생각하고 다음 질문으로 넘어갔다. "아, 그러면 수녀님이 기도하실 때 하나님은 수녀님에게 뭐라고 하십니까?'

마더 테레사가 대답했다. "하나님도 말씀하시지 않습니다. 하나님도 그냥 들으십니다."

그 순간 긴 침묵이 흘렀다. 인터뷰어는 혼란스러워 보였고 이어서 무엇을 물어야 할지 모르는 것 같았다. 그러자 마더 테레사가 침묵을 깨며 이렇게 말했다. "제가 방금 한 말의 의미를 이해하지 못하시겠다면, 죄송하지만 저로선 더 잘 설명할 길이 없습니다."

나는 마더 테레사가 멈춘 대목을 이어받아 침묵 기도가 어떤 것인지 말해 보고 싶다. 관상적 침묵 기도는 우리를 사로잡은 것들을 잠시 내려놓고 예수님의 임재와 초청에 주목하게 하지만, 많은 경우 이것을 실천하기가 어렵다. 제대로 침묵 기도를 하려면 기도를 다른 시각에서 바라보아야 한다. 침묵 기도의 삶을 일구기 위한 네 가지 방법을 여기에 제시한다.

기법이 아니라 관계에 초점을 맞추라

관건은 태도다. 침묵 기도는 통달해야 할 기법이 아니라 관계임을 인식해야 한다. 태도부터 말하는 이유는 나에게도 '제대로 하고' 싶은 마음이 문제가 되는 경우가 종종 있기 때문이다. 나는 선천적으로 완

침묵 기도는 통달해야 할 기법이 아니라 관계임을 인식해야 한다.

벽주의 경향이 강해서 숙달하지 못할 것 같으면 그냥 포기해 버리곤 한다. 이런 나의 고민을 이해할 독자도 있을 것이다.

침묵 기도를 드릴 때 우리는 숙달하거나 잘 해내야 한다는 욕구를 내려놓으라는 요청을 끊임없이 받는다. 영적 스승이나 기도의 달인으로 인정받는 사람들의 이야기를 들을 때, 나는 그들에게 비범한 기도 생활을 위한 모종의 비결이 있다고 생각하지 않는다. 그들은 하나님과 함께하는 단순한 행위로 돌아가기로 매일매일 결심하는 사람들이다. 기도의 전문가는 없다. 우리는 언제나 초보자다. 하나님과 함께 침묵 속에서 시간을 보낼 때 그분의 사랑과 자비를 느끼기도 하지만, 시간 낭비라는 생각이 들 때도 있다. 그러나 우리의 가장 가까운 관계들에서 느끼듯, 함께하는 것 자체가 선물이다. 위기가 아닌 평범한 순간들에도 그렇다.

지루함을 정상으로 여기라

침묵 기도를 드릴 때 흔히 별다른 일이 일어나지 않는다. 나는 이것을 '정상적 지루함'이라고 부른다. 감각적 자극, 산만함, 여러 활동에 휘둘리는 사회에서 침묵 기도는 이질적 실천이요, 이 세상에 속한 일이 아니다. 이 말이 격려가 되었으면 좋겠다. 나는 잠잠히 침묵해도 뭔가 대단한 일이 벌어지지 않는다고 탄식하는 사람들과 자주 대화를 나눈다. 나는 흔히 이렇게 대답한다. "저 역시 그렇습니다."

침묵 기도 중에 느끼는 지루함을 정화의 과정으로 생각하라. 별다른 일이 없는 그 순간에 하나님은 우리 안에서 좋은 기분이라는 거짓 신을 제거하신다. 좋은 기분은 선물이지만, 그것 자체가 우리의 목적이 되기 쉽다. 우리는 살아 계신 하나님을 섬기는 자리에서 자신의 영적 경험을 숭배하는 자리로 옮겨 갈 수 있다. 이 둘의 미세한 차이를 꼭 유념해야 한다. 하나님과의 관계에서 성장하는 사람에게 꼭 필요한 것은 영감을 주는 일과 거리가 먼 시간들을 기꺼이 견디려는 태도다.

침묵 기도를 피하고 싶을 때가 많다. 침묵 기도를 하려면 흥분, 자극, 산만함이라는 귀신들을 쫓아낼 수밖에 없기 때문이다. 그러나 바로 그런 순간에 하나님은 참으로 우리를 빚고 형성하신다. 내 경우, 침묵 기도를 실천하는 일은 결코 쉽지 않았지만, 시간이 가면서 점차 익숙해졌다. 침묵 기도를 2분밖에 할 수 없던 때도 있었다. 그러나 하나님의 은혜로 (그리고 많은 노력에 힘입어) 침묵 기도를 날마다 드렸고 (5분이든 10분이든 20분이든) 그것이 내 삶을 깊이 있게 형성했다. 이런 종류의 기도는 운동과 마찬가지로 당장에는 불가능하게 느껴지지만 나중에는 큰 만족을 주는 경우가 많다.

산만함을 다르게 바라보라

한때 나는 기도 중 산만함이 나쁜 그리스도인임을 드러내는 증표라고 생각했다. 사실인즉, 기도 중 산만함은 내가 인간이라는 증표다. 침묵 기도를 하면서 우리를 에워싼 안팎의 목소리와 씨름하지 않는 것은 불가능하다. 그렇다면 산만함은 오히려 하나님과 재회할 수단이라고 볼 수 있다.

관상적 침묵 기도가 하나님과의 연합으로 안내한다면, 산만함은 하나님과의 연합에서 우리를 필연적으로 끌어낸다. 그러나 산만함이 최종 결정권을 갖게 할 필요는 없다. 토머스 키팅(Thomas Keating)이 말한 대로, 20분간 기도할 때 마음이 만 번이나 흐트러진다면 그것은 "하나님께 되돌아갈 만 번의 기회"다. 이 말을 들은 이래로 나는 산만함을 하나님께 되돌아갈 자리에 서게 하는 불가피한 현실로 인식하게 되었다.

우리는 모두 기도 중에 집중을 방해하는 여러 임무, 책임, 의무와 씨름할 수밖에 없지만, 침묵 기도는 이렇듯 요란한 상황에서도 가능하다. 누가복음 10장 38-42절의 유명한 이야기에 나오는 마르다를 생각해 보라. 이 이야기에서 예수님은 마리아, 마르다, 나사로 남매의 집을 방문하셨다.

표면적으로 볼 때, 이 이야기는 관상가인 마리아와 행동가인 마르다를 나란히 놓는 것 같다. 마르다는 모든 사람이 먹을 음식을 준비하기 위해 열심히 노력하고 있었고, 그 과정에서 예수님의 발밑에 그냥 앉아 있던 여동생에게 단단히 화가 났다. 약이 오른 그녀는 심지어 예수님에게까지 이래라저래라 말하기 시작했다. "가서 거들어 주라고 내 동생에게 말씀해 주십시오"(40절). 그 순간에 예수님은 마르다가 얼마나 염려하고 마음이 흐트러지고 속상한 상태인지 부드럽게 인정해 주셨다. 그러나 예수님은 마리아가 그 순간 더 나은 것을 선택했다는 사실과 필요한 것은 '주목하며 함께함'(attentive presence), 오직 그 한 가지임을 알려 주셨다.

이 대목을 읽을 때 우리는 마리아처럼 기도해야 하고 마르다처럼 정신없이 바쁘게 일하면 안 된다고 해석한다. 그러나 이 사건을 다른 각도로 바라볼 수도 있다. 예수님도 마르다처럼 쉬지 않고 활동하시는 때가 많았지만, 그분은 주목하며 성부와 함께하는 일을 계속 유지하셨다. 마르다의 문제는 지나치게 바쁘다는 것이 아니라 내적 주목의 부족일지도 모른다. 서아프리카의 신학자 로베르 사라(Robert Sarah)는 같은 맥락에서 이렇게 썼다.

예수님은 마르다를 꾸짖으시는데, 부엌에서 너무 바쁘게 일해서가 아니라—어쨌든 그녀는 식사를 준비해야 했다—주목하지 못하는 내면의 태도 때문이었다. 그녀의 그런 태도는 동생에 대한 짜증으로 드러났다.…그리스도께서는 그녀에게 하던 일을 멈추고 마음으로, 참된 환영의 장소이자 하나님의 고요한 친절이 머무는 곳으로 돌아가라고 부드럽게 말씀하신다. 마르다는 요란하게 활동에 전념하느라 마음에서 멀어졌던 것이다.[1]

침묵 기도를 드릴 때든, 요구를 아뢸 때든, 산만함이 하나님과 함께하는 삶을 망치게 할 필요가 없다. 산만함은 침묵을 통해 하나님의 마음이라는 중심으로 되돌아오라는 초청이다.

하나님은 늘 팔 벌리고 기다리심을 기억하라
이런 맥락에서 볼 때, 침묵 기도를 드리려면 하나님이 언제나 우리를 위하신다는 사실을 기억해야 한다. 우리가 기도하지 않는 이유 중 하나는 하나님이 언제나 우리에게 화를 내신다고 믿기 때문이다. 죄책감과 수치심으로 피폐해져서 은혜의 보좌로 감히 나아가지 못한다. 설령 하나님께 나아간다 해도 그 앞에 있을 자격이 있다고 생각하지 않는다.

마저리 톰슨(Marjorie Thompson)은 이것을 잘 포착했다. "왜곡된 내적 논리에 사로잡힌 우리는 자신의 상태가 너무 나빠서 하나님조차도 용서하실 수 없다고 무의식적으로 믿는다! 자신을 스스로 벌하겠다는 결심에 매여 하나님의 자비를 누리지 못하는 것은 진정한 영혼의 질병이다."[2]

기독교 영성이 아름다운 것은 우리와 관계를 맺으시는 하나님이 그리스도 안에서 우리 편이시기 때문이다. 하나님은 탕자 이야기 속 아버지처럼 멀리 있는 우리를 애타게 찾고 기다리신다. 하나님은 우리를 품에 안는 순간을 기다리신다. 이 이미지에 적응하는 데 시간이 좀 걸릴 수 있지만, 우리는 이 이미지를 끊임없이 떠올려야 한다. 하나님은 우리가 집에 돌아오기만 원하신다.

탕자 이야기를 꼼꼼하게 살펴보면 우리가 형성해야 할 하나님의 이미지가 보인다. 그것은 바로 사랑의 이미지다. 탕자는 아버지에 대한 사랑이 되살아났기 때문이 아니라 살아남기 위해 돌아온 것이다. 그런데 아버지는 그런 상황을 전혀 개의치 않는다. 하나님은 우리가 그저 집에 돌아오기를 원하신다.

안식일 준수

안식일 준수는 매주 하루, 24시간 동안 해야 할 일이나 특정한 의무 없이 느긋하게 기쁨을 누리면서 깊은 안식과 회복을 얻는 일을 말한다. 관상적 삶은 생활의 속도를 늦추어 하나님이 그분의 은혜로 우리를 변화시키실 기회를 만드는 일이다. 그런 의미로 안식일 준수를 관상적 삶의 또 다른 필수적 실천이라고 말할 수 있다.

사실, 인간은 안식일을 지킬 필요가 있다. 우리 세계의 많은 이들은 탈진의 위험에 꾸준히 노출되기 때문이다. 예를 들어, 일본 정부는 노동자들에게 1년에 닷새 휴가를 보장하는 것을 의무화할지 검토 중이다.

일본은 오래전부터 세계에서 가장 과로하는 나라 중 하나로 악명이 높다. **가로시**, 즉 과로사라는 용어는 일본의 전문직 종사자들이 심장마비와 뇌졸중으로 사망하는 사례가 점점 증가하던 1990년대에 등장했다. 근년에는 자살이 급속히 확산했는데, 업무 관련 스트레스가 부분적 원인이었다. 2011년에 발생한 3만 건의 자살 중에서 1만 건이 과로와 관련이 있다고 여겨진다.[3]

우리는 이런 극단적이고 슬픈 보고를 계기로 자신의 삶을 제대로 들여다봐야 할 것이다. 매년 휴가를 갖지만 우리는 여전히 지치고 탈진한 경향이 있다. 우리가 경험하는 피로는 다층적이다.

우선, **몸의 피로**가 있다. 우리는 필요한 만큼 충분히 잠을 자지 않

> 안식일은 과로의 지배를 받지 않고 왜곡되지 않는 삶을 살라는 초
> 대다.

는다. 몸을 극한까지 밀어붙이고 커피와 에너지 음료에 의지해 살아간다. **마음의 피로**도 있다. 우리가 미처 다 소화하지 못하거나 처리할 시간이 없는 정보가 하루에도 셀 수 없이 쏟아진다. 그리고 궁극적으로, **영혼의 피로**가 있다. 우리는 하나님과 함께하면서 생명을 주는 리듬을 장기간에 걸쳐 만들어 낼 여유가 거의 없다.

그렇기 때문에 우리에겐 안식일이 필요하다. 하나님이 만물을 창조하시며 안식일의 본을 보이신 것도 그 때문이다. 안식일은 과로의 지배를 받지 않고 왜곡되지 않는 삶을 살라는 초대다. 우리 모두는 지배당하고 일그러지는 느낌을 너무나 잘 안다. 여기서의 '모두'는 인류 전체를 의미한다. 모든 사람이 가장 많이 어기는 계명이 제4계명이라고 주장할 수 있다. 우리는 지칠 줄 모르고 일한다는 사실을 알리고 싶은 교만한 마음에 4계명을 어기는 것을 뽐내는 경우가 많다. 하지만 우리 삶은 정신없이 일하는 속도의 심판 아래 있다. 도무지 속도를 멈출 수가 없다.

우리 이야기는 이스라엘 백성의 이야기와 같다. 안식일을 지키라는 명령은 십계명에 처음 등장한다(출 20장을 보라). 십계명에 대해 먼저 알아야 할 두 가지 중요한 사실이 있다. 첫째, 십계명은 구원의 **수단**이 아니라 결과로 주어졌다. 다시 말해, 하나님은 십계명을 사람들이 그분과 관계를 맺게 하는 수단으로 의도하신 적이 없다. 하나님은

그분의 백성을 먼저 이집트에서 구해 내셨고, **그다음에** 계명을 주셨다. 하나님은 인간의 행위에 근거하는 대부분의 다른 종교들과 달리, 완벽하게 살라고 계명을 주신 것이 아니었다. 계명은 구원을 이룰 조건이 아니었다.

성경 이야기의 핵심은 인간이 행한 일들이 아니라 하나님이 그분의 백성을 위해 거듭거듭 행하신 일들이다. 이것은 우리 모두에게 좋은 소식이다. 하나님의 돌보심과 사랑은 우리가 얼마나 잘 행동하고 잘 사는지에 근거하지 않는다. 하나님의 사랑이 언제나 우선하고 그 사랑은 무조건적이다. 하나님이 십계명을 주신 이유는 구원받은 사람들이 어떤 모습이어야 하고 어떻게 살아야 하는지 알려 주는 삶의 방식을 제시하시기 위함이었다.

각 계명에 붙은 해설을 주목해 보라. 제4계명에 긴 해설이 달려 있음을 금세 알 수 있다. 제4계명이 다른 계명들보다 성경의 지면을 훨씬 많이 차지하는 이유는 무엇일까? 다음과 같은 이유일 수 있다.

400년 동안 하나님 백성의 정체성은 단 하나, 노예였다. 노예의 역할은 일하는 것이었다. 그들 존재의 기반이 일할 수 있는 능력에 있었다. 유명한 철학자 르네 데카르트는 "나는 생각한다, 고로 나는 존재한다"는 문구를 만들어 냈지만, 이스라엘 백성의 삶은 "나는 일한다, 고로 나는 존재한다"로 규정되었다. 그들의 근본적 정체성은 일과 관련되었다. 그리고 일은 끝이 없기 때문에 그들은 다른 식으로 사는 법을 알지 못했다. 당신도 아마 이와 비슷한 상황을 경험했을 것이다.

아이들이 아주 어린 나이부터 받는 질문이 있다. "커서 어떤 사람이 되고 싶니?" 우리가 꼭 성품이나 덕을 생각하고 그런 질문을 하는 것은 아니다. 우리가 염두에 두는 것은 경력, 직업, 일이다. 그것이 나쁜 질문은 아니지만, 그 질문이 드러내는 것은 우리가 일에 지나치게 몰두하는 경향이 있다는 사실이다.

성경적으로 볼 때, 일은 본질적으로 선하다. 하나님은 천지창조 때 일하셨고 인간들도 똑같이 하도록 만드셨다. 죄가 세상에 들어오기 전에 일이 이미 있었다. 그러나 우리 모두가 직면하는 주요 문제 중 하나가 과로다. 타락한 인류에게 일은 하나님과의 모든 관계를 몰아내는 강력한 힘이 되기가 매우 쉽다(하나님으로부터의 독립, 이것이 원죄의 핵심이다).

예상할 수 있다시피, 일에 대한 강박은 우리를 파괴적인 사람들로 만들었다. 우리 사회의 많은 이들에게 과로는 단지 강박이 아니라 압박이기도 하다. 즉, 다양한 요인들로 인해 너무 많이 일할 수밖에 없는 것이다. 슬프게도, 많은 사람은 끝없이 일하는 것 외에는 선택의 여지가 없으며, 종종 여러 직업을 갖기도 한다. 내 말의 요지는, 강박에 의해서든 압박에 의해서든, 우리가 파괴적인 방식으로 산다는 것이다. 이런 방식은 우리의 몸과 영혼을 해치고, 결과적으로 다른 사람들에게도 해롭다.

과로와의 싸움은 역사가 오래되었고 여기서 벗어나려면 오래된 지혜가 필요하다. 녹초가 될 정도로 바쁘고 정신없는 우리에게 하나님은 안식일이라는 선물을 주신다. 안식일 준수의 탁월한 점은 우리가 안식일을 지킨다기보다는 안식일이 우리를 지킨다는 사실이다.

안식일은 은혜의 복음을 떠올리게 한다. 실제로 안식일 준수는 은혜의 가장 큰 징표일 수 있다. 우리가 의도적으로 아무것도 성취하지 않는데도 하나님이 우리를 사랑신다는 사실을 보여 주기 때문이다. 이것은 참으로 좋은 소식이다. 이제, 안식일 준수에 관해 기억해야 할 네 가지를 소개한다.

안식일은 열심히 일해서 얻는 보상이 아니다

우리는 "쉬고 싶으면 일을 해"라고 말하는 율법주의적 세상에서 산다. 다시 말해, 일이 먼저고 휴식은 그다음이다. 이것이 우리 문화의 순서이기 때문에 종종 우리는 안식일이 열심히 일한 것에 대한 보상이라고 생각한다. 이런 경우 안식일을 누릴 자격을 얻는 유일한 길은 기운이 다 빠질 때까지 일하는 것이라고 믿게 된다. 그리고 우리는 종종 은혜에 대해서도 이와 같은 방식으로 생각한다. 마치 하나님의 호의를 받으려면 열심히 노력해서 자격을 갖추어야 하는 것처럼 말이다. 말하자면, "지금까지는 거저 받았지만, 이제는 노력해서 얻어 내야 한다"는 식이다. 그러나 하나님의 요점은, 노력해서 얻는 것과 사랑은 무관하다는 사실이다. 안식일이라는 호의 역시 우리가 노력해서 얻는 것이 아니다(우리는 그런 호의를 받을 자격이 없다).

안식일에 대해 처음 배우던 무렵, 녹초가 되지 않았는데 안식일을 지키려 할 때면 종종 죄책감이 들었다. 가정에서 이렇게 배우고 자란 사람들이 있다. 미국에 이민을 와서 살아남기 위해 쉬지 않고 일해야 했던 가정도 있다. 그런 가정에 속한 사람들은 휴식이 보상이라는 분명한 메시지를 받는다. 그것을 자주 강조하는 이유는 게으름을 경계하기 때문이다. 그러나 안식일은 노력에 대한 보상이 아니라는 사실을 알아야 한다. 안식일은 일보다 먼저 주어진 선물이고 일할 수 있도록 힘을 준다.

첫 번째 안식의 날을 보라. 하나님은 엿새 동안 세상을 창조하셨고(창 1장을 보라), 여섯째 날에 아담과 하와를 지으셨다. 그들의 첫 번째 날은 일곱 번째 날이었고, 그날이 바로 하나님이 안식을 만드신 날이다. 그들의 삶은 안식일과 더불어 시작되었고, 안식일이 지난 후에 그들은 비로소 일을 했다.

하나님의 은혜와 마찬가지로 안식은 결코 보상이 아니다. 안식은 선물이다.

안식일은 우리의 일이 불완전하게 남는다는 사실을 상기시킨다

안식일 준수에 관한 더욱 고통스러운 사실 중 하나는 우리 일의 일부가 불완전한 채로 남을 거라는 사실이다. 우리는 종종 자신에게 이렇게 말한다. '일이 다 끝나면 쉴 거야.' 그러나 일이 언제 끝나는가? 해야 할 일은 늘 더 있다. 결과적으로, 아직 끝나지 않은 일에 대해 느끼는 압박과 불안이 안식일 준수를 가로막는 큰 장애물이다. 나는 이것을 겪어 봐서 안다.

우리 가족의 안식일이 시작되는 금요일 저녁이면 잊어버리고 안 한 일이 생각날 때가 많다. 이메일을 보내는 일을 잊고 있었다든지 전화 통화를 해야 하는데 놓치고 있었다든지 말이다. 그러면 그 업무가 끝날 때까지 계속 일하고 싶은 유혹을 받게 된다. 하지만 언제나 또 다른 할 일이 있다는 것을 안다. 이와 관련해서 안식일 지키기에 대해 내가 좋아하는 은유가 푸드 네트워크에 나온다.

케이블 텔레비전 채널인 푸드 네트워크의 요리 대결 프로그램에서 모든 셰프는 음식을 준비할 수 있도록 일정한 시간을 갖는다. 주어진 시간이 끝났음을 알리는 벨이 울리면 셰프들은 두 손을 들어 올려야 한다. 그 순간 요리가 어디쯤 진행되고 있었는지는 상관없다. 파슬리 한 조각도 더할 수 없고, 달달 볶은 방울양배추의 위치를 바꿀 수도 없고, 약간의 슈거 파우더를 뿌릴 수도 없다. 아무것도 하지 못한다. 접시에서 물러나야 한다. 이와 마찬가지로, 안식일이 시작되면 우리는 두 손을 들고 그때까지 쓰고 있던 장치, 사무실, 어디서 어떤 식으로든 사용하던 도구에서 물러난다.

안식일 준수를 통해 우리는 언젠가 모든 것을 미완성인 채로 두고 떠나 예수님 품에서 안식하게 될 거라는 진리를 삶으로 구현한다.

안식일은 우리를 생산에서 현존으로 옮겨 주는 날이다

젊은 의사가 정신과 레지던트 과정을 마치고 뉴욕시의 한 병원에서 일하기 시작한다. 친구인 몇 살 연상의 의사가 두 번째 아이를 임신한 뒤 그녀에게 묻는다. "임신해서 제일 좋은 게 뭔지 알아요?" 그녀는 바로 이렇게 말한다. "나는 임신하는 게 좋아요. 내 자신이 줄곧 생산적이라고 느껴지는 것은 이때뿐이거든요. 심지어 자는 동안에도 나는 뭔가를 하고 있으니까요."

종종 우리는 생산하는 데 너무 익숙한 나머지 현존하기를 잊어버린다. 안식일은 현존의 날이다. 하나님 앞에, 다른 사람들 앞에, 창조 세계 앞에, 우리 자신 앞에 현존하는 날이다. 안식일 준수가 우리를 좀더 생산적으로 만든다는 것은 분명히 사실이다. 그러나 우리가 안식일을 지키는 것은 더 생산적으로 일하기 위해서가 아니라 생산성 안식일은 단지 작업을 쉬는 날만이 아니라, 자신을 대단한 존재로 만들 필요에서 쉬는 날이기도 하다.

이라는 우상에 저항하기 위해서다. 우리는 스스로 생산하는 것보다 더 큰 존재다.

안식일은 단지 작업을 쉬는 날이 아니라, 자신을 대단한 존재로 만들 필요에서 쉬는 날이기도 하다. 안식일은 주목하는 날이며 즐겁게 함께하는 날이다. 공동체로 모이고 함께 식사하는 일이 안식일의 좋은 관행인 이유가 그 때문이다. 그날은 현존의 날이다.

안식일은 기술을 사용해 무엇이든 알 수 있는 세상에서 거룩한 무지의 공간을 창조한다. 안식일은 모든 곳에 있고 싶은 욕망에 사로잡힌 우리가 한 장소에 머물게 해 준다. 안식일은 전능을 붙잡으려 하기보다 인간성의 한계를 누리게 만든다.

안식일은 우리에게 필요한 더 심오한 안식을 가리켜 보인다

안식일 준수의 핵심은 행위가 아니라 사람이다. 다른 무엇보다도, 안식일은 우리에게 필요한 참된 안식, 영혼의 안식을 떠올리게 한다. 우리는 유명해지려 애쓰고, 대단한 존재가 되려 애쓰고, 눈에 띄기 위해 힘껏 노력하거나 자신의 중요성을 증명하면서 평생을 보낸다. 그리고 이 모든 일은 참으로 힘들다. 그렇지 않은가?

우리 영혼에는 영성 형성 훈련을 넘어서고 일을 중단하는 것 이상의 안식이 필요하다. 우리에게 필요한 이 안식은 하나님으로부터만

나온다. 예수님은 그것을 이렇게 말씀하셨다. "수고하며 무거운 짐을 진 사람은 내게로 오너라. 내가 너희를 쉬게 하겠다"(마 11:28). 이런 종류의 안식은 우리가 하는 일에서가 아니라 하나님이 하시는 일에서 경험할 수 있다. 예수 그리스도는 상상할 수 있는 가장 큰 안식을 경험하셨다. 십자가에 못 박혀 죽으신 후에 무덤에서 안식하셨다. 그러나 그분이 안식하시는 동안 세상은 새로워지고 있었다. 그분이 안식하시는 동안 세상이 회복되고 있었다. 그분이 안식하시는 동안 세상이 부활을 볼 시간이 다가오고 있었다. 그리고 약속이 주어졌다. 우리가 예수님을 믿을 때 우리의 탈진을 내어놓고 그분의 안식을 받는다는 것이다.

이 모든 내용을 우리 가족(아내와 두 아이)과 내가 뉴욕시에서 안식일을 지키는 일과 연결시켜 보자. 우리는 매주 금요일 저녁 여섯 시부터 토요일 오후 여섯 시까지 안식일을 지킨다(내가 목사가 아니라면 토요일 저녁부터 일요일 저녁까지 안식일로 지켜서 교회 예배를 포함시킬 것이다). 우리는 거실 테이블에 촛불을 켜는 일로 안식일을 시작한다. 촛불의 목적은 단 하나, 하나님의 임재와 안식의 선물을 떠올리게 하는 것이다.

우리 집에서는 안식일에 모든 유급 노동을 중단한다. 무급 노동도 중단한다(빨래, 장보기, 기타 집안일이 여기에 해당한다. 하지만 식사 준비는 한다. 여섯 살배기 남자아이와 금식을 시도해 봤는가?) 무급 노동의 기준에 대해서는 사람마다 다를 수 있지만, 일에 해당한다는 판단이 들면 최대한 손을 뗀다는 것이 요점이다. 우리는 24시간의 안식일을 휴식, 놀이, 기쁨을 안겨 주는 일을 하는 날로 정했다. 우리 가족에게 이런 일은 친구들 및 가족과의 저녁 식사, 야구, 독서, 낮잠, 도시의 명소 관람 등을 뜻한다.

어린아이 둘을 기르다 보니 안식일이 늘 스트레스가 없는 것은 아님을 이야기해야겠다. 당신의 아이들은 어떤지 모르겠지만, 우리 아이들은 안식일이 되었다고 해서 갑자기 천사로 돌변하지 않는다. 아이들을 돌보는 책임 때문에 가끔은 안식일이 끝난 시점에도 안식일을 시작할 때와 똑같이 지쳐 있을 때도 있다. 그러나 안식일을 보내고 나면 생기를 얻는 경우가 훨씬 많다. 상황이 이렇지만, 가족들과 깊이 생각을 나누고 대화를 나눠 보면 안식일 준수의 여정을 시작할 수 있으리라고 확신한다. 모든 훈련의 경우에 그렇듯, 실험에 임하는 자신에게 은총과 여유를 허락하라.

성경 천천히 읽기

관상적 리듬을 구축하기 위한 세 번째 훈련은 성경 천천히 읽기다. 우리가 대충 읽고, 빠르게 읽고, 스크롤을 내리는 문화 안에 있다는 사실은 부인할 수 없다. 이런 소비문화는 우리가 성경과 관계하는 (또는 관계하지 않는) 방식에 깊은 영향을 끼쳤다. 우리는 하나님의 기록된 말씀의 진리를 천천히 음미하는 대신, 텍스트의 표면을 스쳐 지나갈 뿐이다. 하나님이 우리 삶의 특정한 시기에 주시는 특정한 말씀을 들을 만큼 텍스트에 자리를 잡고 충분히 오래 머물지 않는다. 그래서 시편 1편은 우리에게 꼭 필요한 교정의 말씀이다.

시편을 조금이라도 읽어 봤다면 시편 1편이 나머지 149편과 얼마나 다른지 알아챘을 것이다. 시편 1편은 기도가 아니라 인간의 존재 방식에 대한 진술이다. 이 구절은 기본적으로 참된 기도 및 하나님과의 교제로 가는 문이다. 시편 1편의 기자는 먼저 충격적인 진술을 한다. 의인과 불의한 사람을 나누는 첫 번째 요소는 율법 묵상이라는 것이다. 내가 말하는 성경 천천히 읽기는 시편 기자가 소개하는 이 묵상의 실천을 염두에 둔 것이다. 의인들은 하나님의 지시를 따르는 이들이다. 이 시에서 불의한 자는 하나님의 지시가 그의 삶에 들어설 여지가 없다.

영적 훈련에 친숙하지 않은 사람들에게는 묵상이라는 주제가 낯설게 느껴질지 모르겠지만, 본인이 알든 모르든 우리는 이전에도 묵상을 해 왔다. 누군가로부터 연애편지나 사랑의 쪽지를 받아 본 적이 있다면, 분명 묵상을 했을 것이다. 로지와 내가 2003년에 처음 데이트를 시작했을 때 그녀가 보낸 문자가 기억이 난다. 그 문자를 받자 내가 정말 특별하다는 느낌이 들었다. 문자는 두 문장을 넘지 않았지만, 나는 그것을 읽고 또 읽었다. 동료들에게 그 내용을 보여 주었다. 노키아 폴더폰을 자꾸만 열어서 문자를 읽었다. 나는 그녀의 글을 묵상하고 있었다.

당신이 높이 평가하는 사람에게 당신을 크게 격려하고 인정해 주는 내용의 이메일을 받은 적이 있을 것이다. 그 글은 기쁨과 감사의 마음을 불러일으켰을 것이다. 아마도 당신은 그 내용을 계속 머릿속에서 되새겼을 것이다. 반대로, 상처가 되는 가혹하고 비판적인 말을 들었을 수도 있다. 누군가의 부정적인 말을 거듭거듭 곱씹는 일이 어떠한지 우리는 다 안다. 바로 이런 일이 묵상이다.

하지만 내가 제일 좋아하는 묵상의 사례는 개에게서 볼 수 있다. 개는 묵상에 대해 우리에게 가르쳐 줄 것이 많다. 유진 피터슨(Eugene Peterson)은 그의 책 『이 책을 먹으라』(Eat This Book)에서 그의 개가 뼈다귀 하나를 가지고 일주일 이상 뜯고, 갖고 놀며, 으르렁거린 이야기를 들려준다. 어느 날 피터슨은 이사야 31장 4절을 읽었는데, 주님이 먹이를 가지고 으르렁대는 젊은 사자와 같다는 내용이 나왔다. 그때 그는 뼈다귀를 갖고 즐겁게 으르렁거리던 자기 개를 바로 떠올렸다. 그다음 둘 사이의 연결 관계를 발견했다. '으르렁거리다'에 해당하는 히브리어는 시편 1편의 '묵상하다'로 번역된 바로 그 단어였다.[4] 이것은 우리가 성경에 접근하는 방식을 빚어내는 강력한 은유다. 그렇다면 묵상은 하나님의 말씀이 우리 마음을 꿰뚫을 때까지 그 내용을 천천히 씹는 훈련이다.

이제 문제는 이 일을 어떻게 하는가, 하는 것이다. 여기서 나는 교회 안에서 수 세기 동안 구축해 온 훈련에 의지하고자 한다. 그 훈련은 렉티오 디비나(lectio divina)라고 불린다. 거룩한 독서라는 뜻이고, 네 단계를 통해 속도를 늦추어 성경을 천천히 곱씹는 훈련이다. 네 단계는 렉티오(lectio, 읽기), 메디타티오(meditatio, 묵상), 오라티오(oratio, 기도), 콘템플라티오(contemplatio, 관상)다.

렉티오: 읽기

첫 번째 단계인 렉티오는 읽기를 뜻한다. 그러나 이것은 부주의하고 경박하고 형식적인 읽기가 아니다. 주목하는 읽기다. 하나님과의 만남을 목적으로 하는 읽기다. 첫 번째 단계인 렉티오는 성경이 "살아 있고 힘이 있어서, 어떤 양날칼보다도 더 날카롭습니다. 그래서, 사람 속을 꿰뚫어 혼과 영을 갈라내고, 관절과 골수를 갈라놓기까지" 한다는 인식을 기반으로 한다.

렉티오에서 우리는 성경을 대상이 아니라 주체로 보고 접근한다. 성경은 지면에 적힌 고대의 글 그 이상이다. 성경은 탐구의 대상으로서가 아니라 우리를 응시하여 생기를 주는 힘으로 여기고 접근해야 한다. 성경을 읽을 때 우리는 하나님이 **우리**를 읽고 계심을 이해하게 된다. 이 첫 번째 단계에서는 성경의 짧은 대목을 두세 번 읽으면서 한 단어나 문구를 찾아내도록 주님께 도움을 구해야 한다. 우리는 말씀을 읽으며 이렇게 묻는다. "주님, 이 말씀이 뜻하는 것이 무엇입니까?"

메디타티오: 묵상

두 번째 단계인 메디타티오는 묵상을 의미한다. 이 단계에서 우리는 성령께서 찾아 주셨다고 믿는 단어나 어구에 특별히 초점을 맞춘다. 유진 피터슨이 소개했던 개의 경우처럼, 이 단계는 본문을 놓고 '으르렁대는' 시간이다. 우리는 특정 단어나 문구를 곱씹고 하나님이 우리에게 무슨 말씀을 하기 원하시는지 숙고한다. 어쩌면 다룰 필요가 있는 상황이나 관계가 있을지도 모른다. 성령에 힘입은 단어나 어구가 우리의 마음과 의지를 형성하기 시작한다. 이때 우리는 본질적으로 이렇게 묻는다. "주님, 제게 말씀하고자 하시는 것이 무엇입니까?"

오라티오: 기도

세 번째 단계인 오라티오는 기도를 뜻한다. 우리는 묵상을 통해 하나님의 말씀이 우리 마음에 들려오는 것을 의식한다. 오라티오에서는 그 움직임에 화답하여 우리가 마음으로 하나님께 말씀드린다. 우리는 (말로든 글로든) 하나님께 자유롭게 말씀드리고 우리에게 다가온 대로 알려 드린다. 이 단계에서의 강조점은 하나님의 은혜로운 주도권에 대한 우리의 반응이다. 이때 우리는 자신에게 묻는다. "나는 하나님께 무슨 말씀을 드리고 싶은가?"

콘템플라티오: 관상

마지막 단계인 콘템플라티오는 관상을 뜻한다. 침묵 기도와 마찬가지로, 이 순간의 관상은 추가적인 반추와 점검이 목적이 아니다. 하나님은 우리에게 말씀하셨고, 그에 반응하여 우리도 하나님께 말씀드렸다. 이제는 하나님의 한결같은 사랑 안에서 가만히 쉴 때다. 더 이상의 질문은 필요하지 않다.

 (그저 본문을 관찰하는 것이 아니라) 하나님을 만나려는 목적으로 성경에 푹 잠기지 않으면, 우리가 그리스도 안에서 형성되는 일은 제한을 받는다. 하나님은 예수님 안에서 우리에게 말씀하셨고 그분의 기록된 말씀을 통해서도 말씀하셨다. 우리는 그 말씀의 세계 안으로 천천히 들어오라는 초대를 받는다.

정주의 헌신

관상적 삶은 혼자서 벌이는 일이 아니다. 그것은 다른 이들과 함께하는 삶으로의 초대이고 수도원 공동체에서 배울 수 있는 위대한 교훈이다. 수도원에 들어가는 수도사들은 특정한 장소에서 평생 자리 잡겠다는 정주(定住) 서원을 한다. 어떤 차원에서 이 서원은 침묵 기도로의 헌신이 외부로 드러난 것이라고 할 수 있다. 침묵 기도에서 우리는 하나님과의 연합을 위해 자기 내면의 동요와 성가심을 견뎌 내야 한다. 정주의 헌신에서는 하나님 및 다른 이들과의 연합을 위해 타인들에게서 오는 동요와 성가심을 견뎌야 한다.

하지만 이것은 쉬운 일이 아니다. 이 교회 저 교회를 쇼핑하듯 순회하는 문화에서 장기간 한 교회에 머물기로 선택하는 것은 현대판 기적이다(슬프게도, 많은 이들이 영적 학대, 유해한 신학, 역기능적 대인관계가 범람하는 환경에 머무른다. 이런 환경에 처해 있다면 건강한 공동체를 찾아 나서는 것이 온당하다). 나는 특별히 갈등, 긴장, 불안의 순간에 다른 이들과의 관계를 유지해야 할 우리의 소명을 말하는 것이다. 관상의 목표는 바라보는 것이지만 하나님만이 그 대상이 아니다. 우리는 서로를 바라볼 필요도 있다.

3장

분열된 세계를 위한 인종 화해

"기독교 제자도의 실질적 질문은 '내가 그리스도 안에서 당신의 형제(your brother in Christ)가 될 수 있는가?'가 아니라 '나는 당신의 사돈(your brother-in-law)이 될 수 있는가?'이다." 신학교 수업 시간에 이 말을 처음 들었다. 자녀의 결혼 상대자가 될 수 없는 사람이 있는가? 당신의 가정에 새 식구로 들어오는 것이 불편한 사람이 있는가? 이런 질문들은 우리의 인종적 상황의 핵심을 파악하는 데 도움이 된다. 우리와 다르게 생기고 다르게 생각하고 다르게 먹는 사람과 가까운 거리에 사는 것과 그 사람과 깊은 관계를 맺는 일은 완전히 다른 문제다. 서로의 차이를 어떤 사람은 우월하고 어떤 사람은 열등하다고 여기는 위계의 문제로 판단하지 않는 세상(즉, 그리스도의 나라)을 위해 일하는 것도 별개의 문제다.

우리 세상에서 인종과 관련된 죄와 적대감은 대단히 실질적이다.

미국에서 퍼거슨시,* 에릭 가너(Eric Garner),** 트레이번 마틴(Trayvon Martin),*** 조지 플로이드(George Floyd), 샬러츠빌**** 같은 지명과 인명은 인종 문제가 여전히 미국에 깊이 박힌 육체의 가시임을 상기시킨다. 소셜 미디어 타임 라인을 살펴보라. 사람들이 인종 문제로 분노, 곤혹감, 방어적 태도를 드러내지 않는 날이 하루도 없다. 사나운 담론은 우리의 지역 교회와 가정에까지 들어왔다.

우리는 인종화된 세상에서 발생하는 문제들을 끊임없이 마주한다. 우리가 보고 듣는 문제들은 끝이 없는 것 같다. 피부색에 근거해 정교하게든 투박하게든 인간의 가치에 서열을 매기는 파괴적인 생각과 행동은 텔레비전으로 전국에 방송되는 내용이든 우리만 아는 내용이든, 우리를 주기적으로 짓누른다. 인종주의의 상징물들은 대체로 해체되었지만, 그 정신은 여전히 세계에 두루 퍼져 있다.

그러나 우리는 도움을 받을 수 있다. 인종주의에 대한 우리의 집단적 과거, 내면의 삶, 외적 참여를 포함하는 관점들이 있다. 이런 여러 관점을 담지 못하는 지리멸렬하고 편협한 접근법을 뛰어넘게 해줄 방법이 있다. 이번 장과 다음 장에서는 영성 생활이 깊이 있게 형성되는 것을 가로막는 큰 도전인 인종주의에 대응하는 데 도움이 될 간결하고 다층적인 시각과 전략을 제시하고자 한다.

---

* 2014년 10대 흑인 청년 마이클 브라운이 백인 경찰의 총격으로 사망하면서 소요가 발생한 곳
** 2014년 뉴욕에서 불법으로 담배를 판다는 혐의로 경찰에 목 졸려 숨진 아프리카계 미국인
*** 2012년 자경단원에게 살해당한 17세 흑인 소년. '흑인의 목숨도 소중하다'(Black Lives Matter) 운동의 계기가 되었다.
**** 2017년 인종차별을 반대하는 이들과 백인우월주의자들의 충돌이 있었다.

브루클린의 긴장

어린 시절에 브루클린의 이스트 뉴욕 구역은 뉴욕시에서도 손에 꼽을 만큼 위험하고 빈곤한 지역이었다. 나는 푸에르토리코인들, 도미니카인들, 자메이카인들, 아프리카계 미국인들 주위에서 자랐다. 이들 집단 사이에서도 분명히 긴장이 있었지만 인종적·민족적 갈등이 꾸준히 발생하는 곳은 테이크 아웃 중식당이나 한국인 소유의 동네 세탁소였다. 나는 그곳에서 느낀 긴장뿐 아니라 가끔 비치던 치유의 희미한 빛도 생생히 기억한다. 그중에서도 특별한 기억이 하나 있다.

10대에서 20대로 넘어갈 무렵 나는 매달 세탁소를 찾곤 했다. 세탁소 카운터에는 내가 기억하는 아주 옛날부터 손님과 세탁소 직원을 가로막는 육중한 방탄 칸막이가 설치되어 있었다. 빨랫감을 맡기려면 투입함에 집어넣고 투명한 칸막이를 통해 구체적인 요구 사항을 전달해야 했다. 나는 칸막이가 있던 세월 내내 그 모든 과정이 통상적인 일이라고 생각했다. 그러다 20대 중반의 어느 날 버튼다운 셔츠 몇 벌을 맡기러 세탁소에 들렀는데 칸막이가 치워져 있었다. 나는 그야말로 깜짝 놀랐다. 가게를 제대로 찾아왔는지 확인하기 위해 밖으로 나갈 뻔했다. 매장이 전혀 다르게 보인다고 말했더니 주인이 심한 한국식 억양으로 말했다. "이웃과 신뢰를 쌓고 싶어서요." 나는 처음으로 그 가게 사람과 악수를 할 수 있었다.

그 상황을 곰곰이 생각하는 동안, 나는 그 동네 그 모퉁이에서 대단히 영적인 일이 벌어졌다는 생각을 지울 수가 없었다. 그 가게의 새로운 한국계 주인이 그리스도인이라는 사실을 나중에 알았다. 뭔가

> 그리스도의 십자가는 우리를 하나님께로 이어 주는 다리일 뿐 아니라 우리를 갈라놓는 벽을 허무는 대형 망치다.

가 그들에게 이웃과 함께하는 전혀 다른 방식을 상상하게 만든 것이다. 의심, 불신, 두려움이 아니라 환대, 신뢰, 선의에 근거한 새로운 공동체가 형성되고 있었다. 그 작은 세탁소에서 복음의 은유가 대낮처럼 환하게 드러났다. 베를린 장벽의 붕괴까지는 아니었지만 우리 동네에서 그것은 의미심장한 일이었다.

이처럼, 하나님은 우리 영혼을 세탁하는 일만 하시는 것이 아니라 벽을 허물고 새 가족을 만드신다. 서로에게 속하는 새로운 방식을 만드신다. 복음의 주요 열매는 죽어서 천국에 가는 것이 아니라 예수님의 죽음과 부활로 만들어지는 기적적인 새 가족이라고 할 수 있다. 인종 간의 정의와 화해는 믿음과 공적 증언의 가장 절박한 두 문제다. 이 측면에서, 그리스도의 십자가는 우리를 하나님께로 이어 주는 다리일 뿐 아니라 우리를 갈라놓는 벽을 허무는 대형 망치다.

교회는 미국과 세계의 인종적 갈등 때문에 지속되는 온갖 혼란과 분노의 한복판에서 소망, 정의, 화해의 메시지를 선포하는 데 앞장서야 한다. 이것이 뉴 라이프 펠로십 교회가 하려고 애써 온 일이다.

뉴 라이프 교회 이야기

뉴 라이프 펠로십 교회는 뉴욕에 사는 이탈리아계 미국인 피터 스카지로(Peter Scazzero)가 1987년에 개척했다. 피트(교인들은 애정을 담아 이렇게 부른다)는 그리스도께 철저히 회심하고 나서 교회의 다양한 전통과 신학을 접했다. 얼마 후 그는 벽을 허물고 화해를 위해 일하는 복음의 능력에 대한 비전을 품게 되었다. 러트거스 대학교에서 기독학생회(IVF)의 간사가 된 피터는 만물을 화해시키시는 예수님의 사역에 헌신하는 캠퍼스 공동체 활동에 전념했다. 기독학생회 사역을 마친 후, 피터는 코스타리카로 가서 스페인어를 공부했다. 그는 퀸스에서 지역 교회 개척에 대한 깊은 소명을 느꼈고 그 지역의 최대한 많은 사람들에게 다가가고자 했다.

스페인어를 연습하기 위해 퀸스의 작은 라틴계 교회들에서 섬기던 피터는 마침내 뉴 라이프 교회를 개척할 준비가 되었다고 느꼈다. 뉴 라이프 교회는 빠르게 성장했다. 몇 년 만에 스페인어를 사용하는 교인들뿐 아니라 영어권 교인들도 생겼다. 피터는 두 부류의 교인들을 모두 이끌었다. 이 모든 이야기와 뒤이은 위기는 피터가 집필한 두 권의 책 『정서적으로 건강한 교회』(The Emotionally Healthy Church)와 『정서적으로 건강한 영성』(Emotionally Healthy Spirituality)에 자세히 나와 있다.[1]

여러 연구에 따르면 퀸스 인구의 절반이 외국 태생이다. 뉴 라이프 교회 건물이 위치한 구역은 「내셔널지오그래픽」에서 한때 세상에서 주민들의 출생지가 가장 다양한 곳으로 뽑혔다. 앞에서 언급한 대로, 뉴 라이프 교회 교인들의 국적은 적어도 75개국 이상이다. 100개국 이상에서 온 사람들이 뉴 라이프 지역개발법인에서 운영하는 보건소를 다녀갔다. 지역 병원에서도 100개가 넘는 언어가 사용된다. 동네

현금인출기에서 20달러를 인출하려면 정신 사나움을 감수해야 한다. 열다섯 개가 넘는 언어 메뉴 중에서 사용 언어를 골라야 하기 때문이다. 한마디로, 뉴 라이프 교회(와 우리 동네)라는 공동체에 속한 것은 아름다운 일이지만, 거기서 잘 헤쳐 나가려면 많은 문화적 유연성이 필요하다.

이 지역 교회 공동체에 주어진 선물은 전 세계 문화의 아름다움과 풍성함을 경험할 기회를 얻는다는 것이다. 반면 전 세계적이고 국가적인 갈등이 엄연히 존재한다는 점과 그 갈등들이 우리 공동체 안에도 파고 들어온다는 사실을 받아들여야 한다는 점은 우리가 감당해야 할 도전이다. 세계 무대에서 갈등이 일어나면 뉴 라이프 교회의 우리도 그것을 느낀다. 필리핀, 인도네시아, 베네수엘라, 그리스 등 어디서든 비극이 발생하면, 우리 교인들 중 상당수가 개인적으로 영향을 받는다. 월드컵이나 올림픽 시즌이 돌아오면 조심해야 한다. 2018년 월드컵에서 한국이 독일을 이겼을 때, 한국 사람들과 독일 사람들은 한동안 함께 기도하지 않았다. 이런 복잡함에 더해서 우리는 현재의 정치 상황에 대해서도 서로 다른 견해를 꾸준히 접한다. 한 주 한 주가 극도로 양분된 세상의 집단적 적대감에 휩쓸릴 위기다.

뉴 라이프 교회에는 #blacklivesmatter(흑인 목숨도 소중하다) 운동을 벌이는 활동가들이 있고 그에 반대하는 #alllivesmatter(모든 목숨이 소중하다) 운동 지지자들도 있다. 트럼프 지지자들과 반트럼프 유권자들이 (종종 서로를 모른 채) 매주 나란히 앉는다. 모든 문제를 인종차별적 사회라는 렌즈로 보는 사람들이 있고, 인종 문제로 왜 그렇게 야단인지 잘 이해하지 못하는 이민자들도 있다. 두 번 설교할 때 한

번 정도는 인종주의 해체를 다루기 원하는 이들이 있고, 인종 문제를 거론할 때마다 불편해하는 이들도 있다. 설교가 복음이 아닌 인종 문제에 너무 집중되어 있다는 이유로 교회를 떠나는 사람들이 보낸 이메일도 받아 보았고, 인종적 대화를 지배하는 시사에 좀더 초점을 맞추기를 바라는 사람들에게 야단도 맞았다. 내가 한걸음 물러날 때 예수님의 손이 우리 공동체를 빚으시는 것을 보기도 하고, 악한 세력이 교회 가족들에게 큰 피해를 주는 것처럼 느껴지기도 한다.

여러 해에 걸쳐서 우리는 함께 성장했고 인종적 정의와 화해의 맥락에서 복음의 본질에 대한 강력한 진리를 끌어내는 법을 배웠다. 이 헌신은 우리가 하는 모든 일에 영향을 미치기에 이것과 별도로는 누구도 뉴 라이프 교회를 제대로 이해할 수 없다. 나는 다양한 사람들이 모인 우리 공동체가 명료한 신학과 깊이 있는 영성 형성을 통해 자라 가려고 함께 노력한 과정을 여기에 소개하고 싶다.[2]

새 가족의 창조

인종에 대한 모든 기독교적 대화는 복음의 목적에서 출발해야 한다. 우리가 선포하는 복음은 분명 인종적 분열이라는 현실을 다룰 만큼 충분히 크다. 하지만 복음을 이런 식으로 보지 않는 경우가 많다. 슬프게도, 과도하게 영적인 시각을 견지하는 많은 그리스도인이 인종적 정의와 화해를 복음에 선택적이거나 부수적인 요소로 여긴다.

많은 이들에게 복음은 내세로 가는 티켓이다. "예수님이 나를 위해 하신 일 때문에 나는 죽어서 천국에 간다"는 것이다. 그런가 하면

> 우리가 선포하는 복음은 분명 인종적 분열이라는 현실을 다룰 만큼 충분히 크다.

어떤 이들에게 복음은 예수님의 죽음과 부활에 대한 특정한 이해와 이어져 있다. 이런 사고방식을 따르면 복음은 특정한 대속 이론으로 축소된다. 이런 생각들은 우리를 가로막는 아주 큰 장애물이다.

복음의 핵심을 내세 또는 영광스럽지만 엄격하게 개별적이고 개인적인 믿음의 결단으로 요약한다면, 그것은 예수님이 설명하신 도래한 그분의 나라에 대한 복음이 아니다. 예상할 수 있다시피, 거기에는 세상에서 좀더 사랑하고 정의롭게 존재하는 삶을 지향한다는 진정한 절박함이 없다. 복음에 대한 우리의 지식은 인종 간의 정의와 화해를 위한 그리스도 나라의 촉매가 되든지, 파편화되고 분열된 사회로 나아가는 세상의 추진력에 순응하는 도구가 될 것이다. 복음은 좋은 소식이 분명하다. 그러나 무엇에 관한 좋은 소식일까?

복음의 핵심은 구원론적 사건("구원받았다"는 말의 근사한 표현 방식)에 대한 좋은 소식에 그치지 않는다. 복음의 핵심은 무엇보다 예수님의 이야기와 그분이 이루신 승리다. 부활하시고 보좌에 앉으신 주님이 우리의 좋은 소식이다. 그뿐만 아니라, 이 복음은 우리 세상을 치유하기 위한 구체적인 목표들을 갖고 있다. 그 주된 목표들 중 하나가 인종적·민족적 장애물을 초월하는 새 가족의 창조다.

이런 차원에서, 북미의 신학자 조지 엘든 래드(George Eldon Ladd)는 하나님 나라의 복음에 대한 짧지만 중요한 책에서 이렇게 썼다.

하나님은 영혼 구원뿐 아니라 새 가족을 창조하는 일도 하신다.

"복음은 믿는 자들에게 미래에 이루어질 개인적 구원을 제시하는 데 그쳐서는 안 된다. 복음은 지금 여기서의 모든 관계를 변화시키고 하나님 나라를 온 세상에 퍼뜨려야 한다."[3]

그렇다면 복음의 핵심은 예수님을 통해 만물을 '바로잡는' 것이다. 예수님의 죽음과 부활을 통해 세상은 갱생의 궤도에 올랐지만, 하나님은 이 미래를 위해 일하도록 우리를 은혜롭게 초청하신다. 하지만 이 일은 개인적 과업이 아니라, 성령의 능력 안에 있는 새 가족의 집단적 수고로 꾸려진다. 이것은 하나님이 영혼 구원뿐 아니라 새 가족을 창조하는 일도 하신다는 뜻이다. 우리는 예수님이 제자들을 부르시는 복음서의 앞부분에서 이 새 가족을 본다. 열두 명의 새 가족이 세워지는 과정을 통해 복음의 능력이 역사하는 것을 본다.

열두 사도의 모집은 우리 대부분이 특히 소셜 미디어에서 경험하는 바와 완전히 딴판이다. 인종 분리의 상징물들(인종별로 분리된 급수대, 학교, 식당)은 사라진 지 오래지만, 우리가 사는 세상은 점점 더 나뉘고 더 분리되고 있다.

「패스트 컴퍼니」(Fast Company)지 기사에 등장하는 '필터 거품'(filter bubble)이라는 용어는 사람들이 동의할 만한 내용만 보도록 메아리방을 만드는 페이스북의 알고리즘을 묘사한다.[4] 필터 거품은 우리 시대에 벌어지는 일을 보여 주는 유용한 이미지다. 우리는 자신이 이미 믿고 있는 것을 강화하는 개념, 관심사, 정치적 생각들로 자신을 에워싼다. 이것은 우리와 생각이 다른 사람들을 노골적으로 악마 취급하는 결과로 이어진다.

현재 세상의 방식은 공통의 관심사와 가치관에 근거하여 소셜 미디어라는 우주에서 사람들과 친구가 되고 팔로(follow)하는 것이다. 이것은 유사성을 바탕으로 유용한 사회적 일체감과 인맥을 선사하지만, 여러 새로운 문제들도 만들어 냈다. 우리는 자신과 의견이 다른 사람들과 점점 더 멀어지고 있다. 그러나 이것은 예수님의 접근 방식이 아니다.

예수님은 제자들을 부르실 때 트위터에서 절대로 서로 팔로하지 않을 사람들을 한데 모으셨다. 하지만 그분은 이 소규모 공동체를 꾸리심으로써 하나님 나라에서 새 가족이 창조되고 있음을 상징적으로 밝히신 것이다. 이 진리는 제자들 중 두 명을 잠깐 살펴보기만 해도 드러난다. 마태와 열심당원 시몬을 생각해 보라(마 10:3-4). 마태는 정부를 위해 일했고 시몬은 정부를 증오했다. 마태는 세리였고 시몬은 납세 **거부자**였다. 마태는 로마인들을 위해 세금을 징수했고 시몬은 로마인들에 맞선 반역자였다. 마태는 부유했고 시몬은 노동자 계층이었다. 마태는 시몬 같은 사람들을 이용해서 먹고살았고, 시몬은 마태 같은 사람들을 처단하면서 먹고살았다.

이런 차이점에도 불구하고 마태와 시몬은 어찌어찌 붙어 지낼 수 있었다. 그러나 그러기 위해 그들은 대가를 치러야 했다. 마태는 시몬 같은 사람들을 이용하는 일을 멈춰야 했고, 시몬은 혁명에 대한 다른 비전을 받아들여야 했다. 이것이 예수님이 창조하시는 새로운 가족의 핵심이다. 공동체에서 화해가 이루어지려면 늘 뭔가를 대가로 치러야 한다. 그리고 우리를 갈라놓는 장애물은 그리스도 안에서 그분의 이름으로 무너질 수 있다.

첫 열두 명 외에도 예수님은 여자들을 제자로 초대하셨다. 예수님은 제자들에게 유대인이 아닌 사람들에게 가는 임무를 맡기셨다. 사도행전에서 성령께서는 새 가족을 만듦으로써 이 비전이 실현되는 것을 교회가 보게 하셨다. 이 새 가족은 인종이나 성별 정체성에 기반한 것이 아니라 예수님의 죽음과 부활을 통해 이루어졌다. 신약성경은 줄곧 가족 언어를 사용한다. 남자와 여자들은 형제자매로 여겨지고, 예수님께 속하는 사람들에게 하나님은 멀리 떨어진 창조주가 아니라 아바('아버지')시다. 우리 모두가 이 새 가족의 유산을 받는다. 가족 언어는 인종적·문화적·세대적 차이를 뛰어넘는 가족의 새 창조를 알린다. 이 가족의 특징이 바로 화해다.

화해

화해는 중요한 단어이며 성경적 단어다. 하지만 근년에 나는 이 단어를 쓰는 데 주저하게 되었다. 이 단어가 특정 맥락에서 그 힘을 잃어버렸기 때문이다. 화해는 그 의미가 종종 희석되어 '표면적 다양성'을 의미하게 되었다. 그러나 화해는 그 이상의 깊은 뜻이 있다.

목사이자 작가인 브렌다 솔터 맥닐(Brenda Salter McNeil)의 화해에 대한 정의는 대단히 유용하다. 그녀는 성경적 화해의 다면적 본질을 간결하게 포착했다. "화해는 용서, 회개, 정의를 포함한 지속되는 영적 과정이며, 깨어진 관계와 제도를 회복시켜 창조 세계의 번영이라는 하나님의 원래 의도를 드러낸다."[5] 이 정의를 설명하면서 맥닐은 진정한 화해를 위해 다루어야 할 많은 실재들, 즉 화해의 개인적 차원들과 공적 차원들을 강조했다.

인종적 적대감 한가운데서 일하는 복음

인종적 적대감 한복판에서 평화와 온전함을 위해 일하려면 관련 용어들을 정확히 이해할 필요가 있다. 이 주제와 관련된 오해의 상당 부분은 언어를 명확하게 쓰지 못하는 일과 관련이 있다고 확신한다. 우리의 개인적·공동체적 삶에서 화해를 위해 나아갈 길을 제시하기 전에, 약간의 의미 구분을 하고 넘어가자. 내 경우에는 강사이자 활동가인 리사 샤론 하퍼(Lisa Sharon Harper)의 간단한 용어 해설이 도움이 되었다. 그녀는 성경적 관점에서 인종, 민족, 문화, 국적을 다음과 같이 구분했다.

인종, 민족, 문화, 국적은 종종 호환 가능하지만, 각 단어는 미묘한 의미 차이가 있다.

민족(ethnicity)은 성경에 나오는 단어로[히브리어: 고이(*goy*) 또는 암(*am*), 그리스어: 에트노스(*ethnos*)], 시공간을 통해 함께 움직이는 사람들의 집단이고 하나님이 창조하셨다.

문화(culture)는 성경에 내포되어 있지만 직접 쓰인 적은 없다. 사회학적·인류학적 용어로 특정 시기에 특정 장소에 있는 특정한 집단의 믿음, 규범, 의식(rituals), 예술, 세계관을 가리킨다. 문화는 유동적이다.

국적(nationality)은 개인이 법적 시민으로 존재하는 주권국가를 말한다. 국가의 법적 구조로 지정학적 범주가 결정된다.

인종(race)의 핵심은 권력으로, 정치적 용어로는 **지배**(dominion)로 표현할 수 있다. 인간은 하나의 통치 구조 안에서 누가 권력을 행사할 수 있는지 판단하고 자원의 분배 방식에 관한 결정을 끌어내기 위해 정치적 구성물인 인종을 만들었다.[6]

이번 장에서는 화해의 인종적·민족적 범주에 초점을 맞출 것이다. 이 범주를 철저하고 정직하게 다루려면 개인적·제도적 공간에서 모두 논의해야 한다. 인종 문제를 두 측면에서 모두 점검하려면 우리 자신과 우리가 형성된 방식을 면밀히 살펴야 한다. 미국의 소설가 제임스 볼드윈(James Baldwin)은 이렇게 말했다. "우리가 직면하는 모든 것을 바꿀 수 있는 것은 아니지만, 직면하기 전에는 어떤 것도 바꿀 수 없다."[7] 인종이라는 다층적 현실을 검토할 때, 예수님의 새 가족이 전 세계에 널리 확산되는 것을 보여 주는, 신학적으로 훨씬 탄탄한 근거를 갖춘 답을 제시할 수 있다.

개인적 인종 편견

퀸스에서 고등학교를 다니던 시절, 푸에르토리코인 학생들과 도미니카인 학생들 사이에는 주기적 갈등이 있었다. 푸에르토리코인 학생을 기분 나쁘게 하려면 그를 도미니카 사람이라고 부르면 되고, 그 반대도 마찬가지였다. 푸에르토리코인 친구들과 함께 혼잡한 학교 복도를 걷다 보면, 어김없이 그중 누군가가 도미니카공화국 출신의 평범한 아이를 가리키며 그의 옷이나 눈에 띄는 억양, 이민자 등록 여부를 가지고 틀에 박힌 모욕의 말을 하곤 했다.

그 시절을 돌이켜 보면 우리 모두 사촌으로 통할 수 있을 것 같다. 그러나 인종 편견은 골이 깊다. 인종주의의 핵심에는 어떤 사람들이 다른 사람들보다 우월하거나 열등하다는 거짓말이 있다. 인종주의는 서로 다른 사람들의 모든 집단에서 두루 나타난다. 우리 각자는 나름의 편견을 갖고 있고, 절대다수는 (전부는 아니라 해도) 우리와 다른 사람들 사이에 장애물을 만들어 내는 이 세상의 '주의'(ism)에 영향을 받는다(계급주의, 인종주의, 자민족 중심주의, 성차별주의, 연령 차별주의).

우리는 특정한 역사와 상황에 따라 빚어지고 가족, 친구, 미디어에 의해 형성된다. 이것은 우리가 맹점과 편견을 갖고 있다는 뜻이다. 구별하는 것이 반드시 나쁜 일은 아니다(누구를 친한 친구로 신뢰할지 구별하는 것은 지혜롭다). 하지만 어떤 사람들을 다른 사람들보다 우월하거나 열등하게 여기는 차별은 위험한 거짓말이자 파괴적인 죄다.

인종 화해의 일은 우리가 자신과 다른 이들을 어떤 식으로든 주변화시켜 바라본다는 점을 인정한다. 인종에 관한 대화는 가장 어려운 주제 가운데 하나인데, 우리가 자신의 개인적 인종 편견을 찾아내고 드러내기를 거부하기 때문이다. 우리는 사람들을 특정한 방식으로 보도록 사회화되었다. 이것은 피부색과 관계없이 전 인류의 문제다.

하지만 역사적으로 볼 때 모든 사회적 편견이 동일한 사회적 영향력을 갖는 것은 아니다. 유색인들의 인종 편견은 주류 사회의 인종 편견과 사뭇 다르다. 주류 사회에서는 인종 편견이 더 큰 제도적·사회적 방식의 인종주의로 바뀐다. 개인적인 인종 편견은 우리가 다른 사람들을 부정적이고 종종 폭력적으로 **인식하는** 문제이지만, 제도적 인종주의는 **권력**의 사용에 관한 문제다.

제도적 인종주의

목사로 일하면서 제도적 인종주의에 관한 대화를 진행하는 것이 훨씬 더 어렵다는 사실을 알게 되었다. 미국의 많은 이들은 개인이 충분히 열심히 노력하면 한계를 뛰어넘어 꿈을 이룰 수 있다고 믿고 싶어 한다. 하지만 사실 개인주의라는 가치관 때문에 우리는 다른 이들을 희생시켜 이득을 보는 어떤 사람들이 저지르는 불의를 보지 못한다. 나는 우리 교인들의 모습에서 이것을 알게 되었다. 내가 제도적 인종주의에 관한 설교를 전하고 난 후, 교인 중 한 사람(친절하고 너그러운 백인 노인)이 로비에서 내게 다가와 이렇게 속삭였다. "리치, 그 사람들과 나를 같은 무리로 취급하지 말아요. 나는 노예를 소유한 적이 없어요." 하지만 이 귀한 형제가 보지 못한 것이 있었다. 그는 노예를 소유한 적이 없지만, 백인들을 인종차별적 세계의 꼭대기에 올려놓은 역사 덕분에 이득을 봤다.

제도적 인종주의는 흔히 잘 알아볼 수 없는 방식으로 어떤 이들에겐 유리하게, 다른 이들에겐 불리하게 작용한다. 우리는 인종주의를 생각할 때 KKK단(Ku Klux Klan), 인종차별 발언, 불타는 십자가처럼 문화적으로 받아들일 수 없는 가장 노골적인 형태를 떠올린다. 그러나 제도적 인종주의는 흔히 잘 안 보이게 가려져 있다.

화해를 위해 일하는 전략에는 우리의 개별적인 인종 편견(이것은 모든 사람에게 영향을 미친다)뿐 아니라 제도적 권력 남용(이것은 사회적 약자들에게 영향을 미친다)도 다룰 수 있을 만큼 충분히 큰 복음이 필요

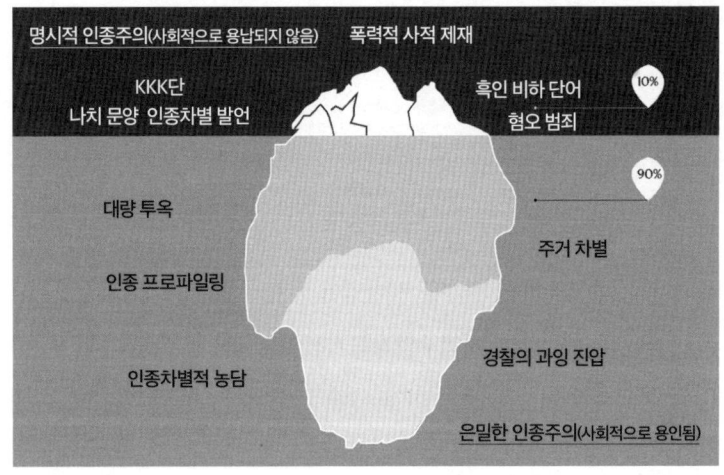

하다. 이 도해가 우리가 사는 세상의 제도화된 인종차별을 파악하는 데 어느 정도 유용하다.

이 도해는 제도적 인종주의가 눈에 잘 띄지 않는 다면적 문제라는 진실을 전한다. 사도 바울은 이 세상에서 힘을 발휘하는 보이지 않는 통치자들과 권세에 관해 썼다(엡 6:12을 보라). 성경은 세 가지 악의 축을 밝히는데 모두 영적인 것들이다. 피와 살을 가진 개개의 인간, 무형의 존재들(귀신들), 성경이 "이 어둠의 세상"이라 부르는 구조와 집단 의식으로 나타나는 악이다.

모두가 이런 세계 체제의 존재를 믿거나 인정하는 것은 아니다. 영적 존재에 대해 사람마다 달리 생각하는 것과 마찬가지다. 어떤 이들은 제도적 인종주의를 명백한 사실로 여기지만, 다른 이들은 그것을 전혀 믿지 않는다. 놀랄 것도 없이, 이런 차이는 도덕, 책임, 죄의 본질에 관한 인종적 가정들을 반영한다. 사회학자 마이클 에머슨(Michael

Emerson)은 그의 예리한 글에서 이렇게 평했다. "백인들은 인종주의가 노골적 편견과 차별을 드러내는 의도적이고 개별적인 행동이라고 보는 경향이 있다.…대부분의 유색인들(people of color)*은 인종주의를 전혀 다르게 정의한다. [유색인들에게] 인종주의는 최소한 편견 더하기 권력이고, 그 권력은 편견을 가진 개인에게서 나오는 것이 아니라 나라의 체제를 통제하는 집단의 일부에게서 나온다."[8]

사실 개인적 인종주의와 제도적 인종주의가 모두 우리의 현실이다. 그러나 체계적·제도적 인종주의는 한 사회의 권력이 어떤 이들에게는 유리하게, 다른 이들에게는 불리하게 발휘되는 것을 말한다. 미국에서 제도적 인종주의는 백인들을 정상으로 여기고 백인들에게 우선순위를 부여하는 죄악된 위계질서로부터 비롯되는데, 이 사실을 받아들이기 어려울 수 있다. 그러나 백인을 규범으로 여기는 태도와 백인 우월주의의 잔재는 지금도 우리 사회에서 깊숙이 작용하고 있다.

아메리칸드림의 서사를 믿어 온 사람들은 우리 삶을 이런 방식으로 이해하는 것에 종종 저항한다. 인종적·경제적 관점에서 주류 사회의 일원인 이들도 제도적 인종주의 개념에 강하게 이의를 제기한다. 그래서 우리가 제도적 관점에서 인종 문제와 씨름해야 한다는 나의 주장은 역사적·사회학적 자료에 근거한 의견이기도 하지만, 무엇보다 죄에 대한 성경의 이야기에 근거했음을 밝혀 둬야겠다. 구약성경의 선지서들은 죄의 조직적 본질과 구조적 본질을 모두 다룬다. 그중에서 한 구절을 살펴보기로 하자.

---

* people of color는 미국 남부에서 흑인을 지칭할 때 주로 쓰인 colored people을 대체하는 말로 비백인계를 통칭하는 영어 표현이다.

3장 분열된 세계를 위한 인종 화해 99

성경의 조직적·제도적 죄

선지서를 읽어야 하는 많은 이유 중 하나는 선지서가 하나님 사랑의 공적 차원을 말하기 때문이다. 우리 가운데 많은 이들은 하나님의 사랑에 관해 개인적이고 사적인 차원을 경험했다. 그래서 하나님의 은혜와 친절을 개인적으로 받는 일에 대해 안다. 그러나 선지서는 하나님의 사랑이 사적인 문제만이 아님을 상기시킨다. 미국의 철학자 코넬 웨스트(Cornel West) 박사가 말한 것처럼 "정의는 공적으로 드러나는 사랑의 모습이다."⁹

이사야 10장에는 하나님 백성의 공적 삶에서 정의가 무너진다는 말이 나온다. 이사야는 가만히 있을 수가 없었다. 처음 두 절에서 그는 이렇게 썼다. "불의한 법을 공포하고, 양민을 괴롭히는 법령을 제정하는 자들아, 너희에게 재앙이 닥친다! 가난한 자들의 소송을 외면하고, 불쌍한 나의 백성에게서 권리를 박탈하며, 과부들을 노략하고, 고아들을 약탈하였다."

이사야는 의를 촉구하며 외친다. 정의를 촉구한다. 정의는 아주 간단히 말하면 관계를 바로잡는 일이다. 정의를 행한다는 것은 모든 사람을 하나님의 형상으로 만들어진 존재로 진지하게 받아들인다는 뜻이다. 이사야가 이런 예언의 말을 기록한 이유는 정의가 실현되도록 사회질서를 만들어야 할 책임이 있는 사람들이 정반대의 행동을 하고 있었기 때문이다. 이사야는 인간 존재를 구성하는 큰 구조를 성토했다. 기본적으로 이사야는 제도적 차원에서 범죄가 일어나고 있음을 지적했다. 사람들을 억압하는 불의한 법들이 있었다. 정의는 유보되고 가난한 이들과 과부들이 학대받고 있었다. 그리고 이것은 새로운 문제가 아니었다.

미국 역사의 초기부터 (그전에도) 인종차별이 존재했던 우리 사회에 대해 생각할 때, 우리의 제도들도 조직적 죄에 똑같이 책임이 있다. 모든 제도는 (이 세상이 타락했기 때문에) 조직적 죄의 지배를 받는다. 성경을 진지하게 받아들인다면 이런 사실을 놀라워해서는 안 된다. 정치적 제도든 종교적인 제도든, 경제적 또는 법 집행과 관련된 제도든, 모든 제도는 의도와 상관없이 인류의 선에 역행하는 체제를 확립할 잠재력을 갖는다. 어떤 이들에게는 유리하게 작용하는 반면에 다른 이들에게는 불리하게 작용하고, 어떤 이들에게는 특권을 주는 반면 다른 이들에게는 고통을 주는 불행한 역량을 가지고 있다.

이 모든 사실이 무척 당황스럽겠지만 인내를 갖고 계속 읽어 나가길 바란다. 이런 문제들을 제대로 다루려면 내용을 파악하는 데 시간을 들여야 한다. 그러나 이 일은 그만한 가치가 있다. 이 세상에는 이 영역에서 깊이 있게 형성된 사람들이 필요하기 때문이다. 전진을 위한 많은 실천적 방법을 제시하기에 앞서, 나는 인종 화해에 관한 네 가지 오해에 초점을 맞추면서 이번 장을 마무리하고 싶다.

정의 없이도 인종 화해가 가능하다고 생각한다

정의 없이는 참된 화해가 있을 수 없다. 관계를 온전히 회복하려면 상황을 바로잡아야 한다. 정의의 특징은 올바른 판결과 올바른 관계가 존재하는 상태이고, 권력 남용을 무위로 돌리고 억압받는 사람들에게 저지른 죄를 바로잡는 것이다.

화해를 진심으로 갈망하는 많은 사람들은 과거의 죄들을 밝히고

> 정의 없이는 참된 화해가 있을 수 없다.

서로의 발을 씻겨 준 다음에는 정의를 위한 더 이상의 생각이나 행동을 하지 않고 넘어가기를 바란다. 죄를 밝히고 발을 씻는 조치들은 아름답고 감동적이겠지만, 거대한 조직적·사회적 불의는 여전히 거침없이 자행되어 관계들을 깨뜨리고 삶을 망가뜨린다.

정의를 위한 활동이 정치 권력자들을 상대로 목소리를 내는 일(그것이 종종 필요한 일이긴 하지만)에 한정되어선 안 된다는 사실 또한 주목해야 한다. 더 많은 경우 정의 추구에서 중요한 점은 어떤 상황에서든 힘이 있는 누군가를 향해 목소리를 내는 일이고, 공정함, 정의로운 정책, 평등한 공동체 생활을 이끌어 내기 위해 협력해서 일하려고 노력하는 태도다.

인종 화해가 피부색을 보지 않는 것을 의미한다고 생각한다

많은 이들은 피부색을 보지 않는 것을 미덕으로 여긴다. 박수갈채를 보내고 축하할 일로 여긴다. 어떤 사람들은 여전히 이렇게 말하기를 좋아한다. "나는 사람을 보지, 피부색을 보지 않아요." 참으로 듣기 좋은 말 같지만, 이것은 천국의 방식이 아니다. "그 뒤에 내가 보니, 아무도 그 수를 셀 수 없을 만큼 큰 무리가 있었습니다. 그들은 모든 민족과 종족과 백성과 언어에서 나온 사람들인데, 흰 두루마기를 입고, 종려나무 가지를 손에 들고, 보좌 앞과 어린 양 앞에 서 있었습니다" (계 7:9). 하나님은 모든 피부색을 보신다.

피부색을 따지지 않는다고 말할 때 분명 많은 사람들은 좋은 의도로 그렇게 말한다. 누구도 피부색에 근거하여 경제적·사회적 이익을 누려서는 안 된다는 데 초점을 맞추는 것이다. 그러나 피부색을 보지 않는다는 표현은 다양성과 정직한 차이를 부정함으로써 관계를 확립하려는 시도다. 그래서 피부색을 보지 않는 척 가장하는 일은 그 의도는 좋을지 몰라도 여전히 진실을 좇는 행위가 아니다.

다양성을 인종 간 화해와 동일시한다

다양성은 분명히 좋은 것이지만, 다양성 자체가 화해는 아니다. 표면적으로 볼 때 다양성은 멋지게 보이고, 교회라는 환경에서는 특히 더 그렇다. 하지만 정의의 경우가 그렇듯, 우리는 다양성에서 멈추고 싶은 유혹을 받는다. 다양성을 최종 목표로 삼으면, 교회는 뉴욕의 지하철 객차와 다를 바가 없다. 뉴욕의 지하철 객차는 다양한 익명의 사람들이 바싹 붙어 있는 곳이다. 그러나 교회는 성화된 지하철 이상의 존재가 되도록 부름을 받는다.

복음이 깊이 있게 작용하면 인종 간 화해의 결과로 다양한 공동체가 만들어진다. 이 공동체는 특별한 은사들을 받아들이고 민족적·인종적·사회적 구성에 따라오는 여러 죄를 인정하는 동시에 예수님의 주권 아래에서 다른 사람들과 사랑의 교제를 경험한다.

우정이나 복음 전도가 인종주의를 해결해 주기를 원한다

인종주의의 제도적 기반이나 개개인이 가진 인종 편견을 다룰 때 나타나는 공통적 반응은 전략적으로 따뜻하고 편안한 대인관계로 표현한다는 것이다. 이것은 복음주의 문화에서 특히나 그런 경향을 띤다. 이것과 특히 연관성 있는 두 전략이 있는데, 마이클 에머슨과 크리스천 스미스(Christin Smith)가 쓴 중요한 책 『신앙에 의한 분열』(*Divided by Faith*)에서 이 부분을 강조했다.[10] 에머슨과 스미스는 복음주의자들이 채택한 고전적 전략이 회심과 우정이라고 지적했다.

신자들은 흔히 많은 사람을 기독교로 회심시키면 인종주의라는 문제가 해결될 거라고 생각한다. 누군가가 예수님을 따르기로 결단하면 그가 인종차별적 시각에서 벗어나게 될 거라고 생각한다. 그래서 가능한 한 다양한 사람들을 기독교라는 우리 안으로 데려오는 걸 목표로 삼는다. 그러나 역사는 최악의 인종차별 행위가 그리스도인들 안에서 일어났음을 보여 주었다.

또 다른 접근법은 대인관계 전략이다. 여기에는 이런 근거가 깔려 있다. "우리가 다른 인종의 사람들과 충분한 우정을 나눈다면, 모든 문제가 해결될 것이다. 우리가 서로 관계 맺는 기술을 더 잘 갖추고 더 훈련을 받는다면, 인종주의는 극복될 것이다." 그러나 관계의 기술은 문제의 일부일 뿐이다. 복음 전도와 우정, 이 두 목표는 매우 중요하지만, 우리 사회의 인종차별적 문제를 해결하려면 다면적 접근법이 필요하다. 다음 장에서 그것을 꼼꼼히 살펴보기로 하자.

4장

인종 화해를 위한 깊이 있는 실천 방안

2019년, 우리 교회가 매년 여는 '복음과 인종 집회'가 끝나고 한 달 후, 소그룹의 흑인 교인들이 따로 만남을 요청했다. 집회가 성공했다고 생각했던 나는 그들이 만나자는 이유가 궁금했다. 집회를 위해 최고의 사상가들과 지도자들을 외부에서 모셔 왔지만, 일부 교인들은 우리가 내부에서 해야 할 일이 아직도 많다고 여기는 것이 분명했다.

30년 동안 우리 교회는 인종 간의 장벽에 다리를 놓고자 대단히 열심히 노력해 왔다. 교회 직원, 지도부, 설교자, 예배 인도자들은 교인들의 다양성을 대표한다. 우리는 인종적 불의에 대응하고, 민족적 차이를 뛰어넘는 관계를 격려하고, 하나님 나라를 어느 정도 드러내는 모델이 되고자 한다. 그러나 이런 노력을 보인 시간에도 불구하고 여전히 맹점들이 남아 있다.

모임을 요청한 이들 중 일부가 답답함을 토로하는 이런저런 말들이 며칠 전부터 들려왔기 때문에 나는 이미 긴장한 상태였다. 이윽고 때가 되어 우리는 교회 모임 공간 한 곳의 원형 테이블에 앉았다. 나는 이미 자리를 잡고 차분하게 모임을 기다리고 있던 열 명의 신도들에게 인사를 건넸다. 목사답게 원형 테이블에 앉은 모든 사람에게 일일이 인사를 했다. 진심 어린 미소와 포옹과 악수가 오갔지만, 방 안에선 모종의 긴장이 느껴졌다. 다른 세 목사들도 이 교인들의 얘기에 귀를 기울이고자 함께 모임에 참여했다. 나는 메모를 하려고 종이를 준비했고 상황이 너무 긴박해질 경우를 대비해 물 한 잔도 챙겼다. 얼마 지나지 않아 갈등 지점이 드러났다. 각 사람이 돌아가면서 우리가 수년에 걸쳐서 해 온 일의 긍정적인 면을 먼저 인정해 주었다. 그러고 나서 답답한 부분들을 이야기하기 시작했다.

그들의 말을 듣노라니 심장이 철렁 내려앉았다. "목사님, 저는 투명인간 같아요." "이 교회가 제가 있을 곳이 맞나 싶어요." "상황이 언제쯤 바뀔지 모르겠어요." "언제쯤이면 우리가 여기서 동등한 대우를 받게 될까요?" "리치 목사님, 우리는 진전을 이루긴 했지만, 아직도 갈 길이 멉니다." 주된 불만은 일부 민족 집단은 교회 지도부의 축복과 지원을 받으며 모이고 만남을 갖는 한편, 다른 민족 집단은 그런 지원을 받지 못한다는 것이었다. 그들의 지적에는 냉엄한 진실이 담겨 있었다. 모임이 계속되면서 몇몇 사람들은 교회에서 이루어지는 통상적 대화나 소셜 미디어에서 인종 문제에 무심한 다른 교인들의 태도에 상처를 받았다고 털어놓았다.

나는 귀를 기울이면서 그들의 말을 종이에 적었는데, 적어 놓고 보니 예상치 못했던 놀랍고 혼란스러운 말들에서 약간 감정적 거리를 둘 수 있었다. 나는 인종적 정의와 화해의 자리에서 설교하고 교회를 이끌기 위해 노력해 왔지만, 일부 교인들은 인종화된 세상의 상처를 교회에서 여전히 느끼고 있었다. 어떻게 이런 일이 벌어진 걸까?

그날의 모임은 또 다른 좋은 대화들로 이어졌고, 우리는 그 내용에 힘입어 분별이 필요한 구체적 영역들을 짚어 낼 수 있었다. 교회 안에 민족별로 좀더 세분화된 공동체가 필요한지와 같은 문제를 나누었다. 그 모임은 인종적 치유의 사역이 깊이 있게 이루어져야 함을 상기시켰다. 교회 지도부는 화해라는 우리의 핵심 가치를 고취할 만큼 교회 리더들을 충분히 준비시키지 못했음을 인정했다. 그래서 핵심 리더들을 모아 대화하고 훈련하고 인종적 온전함에 대한 헌신의 깊이를 더하기로 결정했다. 우리의 여정은 계속될 것이다.

인종적 습관들

다면적 문제에는 다면적 해결책이 필요하다. 그러려면 우리에게 깊이 영향을 미치는 일련의 인종적 습관(혹은 규율)들을 새로이 확립해야 한다. 에디 글로드(Eddie Glaude)는 그의 책 『블랙 민주주의』(Democracy in Black)에서 이렇게 썼다. "누구나 인종적 습관을 가지고 있는데, 그 사실을 인지하지도 못하는 경우가 많다. 일반적으로 우리는 습관에 이끌려 세상을 특정한 방식으로 보게 되고, 흔히 그런 습관을 유용하다고 여긴다.…그 습관들은 인종적 배경이 다른 사람들과 상호작용하는 방식에 영향을 줄 뿐 아니라 여러 그룹을 집단적으로 생각하고 평가하는 방식도 이끈다."[1]

우리 모두 인종적 습관을 갖고 있다. 다른 인종들과 어울리는 의식적이고 무의식적인 방식이 있다. 그중에는 사랑, 정의, 서로의 차이점을 존중하는 태도에 근거한 습관이 있는가 하면, 무지, 두려움, 남을 하찮게 여기는 성향에서 나온 습관들도 있다. 좋은 소식 하나는 나쁜 습관을 바꿀 수 있다는 것이다. 옛 습관을 없애려면 일련의 새 습관이 그 자리를 대체해야 한다. 깊이 있게 형성된 삶이 어떤 습관으로 구현될 때 인종적 치유와 정의를 제공할까? 나는 일곱 가지 습관을 제안하고 싶다.

첫 번째 습관: 기억

지금 우리가 경험하는 인종적 적대감, 특히 미국에서 벌어지는 인종적 적대감을 이해하려면 과거에 벌어진 인종차별을 정직하게 직시해야 한다. 북미 원주민들이 경험한 인종 탄압이 있고, 아프리카계 미국인들이 경험한 노예제도가 있다. 교인들의 국적 출신지가 매우 다양한 교회의 목사인 나는 전 세계에서 일어나는 인종 편견과 인종주의를 잘 알고 있다. 세계 어느 나라든 어느 정도의 인종적 적대감과 갈등은 있지만, 특히 미국에서의 삶에 초점을 맞추고 싶다.

  오늘날 우리가 경험하는 분열과 인종적 불의는 수 세기에 걸친 인종적 억압과 적대감의 산물이다. 종종 사람들은 소수 인종 개개인의 성공을 인종 탄압이 사라진 증거로 보고 싶어 하지만, 그것은 현실을 지나치게 단순화한 견해다. 제임스 볼드윈은 이렇게 적절히 지적했다. "다수가 겪는 불평등은 소수의 성공으로 결코 정당화되지 않는다."[2] 인종 불평등과 적대감의 잔재는 여전히 남아 있다. 개인적 차원

> 과거를 돌아보고 우리가 부적절한 영향을 받은 부분을 알아보지
> 않으면, 대를 이어 동일한 패턴에 따라 살게 될 것이다.

에서 우리가 자신의 현실을 이해하려면 과거를 정직하게 인정해야 한다. 이 원리는 국가적 현실에도 그대로 적용된다.

뉴 라이프 교회에서는 제노그램(*genogram*, 여기에 대해서는 6장에서 다룬다)이라는 영성 형성 도구를 쓴다. 이 도구는 우리가 원가족*에서 어떤 영향을 받았는지 점검하는 가족 체계 이론에 등장한다. 제노그램은 우리가 물려받은 긍정적 유산과 부정적 유산을 모두 드러낸다. 과거를 돌아보고 우리가 부적절한 영향을 받은 부분을 알아보지 않으면, 대를 이어 동일한 패턴에 따라 살게 될 것이다. 이 도구는 적용 범위가 넓다. 교회와 나라에도 똑같이 적용할 수 있다. 개인이 제노그램 테스트를 하는 목적은 부모와 가족을 미워하자는 것이 아니라, 좋은 부분, 나쁜 부분, 추악한 부분을 객관적으로 평가하자는 뜻이다. 나라에 대해서도 마찬가지다. 우리나라의 역사를 돌아보는 까닭은 미워하기 위해서가 아니다. 모든 각도에서 보았을 때, 이 일은 우리가 나라를 더 잘 사랑하도록 돕는다.

역사를 거론할 때는 인간 개개인과 마찬가지로 미국이라는 국가도 양면적임을 지적할 필요가 있다. 미국은 나쁘기만 한 것이 아니고 좋기만 한 것도 아니다. 나는 미국에서 사는 것이 감사하고, 미국

---

*   태어나 자라 온 가정

이 어떤 방식으로 거듭거듭 부족한 면모를 보였는지 알고 있다. 어떤 이들은 이 정도의 생각도 배은망덕한 태도로 여긴다. 미국의 어두운 과거를 말하는 것을 전혀 용납하지 못하는 이들도 있다. 많은 이들이 이렇게 말한다. "이 나라를 사랑하지 않는다면 떠나라." 그러나 이것은 현실을 지나치게 단순화한 주장이고 영적으로 위험하다. 미국의 어두운 역사를 정직하게 보려 하지 않는 모습은 종종 미국이 그들의 마음속에 우상으로 자리 잡고 있음을 드러낸다.

작가이자 변호사인 브라이언 스티븐슨(Bryan Stevenson)은 많은 미국인의 집단의식을 잠식한 질기고 위험한 신화인 미국의 '인종적 차이의 서사'를 이렇게 묘사했다. "미국 노예제의 큰 해악은 비자발적 예속과 강제노동이 아니었다. 내가 볼 때 노예제도의 큰 해악은 흑인들을 노예로 삼은 것을 편안하게 받아들이고자 우리가 만들어 낸 인종적 차이의 서사, 백인 우월주의 이데올로기였다. 우리는 그 유산을 제대로 처리한 적이 없다."[3]

이 서사는 인종의 차이를 단순히 인정하는 정도를 훌쩍 뛰어넘는다. 차이에 가치와 평가를 부여한다는 것이 문제다. 다시 말해, 인종적 차이에 따라 만들어진 위계가 죄악이다. 이 위계는 사적 제재, 분리, 수많은 인권 침해, 그리고 종종 폭력으로 이어지는 끝없는 '타자화'에 추진력을 부여했다.

어떤 이들은 이런 표현을 희생양 만들기와 부당한 비난으로 받아들인다는 사실을 안다. 많은 선량한 백인 형제자매들이 내게 이렇게 말했다. "나는 노예를 소유한 적이 없습니다." "나는 과거에 사람들을 대한 방식으로 누군가를 대하지 않을 겁니다." 그들의 답답함은 이해한다. 미국 역사에서 가장 인종차별적이고 사악한 행위들을 저지른 이들과 같은 부류로 취급당하고 싶은 사람은 아무도 없다. 하지만 인종주의의 잔재가 존재하지 않는다고 암시하는 말은 많은 이들에게 분명히 존재하는 고통스러운 사실을 외면하는 것이다. 역사와 정직하게 씨름하는 목적은 우리가 어떻게 살았고 과거의 신화, 서사, 관행들이 여전히 우리를 어떻게 빚어 가는지 보기 위함이다.

성경에서는 '기억하라'는 말이 대단히 자주 반복된다. 하나님은 그분의 백성들이 과거의 죄를 되풀이하지 않게 하시려고 그들이 어디서 왔는지 끊임없이 상기시키셨다. 우리가 함께 기억할 때 역사에서 교훈을 얻고 과거의 실패를 되풀이하지 않을 자리에 서게 된다.

과거를 돌아볼 필요성은 성차별주의라는 또 다른 렌즈를 통해서도 설명할 수 있다. 성차별주의는 오랫동안 만연해 있었다. 수천 년간 남성들은 여성들보다 사회적 이점을 누리며 살아왔고, 그것은 부당한 정책, 제도, 관행, 가정들로 이어졌다. 우리 세계에서 누가 권력을 쥐고 있는지 훑어보라. 누가 결정권을 행사하는가? 누가 다른 사람들을 억압하고 있는가? 남자들이다. 이런 상황에서 내가 반(反)성차별주의자가 되려고 아무리 열심히 노력해도, 여자보다 남자에게 특혜를 주는 사회의 수혜자였음을 힘들여 인정하지 않으면 대화가 최선의 방향으로 흘러가기 힘들다.

나는 이 교훈을 에머리 대학교의 철학 교수 조지 얀시(George Yancy)를 통해 배웠다. 그는 『반발: 미국에서 인종차별에 대해 정직하게 말하면 벌어지는 일』(*Backlash: What Happens When We Talk Honestly About Racism in America*)의 저자다. 이 책을 출간하기 전에 얀시는 「뉴욕 타임스」에 기명 논평 기사를 썼다. 그는 지속되는 인종 차별적 상황과 백인들이 인종주의를 통해 혜택을 얻는 방식을 강조하고자 했다. 그런데 백인 독자들은 이 기사에 신경질적으로 반발했다. 나에게 특히 유용하고 통찰력 있게 다가온 부분은 그가 성차별주의를 통해 혜택을 누렸음을 분명하게 밝혔다는 점이다. 여기에 짧은 인용문을 소개한다.

> 내가 성차별주의자라고 말한다고 해 보자.…
>
> 이 말은 내가 의도적으로 여자들을 미워한다거나 억압하고 싶어 한다는 뜻이 아니다. 그보다는 내가 아무리 좋은 의도를 갖고 있어도, 인생의 모든 나날 동안 성차별주의를 공고히 하는 데 기여하게 된다는 뜻이다.…
>
> 성차별주의자인 나는 여자들을 저버렸다. 목소리를 내야 할 때 내지 않았다. 글을 쓸 때 그들의 고통과 고난을 비판적이고 광범위하게 다루지 않았다. 내 자신의 삶에서 경직된 성 역할을 뛰어넘지 못했다. 여자들이 남자들보다 '열등하다'는 해로운 가정에 도전하지 않았고, 페미니즘 철학은 비철학적 유행에 불과하다고 믿는 남자 철학자들과 함께 있을 때 그렇지 않다고 큰 소리를 내지도 못했다. 포르노, 상업광고, 비디오게임부터 할리우드 영화에 이르기까지 여자들을 성적 대상화하여 수십억 달러를 버는 이 나라의 공모자였고 그런 산업에 유혹을 받았다. 나는 무고하지 않다.[4]

나는 얀시의 이 고백에 동참한다. 나도 무고하지 않다. 우리를 이 지점까지 이끌어 온 역사적 사실을 진지하게 받아들이기를 거부한다면, 성차별주의에 대한 대화가 진전을 보일 수 있겠는가? 이와 마찬가지로, 역사적 현실을 진지하게 여기기를 거부한다면 인종주의에 관한 대화가 어떻게 진전을 보일 수 있겠는가?

두 번째 습관: 성육신적 경청

깊이 형성된 삶을 이루는 또 다른 중요한 요소는 다른 이들의 말을 경청하는 일이 쉽지 않을 때도 경청하겠다는 깊은 헌신이다. 인종 문제로 대화를 나눌 때 마음이 상하는 정도를 보면 우리의 성숙도를 가늠할 수 있다. 당장의 불쾌함을 극복할 수 없다면 큰 진전을 이루지 못할 것이다. 화해에는 서로에게 깊이 귀 기울이는 태도가 필요하다. 내면 점검을 다루는 다음 장에서 이에 관해 좀더 다루겠지만, 모두가 경청할 줄 알아야 한다는 점을 여기서 강조하고 싶다.

우리 대부분은 어느 정도까지는 지금보다 더 경청을 잘할 여지가 있다고 말하겠지만, 여러 이유로 이것은 사실상 불가능하다. 예를 들면, 우리는 경청을 동의와 동일시한다. 다른 시각에 마음을 열기보다는 자신이 옳기를 바라고, 차이점을 넘어서는 일에 큰 불안을 느끼며, 사람들이 가진 최악의 신념이 그들의 전부인 것처럼 인식하고, 그저 변화를 두려워하기도 한다.

내 삶을 들여다보면 이런 시각들이 내 안에 흐르고 있다. 그러다 보니, 경청하는 일이 힘들다. 왜일까? 음, 다른 사람의 말을 진정으로 경청하려면 십자가에 못 박히는 것 같은 일이 필요하기 때문이다. 친숙

인종 문제로 대화를 나눌 때 마음이 상하는 정도를 보면 우리의 성숙도를 가늠할 수 있다.

한 영역(그 문제에 대한 나의 시각)을 떠나는 고통스러운 과정을 겪어야 하고 내 마음에 다른 서사가 들어갈 자리를 만들어야 한다.

지역사회 안에 인종 화해를 위한 일체의 전략을 세울 때 뉴 라이프 교회에서는 성육신적 경청을 실천하라고 요구한다. 말씀이신 예수님이 육신으로 오신 것처럼, 성육신적 경청에는 마음 자세에 세 가지 움직임이 따라야 한다.[5]

1. **당신의 세계를 떠나라.** 친숙한 것들을 내려놓고 위험을 감수하며 밖으로 나가라(특히 인종, 문화와 관련하여).
2. **다른 누군가의 세계로 들어가라.** 적극적이고 겸손하고 호기심 어린 경청을 실천하라.
3. **다른 사람들이 당신에게 영향을 미치도록 허용하라.** 자신의 세계관을 견지하되 그들의 세계관에 마음을 열라.

성육신은 이렇게 우리를 위한 예수님의 사역을 말해 줄 뿐 아니라 다른 사람의 말을 경청함으로써 우리가 사역할 수 있는 방법을 알려 준다.

우리 교회의 교인 정이삭은 〈문유랑가보〉(*Munyurangabo*)라는 영화를 만든 감독이다.[6] 그 영화는 르완다에서 벌어진 인종 학살 이후 자기 삶을 이해하려고 애쓰는 젊은이의 이야기를 다룬다. 그는 아버지를 살해한 사람에게 앙갚음하고 싶어 한다. 복수심에 불타는 그는 마체테*를 들고 여행을 한다. 이야기가 끝날 무렵에는 희미한 화해의 빛이 비치는 놀라운 일이 일어난다. 정 감독은 그 영화를 제작함으로써 화해의 과정을 이해하게 되었다고 흥미로운 설명을 했다.

화해에는 다른 문화에 영향을 받고자 하는 자발적 행위가 포함됩니다. 다른 문화가 자신의 문화보다 낫다거나 못하다는 느낌과 함께 화해가 이루어진다면 그것은 진정성 있는 화해일 수 없다는 사실을 깨달았습니다. 르완다에 갈 때만 해도, 아칸소주의 농장에서 자란 한국계인 제가 두 문화를 잇는 일에 대해 많이 안다고 생각했습니다. 제가 르완다 사람들에게 줄 수 있는 것이 그 반대의 경우보다 더 많다고 생각했는데 그것이 뿌리 깊은 편견이었음을 깨달았습니다. 제가 줄 것이 전혀 없다고 생각했다면 그것도 마찬가지로 틀렸을 것입니다. 제가 받은 동서양을 아우르는 교육이 완전히 잘못된 것이고 온전한 아프리카적 생활 방식을 받아들여야 한다는 생각 말입니다.

제가 그들을 동등한 존재로 받아들이고 그들이 같은 방식으로 저를 대했을 때, 우리가 건강한 방식으로 서로 영향을 주고받으며 좋은 친구가 되어 간다는 사실을 발견했습니다. 르완다 문화를 받아들이고 거기서 교훈을 얻게 만드는 깨달음의 순간 같은 것이 따로 없다는 점도 알게 되었습니다. 모든 대화와 방문은 하나의 과정으로 보였습니다.

---

* 날이 넓고 무거운 칼

가족 구성원들 사이에 문제가 생기면 평생에 걸쳐 풀어 나가야 하는 것처럼 말입니다. 제게 이 일은 여전히 쉽지 않고, 저절로 해결되지도 않습니다. 그러나 저는 르완다 친구들에게 화해의 과정을 이어 가겠다고 약속했습니다. 이 과정 자체가 거룩한 사역이라고 깊이 믿으면서 말입니다.[7]

이것이 화해의 사역이다. 자기 자신이나 다른 사람들을 무시하는 것이 아니라, 경청하고, 겸손하게 성육신적으로 살아가며, 그 과정을 통해 다른 사람 안에서 하나님의 형상을 보는 것이다. 화해는 어렵고 오래 걸리는 일이다. 하지만 하나님의 은혜와 우리가 내딛는 용감한 발걸음들이 있으면, 새 창조가 온전히 실현될 때 맞이할 일을 오늘 맛보기 시작할 수 있다.

우리는 평화의 유대 안에서 서로에게 귀를 기울이도록 부름받았지만, 먼저 더 자주 경청해야 하는 쪽은 사회적 힘이라는 특권을 누린 이들이다. 이것은 매우 그리스도 중심적인 삶의 방식이다. 힘 있는 사람들이나 권력의 사회적 배분 방식에 따라 혜택을 본 이들이 앞장서서 경청하도록 부름을 받는다. 같은 이유로, 남성들은 앞장서서 먼저 더 자주 여성들에게 귀 기울여야 한다. 그들은 권력을 틀어쥐었고 가부장제로 규정된 세상의 혜택을 누렸기 때문이다. 부유하고 사회적·경제적으로 지위 상승의 기회를 더 많이 갖는 사람들이 가난한 노동자 계층의 경험에 먼저 더 자주 귀를 기울여야 한다. 그들은 부와 권력의 혜택을 누렸고 가난한 이들의 곤경에서 멀찍이 떨어져 있는 경우가 많다.

이 같은 맥락에서 백인 형제자매들은 유색인들의 사연과 경험을 깊이 경청하고 더 자주 경청에 앞장서야 한다. 이 타락한 세상이 만든 인종이라는 사회구조는 대체로 백인들을 우월하게 여기고 백인 우월주의를 정상적인 것으로 만들었다. 이런 현실에서 유색인들이 경청할 필요가 없다는 뜻은 아니지만 (우리는 분명 경청해야 한다) 순서가 중요하다. 성육신하신 그리스도를 따르기 위해서는 지배력의 포기와 사회질서의 역전이 있어야 한다. 이 세상에 대한 자연적 인식에 따르면, 이것은 뒤집어진 나라다. 그러나 하나님으로 가득한 상상력의 나라다. 이것은 십자가의 길이다.

세 번째 습관: 탄식

탄식이라는 영적 훈련 없이는 깊이 형성된 화해가 이루어질 수 없다. 탄식의 행위는 슬픔과 비통함에 대한 영적으로 성숙한 반응이다. 신학 교수 라승찬은 이렇게 주장했다. "탄식은 삶의 분투를 인정하고 기존의 불의에 맞서 정의를 촉구한다."[8] 우리는 탄식을 통해 영혼을 하나님께 쏟아 내고 제대로 반응할 수 있는 은혜와 능력을 받는다.

탄식은 개인의 온전함과 공적 올바름이 더 쉽게 작용하도록 돕는 행위이자 든든한 성경적 기반을 가진 행위다. 시편에서 적어도 3분의 1은 탄식의 노래다. 이 노래들 안에서 우리는 슬픔의 영성을 키우고 그 결과로 하나님이 주시는 사회적 은혜를 누리는 거룩한 모델을 발견한다. 시편의 언어는 우리 영혼이 더 나은 세상을 위해 일한다는 목표를 향해 나아가게 한다.

현대 영성의 서글픈 진실은 슬픔을 느끼기를 거부하다가 타인의 고통도 느끼지 못하는 과정으로 발전한다는 것이다. 이런 상황에서 화해의 일은 불가능하다. 바울이 우는 자들과 함께 울라고 촉구(롬 12:15)하는 데는 타당한 이유가 있다. 우리의 눈물은 애곡하는 이들에게 위로가 된다는 면에서 개인적 축복이고, 영적 변혁과 새로운 사회적 상상력의 토대가 되는 경우가 많다. 종종 탄식의 행위는 화해에 역행하는 세력들을 속속들이 드러내는 선지자적 시각을 낳는다. 탄식은 울부짖는 행위일 뿐만이 아니라 눈물을 통해 하나님의 뜻을 분별하는 행위이기도 하다.

탄식이 도덕적으로 격분하는 지금의 문화보다 훨씬 더 심층을 파고든다는 사실을 특별히 이해할 필요가 있다. 우리 시대에 이르러 정의와 화해의 사역은 쉽게 흩어지는 일시적 분노, 트윗과 함께 시작되고 끝나는 눈물, 행동에 대한 분명한 인식을 피하는 맹렬한 불평으로 대체되었다. 도덕적 격분의 문화는 그 결과가 **샬롬**(평화)이 아니라 자기 위주의 카타르시스에 그치기 때문에 종종 반목만 더 키운다.

반면에 탄식은 카타르시스보다 연민에 의해 이루어지는 행동의 연료가 된다. 탄식은 우리가 보고 느끼는 고통을 진지하게 받아들이고 하나님이 우리에게 원하시는 반응에 우리 자신을 열라고 요구한다. 탄식은 특히 사회적 불안의 시기에 다른 이들과 함께 모여서 예배할 때 나타난다. 나는 친구들이나 교인들과 함께 모여서 세상이 겪고 있는 고통, 불의, 슬픔을 거론하며 자주 기도했다. 그 자리에서는 고통과 분노를 현실 부정이라는 종교적 허울 아래로 숨기지 않았다. 고통을 가지고 기도하고 나면, 사람들이 하나님의 화해의 능력에 대해 증인이 되는 새로운 비전을 품는 것을 목격했다.

네 번째 습관: 화해의 기도

우리 세계의 인종적 적대감은 너무나 깊다. 기도하며 깊은 영성을 갖추지 않아도 의미심장한 진보를 이룰 수 있다고 생각하는 것은 오산이다. 세상에서 힘을 발휘하는 통치자들과 권세들이 있다. 그러므로 교회는 개인적 차원과 교회적 차원에서 모두 기도를 새롭게 상상하는 일이 절실히 필요하다. 목사로서 나는 사람들이 기도에 시간을 들이지 않는 것이 대단히 우려스럽다. 기도가 부족하다 보니 현대 교회의 삶은 파커 파머가 말한 대로 '기능적 무신론'[9]을 실천하게 되었다.

마가복음은 예수님이 막 쫓아내신 귀신을 제자들이 감당하지 못했던 일에 대해, 그분의 설명을 이렇게 기록했다. "이런 부류는 기도로 쫓아내지 않고는, 어떤 수로도 쫓아낼 수 없다"(9:29). 인종주의의 악한 힘과 우리가 사는 인종차별적 세계에 대해서도 동일한 원리가 적용된다. 마틴 루터 킹 2세와 민권운동(Civil Rights Movement)에 참여한 이들이 벌인 엄청난 일이 기도로 뒷받침되었다는 사실은 주목할 만하다. 킹의 아내 코레타는 중요한 글에서 이렇게 썼다. "기도는 민권운동 기간에 힘과 영감의 원천이었다. 민권운동 기간 내내 우리는 인간을 더 잘 이해하게 해 달라고 기도했다. 자유를 위해 싸우는 동지들의 안전을 위해 기도했다. 비폭력 저항의 승리와 모든 인종의 사람들이 형제애와 자매애를 갖게 되도록, '사랑의 공동체'가 완성되고 화해가 이루어지도록 기도했다."[10]

화해의 사역에서 기도는 포기하려는 태도도, 자기 힘으로 해내려는 태도도 확고하게 거부한다.

인종적 적개심을 상대하려면 하나님과 함께하는 깊이 있는 삶이 필요하다. 인종차별적 세력이 해체되도록 노력할 때 자칫 세상의 파괴적 방식을 따르기 쉽기 때문이다. 기도의 깊은 영성 없이 인종적 정의와 화해를 위해 일하는 사람은 치유 과정의 중요한 부분을 놓치고 있는 셈이다.

서론에서 제시한 미국삼나무 근계(根系)의 이미지가 아주 유용한 비유인 것이 바로 이 때문이다. 많은 사람들이 기도에 헌신하지 않은 채 인종적 정의와 화해를 위해 일하는 모습을 자주 보았다. 그렇게 살아가면, 우리는 자신을 세상의 권세를 폭로하는 의로운 영웅으로만 보게 된다. 우리 또한 세상의 죄악된 구조의 일부이고 공모자라는 사실은 보지 못한다. 기도는 겸손을 만들어 내고 하나님의 사랑에 우리 자신을 활짝 열게 한다. 그 사랑에 힘입어 우리는 치유를 위해 일하게 된다. 이런 면에서 기도는 우리를 형성하는 도구이자 초청의 성격을 띤다. 기도는 성령의 열매를 특징으로 하는 사람들로 우리를 형성하고, 우리는 기도하면서 삶의 분투 가운데로 하나님을 초청한다.

화해의 사역에서 기도는 포기하려는 태도도, 자기 힘으로 해내려는 태도도 확고하게 거부한다. 포기는 상황이 절대 바뀌지 않을 거라고 말한다. 자립은 우리 힘으로 상황을 바꿀 수 있다고 말한다. 포기의 특징은 절망이고, 자립의 특징은 우리 자신의 수고에 대한 헛된 자신감이다. 화해를 위한 기도는 삶의 현실과 분리되거나 동떨어지지 않는다. 기도는 구약학자 월터 브루그만(Walter Brueggemann)이 말하는 "예언자적 상상력"[11]을 우리 안에 불어넣을 수 있다.

2017년에 버지니아주 샬러츠빌은 전국적으로 조명을 받았다. 남부 전역에 걸친 남부연합 기념물 철거 작업에 분개하여 열린 백인 우월주의자 집회가 반대 집회를 부르고 결국 폭력 사태로까지 이어졌다. 그 주말에 오하이오 출신의 한 남자가 반대 집회를 벌이는 군중 사이로 차를 모는 바람에 거리를 걷고 있던 서른두 살의 여성이 목숨을 잃었다. 텔레비전에서 뉴스를 보던 나는 끝없는 인종 분열이 공공연히 이루어지는 광경에 매우 슬펐고 마음이 움직여 우리 교회가 함께 하나님께 바칠 기도문을 작성했다. 그 끔찍한 사건이 벌어진 다음 일요일에 우리는 예배 시간에 이 기도문으로 함께 기도했다.

주 예수님, 당신의 나라는 인종적 적대감에 붙들린 세계에 들려주는 좋은 소식입니다. 주께 구하오니 우리나라가 직면한 깊은 도전을 감당할 은혜를 주옵소서.

이 세상이 우리의 힘으로 치유될 수 없음을 보면서 느끼는 분노, 깊은 슬픔, 집단적 무력감을 고백합니다.

정직하게 자백하오니, 우리나라는 인종적 압제의 긴 역사를 가지고 있습니다. 인종주의는 구조적 죄에 물든 악한 통치자들과 권세들의 전략이었습니다.

복음은 압제당하는 이들과 압제자들에게 모두 좋은 소식입니다. 복음은 둘 모두를 끌어올립니다. 둘 다 해방되지만 다른 방식으로 해

방됩니다. 압제당하는 이들은 열등감이라는 가혹한 짐에서 끌어올려지고, 압제자는 우월감이라는 파괴적 망상에서 끌어올려집니다.

복음은 지배와 우월함이 아니라 성령 안에서 하나됨을 특징으로 하는 새 백성을 만드는 당신의 능력임을 고백합니다.

우리가 이 나라의 인종적 압제와 적대의 이야기에 참여한 부분을 알아보도록 도우소서. 우리가 다른 사람들을 열등하다고 여기는 죄를 지었든, 범죄 앞에서 침묵하는 죄를 지었든, 우리의 죄를 용서하여 주옵소서.

우리의 원수들을 위해 기도합니다. 저들은 사탄의 힘이 자신을 통해 작용하도록 허락했습니다. 당신의 강한 능력으로 저들을 구원하여 주옵소서.

우리를 평화를 이루는 자들로 빚어 주소서. 세상의 화해를 위해 일하면서 사랑으로 진리를 말하는 사람들이 되게 하소서.

주님, 파괴적인 통치자들과 권세들에도 불구하고 주께서 세상에서 일하고 계심을 믿고 우리 삶을 당신께 바칩니다. 상처 입은 자들에게 치유를 베푸시고, 불안한 자들에게 평화를 주시며, 두려워하는 자들에게 사랑을 허락하소서. 주님, 당신을 기다립니다. 서둘러 우리를 도우소서.

오 주님, 오직 주님만이 만물을 새롭게 하실 수 있습니다.

그 순간에 모든 것이 마법처럼 치유되지는 않았지만, 우리가 스스로 자신의 무력함을 하나님께 고백할 때 성령께서 우리 안에서 크게 일하신다고 믿는다. 소수의 사람들이 기도와 자신들의 행동주의를 연결하는 새로운 비전을 품고 내게 다가왔다. 그들은 기도가 문제를 무시하는 길이 아니라 다른 자리, 더 깊은 자리에서 문제에 참여하는 방법임을 보았다. 사람들이 기도 가운데 하나님과 함께 살도록 배우지 않으면, 깊은 인종적 화해를 보고자 하는 모든 소망은 말 그대로 기도가 되지 못할 것이다.

다섯 번째 습관: 인종 문제의 자기 점검

다른 사람 안에 있는 하나님의 형상을 모욕하는 여러 방식 중 하나가 있다. 그들에 대한 우리의 가정과 편견을 점검하는 힘든 일을 하지 않는 것이다. 우리는 모두 태어나고 자란 원가족과 주변 문화의 영향을 받아 사람들을 특정한 방식으로 보도록 사회화되었다. 흔히 우리는 특정 집단의 사람들에 관해 들었던 이야기와 거짓말들을 깊이 생각하지 않고 살아간다. 그 결과, 무의식적으로 그런 신화와 고정관념을 영속화한다. 인종 화해를 위해서는 일정 수준의 자기 인식이 있어야 하는데, 비극적이게도 우리 문화에서는 이것을 잘 찾아볼 수 없다.

몇 년 전, 나는 퀸스의 어느 도서관에서 설교를 준비하고 있었다. 생각에 깊이 빠져 있다가 왼쪽으로 눈길을 돌리자 한 흑인이 도서관을 천천히 둘러보는 모습이 보였다. 첫 번째 떠오른 생각은 질문이었다. '뭘 찾는 거지?' 질문은 곧 추정(뭔가 훔칠 것을 찾고 있구나)이 되었고 추정은 판단으로 바뀌었다. 이 모든 생각은 20초 만에 이루어졌다. 곧 그 사람이 휴대전화 충전할 곳을 찾고 있음을 알게 되었다. 참

부끄러운 일이었다. 순식간에 나는 관찰에서 해석, 그리고 판단으로 넘어갔다. 뭔가 뿌리 깊은 것이 내 안에 작용하고 있었다. 이와 비슷하게, 비행기에 탔을 때 중동 사람처럼 보이는 남자가 화장실을 쓰려고 비행기 앞쪽으로 걸어 나온 경우가 몇 번 있었다. 고백하기 부끄럽지만, 나는 그에 대해서도 성급한 결론을 내렸다. 정말로 궁금했다. '안에서 왜 저렇게 오래 걸리는 거지?' 여러 추정이 저절로 이루어졌다. 뿌리 깊은 뭔가가 내 안에서 작용하고 있다.

아내와 나는 인종적 구성이 다양하지 않은 아파트로 이사했다. 새로운 동네에서는 우리의 갈색 피부가 두드러져 보인다. 이사하기 전날, 아내는 가구가 들어오기 전에 청소 도구를 가지고 아파트로 와서 쓸고 닦았다. 아내가 양동이와 대걸레를 들고 집을 나서는데 백인 여성이 아내를 따라 내려오면서 악의 없이 이렇게 물었다. "죄송한데요. 혹시 청소하는 분이세요? 청소 맡길 사람을 찾고 있어서요." 아내가 이사 들어올 입주민이라고 단호히 말하자 그 여성은 몹시 당황했다. 그녀는 청소 도구를 들고 가는 키 작은 라틴계 여성이 그곳의 입주민일 리가 없다고 생각한 것이다. 뿌리 깊은 뭔가가 그 여성의 머릿속에서 작용했다.

앞에서 언급한 대로, 우리는 모두 암묵적인 인종 편견에 오염되어 있지만, 수동적으로 그 편견을 따를 필요가 없다. 인종 문제에 대해 자기 점검이라는 습관을 갖추면 외모를 보지 않는 사람으로 다듬어진다. 다음의 짧은 질문 목록은 다른 사람들에 대해 갖고 있는 무의식적 시각을 드러내 줄 것이다.

- 당신이 신뢰하지 못하는 특정 종족, 민족, 인종이 있는가? 그 이유는 무엇인가?
- 당신이나 자녀의 결혼 상대자로 받아들일 수 없는 특정한 종족, 민족, 인종이 있는가? 그 이유는 무엇인가?
- 혼자 걸어갈 때 어떤 유형의 사람을 만나면 길 건너편으로 넘어가게 되는가? 왜 그런가?
- 다인종 커플을 보면 무슨 생각이 드는가? 그 이유는 무엇인가?
- 다른 문화나 다른 인종 출신 사람의 집에 방문하거나 집에 초대한 가장 최근의 사례는 언제인가?
- 당신이 믿고 돈을 투자하거나 맡길 수 있는 사람은 어떤 유형인가? 왜 그런가?

이 질문들에 정직하게 답한다면, 우리가 품고 살아온 내재적 스크립트*와 메시지들의 대안을 찾을 수 있다. 이것은 깊은 곳에서 이루어져야 하는 작업이다. 쉽지 않은 일이지만, 다른 사람들에 대해 기형적으로 뒤틀린 생각을 형성한 방식을 알면 큰 자유를 누릴 기회를 얻는다.

여섯 번째 습관: 백인성의 거부

인종에 대한 여러 설교 중 한 편에서 나는 백인들과 백인성(Whiteness)

---

* 인간의 자연스러운 행동을 절차, 단계, 순서에 따라 구분하는 것. 외부에서 의도적으로 구조화하면 외재적 스크립트라고 한다.

을 구분하려고 시도했다. 백인은 하나님의 형상으로 만들어진 인간이다. 백인성은 소위 백인의 가치, 경험, 역사를 정상으로 보고 절대화하는 파괴적 이데올로기다. 그러나 이 둘을 제대로 구분해 전달하지 못한 내게 교인들이 분노했다. 이 둘을 따로 떼어 생각하기가 어려웠던 몇몇 교인들은 내가 역인종차별을 한다고 비판했다. 그러나 화해가 깊이 형성되려면 이 두 개념을 명확히 하고 구분하는 어려운 과정이 필요하다.

진실을 말하자면, 백인으로 태어나는 사람은 없다. 백인성은 일반적으로 인종처럼 인간 가치의 위계를 세우기 위해 인간이 만든 개념이다. 백인성은 사람이 타당성, 안전, 정상상태 등을 평가할 때 사용하는 렌즈다. 미국의 신학자 윌리 제임스 제닝스(Willie James Jennings)의 말을 빌리자면, "백인성은…백인의 몸에 가깝고 비슷한 정도에 따라서 사람들의 몸을 서열화하는 방식이었다."[12] 다른 식으로 말하면, 백인성은 백인이라는 규범성의 인종화된 시각을 통해 세상을 바라보고 세상에 가치를 부여하는 절대적 방식이다.

역사에는 '백인들'이 존재하지 않았던 때가 있었다. 당시에 그들은 민족적·국가적 정체성에 따라 알려지고 식별되었다. 그들은 이탈리아인, 아일랜드인, 영국인, 독일인으로 구별되었고, 그 이전에는 켈트족, 스키타이족, 바이킹족, 앵글로색슨족이었다. 그러나 시간이 흘러 이런 민족 집단들에서 생겨난 유럽 제국들이 그들과 다르게 생긴 사람들과 접촉하면서 불행하게도 분류하고 구분하고 서열을 매길 필요를 느끼게 되었다.

대니얼 힐(Daniel Hill)은 그의 책 『백인성의 발견』(*White Awake*)에

서 영국의 사회학자 앨러스테어 보네트(Alastair Bonnett)의 분석을 강조한다. 보네트에 따르면, "백인 문화에는 독특한 면이 있었다. 비백인 문화와 관련해서 볼 때 그 독특함은 두드러진다. 두 나라[미국과 영국]에서 모두 백인 문화는 다른 모든 문화적 정체성을 평가하는 '규범'이다."¹³

이것의 몇 가지 사례를 살펴보자. 다음은 백인성이 작동할 때 나타나는 모습이다.

- 특정한 동네에 백인들이 있으면 그곳이 **본질적으로** 더 낫다는 평가를 받고 백인이 없으면 열등하다는 인식이 있다.
- 피부색은 흴수록 **본질적으로** 우월하다고 여긴다.
- 특정한 모발 유형이 **본질적으로** 낫고 다른 모발 유형은 열등하다고 여긴다.
- 백인이 다른 피부색을 가진 사람보다 **본질적으로** 더 믿음직하고 권위 있고 신뢰할 만하다고 여긴다.

우리가 백인성을 거부해야 한다면 흑인성과 갈색인성에 대해서는 왜 똑같이 하지 않느냐고 묻는 사람들도 있을 것이다. 좋은 질문이지만, 그 차이는 크다. 백인성은 역사적으로 노예제, 짐 크로법(Jim Crow laws),* 차별, 아파르트헤이트 등의 억압하는 힘이었고, 다른 사람들을 열등한 존재나 심지어 인간 이하로 여기게 만들었다. 반면 역사적으

---

* 1876년부터 1965년까지 존재한 미국 남부의 법으로 공공장소에서 흑인과 백인의 분리와 차별을 규정했다.

로 볼 때, 흑인성이나 갈색인성을 지키는 것은 생존 행위였고 존엄을 드높이는 일이었다. 예를 들어, 흑인 남녀들이 "검은 것은 아름답다"고 주장한 운동은 검은 것이 추하거나 열등하다고 여기는 세상에서 자신의 가치를 긍정하는 일이었다.

그렇다면 백인성을 거부한다는 것은 무엇을 의미할까? 백인과 비백인 모두에게 그것은 백인성이라는 렌즈가 존재한다는 사실을 인정한다는 뜻이다. 오랜 세월 동안 나는 백인 동네로 이사하는 것이 '성공'이라고 믿으면서 자랐다. 그것이 나의 존재를 입증해 줄 거라고 생각했다. 내가 대단한 사람이 된 것을 다른 사람들에게 증명하게 될 터였다. 이 경우에 백인성을 거부하는 것은 나의 정체성을 하나님의 사랑에서 찾는 것이다. 그리고 내가 특정한 집단 전체에 가치를 부여했던 (혹은 부여하지 않았던) 방식을 회개하는 것이다. 이것은 힘든 일이지만 우리가 자신과 다른 사람들을 보는 방식에 영향을 주는, 흔히 내재화되는 위계질서를 거부하는 평생의 작업이다. 아이러니하게도, 라틴계나 아시아계 사람이면서도 백인성에 깊이 영향받을 수 있다. 반면에 백인이면서도 세상을 바라보는 렌즈로서 백인성을 정기적으로 거부하고 거기에서 벗어날 수 있다. 그것은 복잡한 문제다.

일곱 번째 습관: 정기적 고백, 회개, 용서

끝으로, 화해를 위해서는 정기적 고백, 회개, 용서가 필요하다. 우리 교회 교인들은 심각하게 부서진 사람들, 연약한 사람들이 함께 모인다. 성찬을 위해 모일 때는 『성공회 기도서』(Book of Common Prayer)

의 역사적인 고백을 함께 낭송한다. 이 고백은 우리가 정기적으로 회개하고 용서를 받아야만 하는 사람들로 존재하게 한다. 우리가 인종 화해를 위해 일할 때 꾸준히 반복하는 고백으로 이 기도를 소개한다.

가장 자비로우신 하나님,
우리가 생각과 말과 행동으로
한 일과
하지 않은 일로
당신께 죄를 지었음을 고백합니다.
우리는 온 마음으로 당신을 사랑하지 않았고
이웃을 우리 자신처럼 사랑하지 않았습니다.
참으로 잘못했습니다. 겸손히 회개합니다.
당신의 아드님 예수 그리스도를 보셔서
우리를 긍휼히 여기시고 용서하소서.
그리하여 우리가 당신의 뜻을 기뻐하고
당신의 길로 행하여
당신의 이름에 영광을 돌리게 하소서. 아멘.[14]

사실을 인정하자. 우리는 하나님께 죄를 짓고, 서로에게 죄를 짓는다. 우리 모두 공모자다. 크로아티아 신학자 미로슬라브 볼프(Miroslav Volf)는 이렇게 말했다. "용서가 어려운 것은 내가 나 자신을 죄인들의 공동체에서 배제하고 원수를 인간의 공동체에서 배제하기 때문이다."[15] 그리스도인들은 깊이 형성된 고백, 회개, 용서의 길로 부름받았다.

인종 화해를 위해 깊이 형성된다는 것은 우리가 싫어하는 다른 사람의 모습이 우리 안에도 있다는 진실에 마음을 연다는 뜻이다. 고백하고 회개하는 동안 우리는 우리가 사람들을 실망시켰고, 다른 사람들을 지배하고 이용하여 그들에게 해를 끼쳤으며, 불가피한 경우가 아니면 권력을 포기하지 않았고, 가혹한 말을 했으며, 약속을 지키지 않았고, 뒷담화를 했으며, 거짓말을 했고, 무심했으며, 앙심을 품었다는 사실을 알게 된다. 우리는 예수님을 따른다고 고백했으면서도 그분의 삶과 죽음을 이끈 가치에 의해 진정으로 빚어지지 않았다. 오히려, 우리 자신을 이롭게 하고 수백만 명에게 해를 끼치는 방식으로 종교를 이용했다.

이것은 우리가 정의나 결과를 무시한다는 의미는 아니다. 다만, 우리가 싫어하는 사람들과 여러 면에서 전혀 다르지 않다는 사실을 살펴보는 데서 시작해야 한다. 하나님은 치유의 일을 위해 세상을 형성하기 원하신다. 그런 형성 작업이 이루어지려면 내면 점검이 필요하다.

5장

피상적으로 살아가는 세상을 위한 내면 점검

분열된 삶이 어떤 것인지 나는 안다. 부목사로 뉴 라이프 펠로십 교회에 합류했을 때 내 나이가 스물아홉 살이었다. 그 무렵 나에겐 내면과 외면의 삶을 분리하는 경험이 많이 쌓여 있었다. 분노와 슬픔을 다른 사람들, 특히 아내와 교인들에게 솔직히 드러내기가 어려웠다. 그 결과, 모두가 나를 사랑했다. 이것이 문제였다. 그들은 진짜 리치를 사랑한 걸까?

당시 로지와 나는 결혼 3년 차였다. 우리는 대화가 잘되었고 의견이 달라 말다툼을 할 때도 있었지만, 신경 쓰이는 문제에 대해 아내에게 완전히 솔직해지는 것은 여전히 어려웠다. 아내는 주기적으로 내게 화났느냐고 물었지만 나는 늘 이렇게 대답하곤 했다. "아냐, 답답한 것뿐이야." 답답한 것이 분노보다는 좀더 기독교적 반응 같았다.

하지만 로지는 매우 예리해서 나의 그런 반응을 무심코 지나쳐 넘기지 않았다(지금도 그렇다). 상황이 진정되고 나면 그녀는 내게 이렇게 말하곤 했다. "당신이 언젠가 무너질까 봐 겁나. 언젠가 폭발할 텐데, 그때 당신이 무슨 일을 할지 무서워." 그리고 어느 날, 그녀는 알게 되었다.

어린 시절 내내 나는 많은 분노를 안고 살았다. 브루클린의 거친 동네에서 자라서 그랬던 것 같다. 그런 환경에서 살아남을 길은 보통 분노뿐이다. 분노는 내가 종종 느꼈던 깊은 불안을 가리는 방어기제였다. 하지만 내 경우에는 분노를 품고 있으면서도 표현하지는 않았다.

그날, 로지와 나는 말다툼을 하고 있었고 대화는 거실에서 부엌으로 이어졌다(퀸스의 작은 아파트였지만 족히 3미터는 되었다). 그녀는 일 처리를 외부적으로 표현하는 유형으로, 소리 내어 말하면서 생각을 정리한다. 그리고 나는 바람직하지 못한 여러 이유로, 그 순간의 문제에 대해 적절한 말로 대응하지 못했다.

그날 거기서 무슨 일이 벌어졌을까? 나는 설교자다. 의사소통을 할 줄 안다. 사람들과 교감하는 방식으로 단어들을 엮어 내는 법을 안다. 하지만 가장 중요한 사람들과의 관계에서는 말이 뜻대로 안 될 때가 종종 있다. 아내와 교감하기 위해서는 영혼의 다른 영역에서 말하는 법을 배울 필요가 있었다. 강단에서 설교하는 것과 부엌에서 대화하는 것은 전혀 다른 일이다.

로지와 내가 무슨 일로 다퉜는지는 기억도 나지 않지만, 고분고분 그 자리에 있는 것이 무력하게 느껴졌고, 그 느낌 때문에 속에서 분노가 점점 치밀어 올랐다. 나는 로지와 더 친밀해지는 방식으로 분노나 슬픔을 처리하는 법을 몰랐다. 그녀는 답답함을 털어놓는데, 내 안에서는 뭔가가 치밀어 올랐다. 몸이 긴장하면서 감정을 주체하기가 힘들어지기 시작했다.

그때 내 손에 아이폰이 들려 있었는데, 홧김에 휴대전화를 대리석 식탁에 난폭하게 쾅 내리쳤다. 액정이 산산조각 났다. 그녀 앞에서 그런 식으로 분노를 표현한 것은 처음이었다. 나는 아파트를 박차고 나와 감정을 식히기 위해 동네 주위를 오랫동안 걸어 다녔다. 한 시간 정도 분노로 속을 끓이고 나자, 이런 식으로 계속 살 수 없다는 판단이 들었다. 우선, 아이폰 수리는 돈이 많이 들었다. 더 중요한 점은 내가 나뉘어 있었다는 것이다.

스위스의 심리학자 앨리스 밀러(Alice Miller)는 도발적인 책 『폭력의 기억, 사랑을 잃어버린 사람들』(*The Body Never Lies*)에서 자신의 감정을 차단하고, 종종 메마르고 무정한 교회 제도에서 감정의 대체물을 찾으려 드는 사람들이 경험하는 비극적 현실을 이렇게 설명했다.

아주 어릴 때부터 진짜 감정과 분리된 사람들은 교회 같은 기관에 의존하게 되고 자신이 느껴도 되는 감정에 대해 지시를 받을 것이다. 이런 경우 허락되는 감정은 대부분 얼마 안 된다. 그러나 이런 상태가 언제나 계속될 거라고 생각할 수 없다. 언제 어디선가는 반란이 일어날 테고 서로 감정이 막히는 과정은 멈추게 될 것이다. 개인들이 용기를 내서 이해할 만한 두려움을 극복하고, 진실을 말하고, 느끼고, 알리고, 그것을 토대로 다른 사람들과 소통할 때 이 과정은 멈출 것이다.[1]

반란을 기대하는 밀러의 비전은 기독교적 관점에서 나오지는 않았지만, 나는 그녀가 예수님에 대한 믿음에 따라오는 것의 본질을 포착

> 우리에게는 반란이 필요하다. 그것도 진리, 정직, 온전함을 특징으로 하는 반란이 참으로 필요하다.

했다고 본다. 이 세상에서 예수님을 따르기 위해서는 온전히 인간다운 삶을 받아들여야 한다. 사람들이 종종 성경 구절을 근거로 대거나 체면을 운운하면서 억압하고 무시하고 대충 둘러대는 여러 차원의 내면세계에 민감해야 한다. 우리에게는 반란이 필요하다. 그것도 진리, 정직, 온전함을 특징으로 하는 반란이 참으로 필요하다. 나는 이번 장을 통해 독자를 이리로 인도하고 싶다.

나는 앞에서 말한 것보다 덜 요란한 방식으로도 내가 분열되어 있음을 발견했다. 이번에는 교회에서였다. 뉴 라이프에 부목사로 합류하고 1년 남짓 지났을 때, 고난주간 금요 예배의 설교를 맡게 되었다. 그날은 많은 교인들이 예배에 참석하여 그리스도께서 십자가에서 그들을 위해 하신 일을 기억하는 날이었다. 우리는 교회 건물 주위로 여러 관상 기도처를 설치했고 눈에 잘 띄는 커다란 나무 십자가를 세웠으며 아주 거룩하게 느껴지는 환경을 조성했다.

나는 파워포인트 프레젠테이션을 열심히 준비했다. 요점과 내용으로 교인들을 압도하기 위해서가 아니라 선포된 말씀을 보완하는 강력한 이미지들을 제시하기 위해서였다. 두 번의 예배 중 1부 예배가 시작되기 전에 영상실에 들러 준비한 슬라이드에 문제가 없는지 확인했다. 영상실에 있는 사람이 내게 엄지를 척 올려 보였다. 설교 시간이 되었을 때 나는 연단에 올라가 설교를 시작했다. 교인들이 잘 따라오는 것이 느껴졌다. 설교는 잘 진행되었고, 앞으로 몇 년이고 마음에 새겨질 이미지로 마지막 진리를 각인시킬 준비가 되었다.

그 이미지를 스크린에 띄울 시간이 되자, 봉사자에게 슬라이드를 넘겨 달라고 했다. 하지만 눈에 보이는 거라고는 아무것도 없는 블루 스크린뿐이었다. 예배실은 어두웠기 때문에 스크린의 밝은 빛이 눈을 자극했다. 봉사자에게 다시 화면을 넘겨 달라고 요청했지만 소용없었다. 다소 혼란스러웠지만 설교를 마쳤다. 교인들이 그 이미지를 보지 못한 것은 실망스러웠지만 아직 2부 예배가 남아 있다는 사실에서 위로를 얻었다. 하나님 감사합니다! 나는 영상실로 돌아가 봉사자에게 어떻게 된 일인지 물었다. 그녀는 잘 모르겠다고 말했다. 하지만 2부 예배에서는 만반의 조치를 취하겠다면서 다시 한번 엄지 척을 해 보였다. 나는 1부 예배에서 있었던 일이 이상한 착오였을 거라고 확신하며 자리를 떴다.

다시 설교할 시간이 되어 강단에 오른 나는 설교를 시작했다. 교인들이 나와 함께하는 것이 다시 느껴졌고 그 강력한 이미지를 꺼내 들 준비를 했다. 준비가 끝나자 영상실 봉사자에게 손짓으로 신호하며 말했다. "슬라이드 넘겨 주세요." 모든 교인들이 탄성을 지를 거라 기대하면서 자신만만하게 고개를 들었다. 그러나 이번에도 화면에 비치는 것은 우울할 만큼 밝고 텅 빈 블루 스크린이 전부였다. 2분 전까지만 해도 십자가에서 발견되는 사랑을 설교하고 있었는데, 그 순간에는 그 봉사자를 예배당 안에 잘 보이게 세워 놓은 십자가에 걸 생각을 하고 있었다.

기도로 설교를 마치고 교인들을 건물 주위의 기도처로 보냈다. 속이 부글부글 끓었다. 영상실로 갔더니 봉사자가 태연하게 말했다. "죄송해요, 리치 목사님."

반쪽짜리 내가 대답했다. "괜찮아요." 나는 분노나 실망감을 전혀 드러내지 않았지만 분한 생각으로 마음이 천근만근이었다.

2주 후, 뉴 라이프 교회의 설립자인 피터 스카지로 목사가 나를 사무실로 불렀다. '정서적으로 건강한 리더십' 집회가 곧 다가오는데 내가 어떤 식으로든 참여하면 좋겠다고 제안했다. 그는 내가 정서적으로 건강한 기술 중 '정직의 사다리 오르기'를 실천했으면 했다. 내 과제의 핵심은 개인적 가치가 침해당한 경험을 또 다른 교역자에게 (300명의 리더 앞에서) 정직하게 전달하는 것이었다. 피터는 내가 교회에 합류한 이후 누군가에게 화가 난 적이 있는지 물었다.

나는 1초 정도 생각하고 나서 대답했다. "없습니다." 모든 것이 좋았고 아무 불평이 없다고 말했다.

약간 의심스러운 눈초리로 쳐다보면서 그가 물었다. "확실한가요?"

다시 생각해 보니 설교를 망쳐 놓아 내 머릿속 십자가에서 고통당한 봉사자의 이미지가 불현듯 떠올랐다. 나는 피터에게 고난주간 금요일에 있었던 일을 말했다. 그날 봉사자에게 화가 났지만 그녀에게 그 일을 맡긴 예배 담당 목사에게 더 화가 났다고 말했다. 피터는 내 고민을 듣고 지나치게 좋아하는 것 같더니 그 일을 집회에서 얘기해 줄 수 있는지 물었다. 나는 그렇게 하겠다고 했다.

하나님의 은혜로 나는 살아남았다. 예배 담당 목사는 내 얘기를 우아하고 성숙하게 받아 주었다. 하지만 내 속을 들여다보도록 초청을 받지 않았다면 내 영혼이 어떤 위험을 감수해야 했을까. 교회 직원 및 다른 교역자와의 관계는 얼마나 거짓된 것이었을까. 이것을 생각하면 겁이 난다.

슬프지만, 이것이 교회, 가족, 직장에서 표준적 삶의 방식이다. 나는 잘 사랑하기 위한 내면 점검의 시간으로 초대받은 것이다. 그런 시간이 없이 깊이 형성된 삶은 이루어지지 않는다.

내면 점검은 생활 방식이다

내면 점검은 충만한 삶을 누리고 잘 사랑하라는 소명에 부응하기 위해 내면세계의 현실을 검토하는 생활 방식이다. 하지만 현대 생활의 많은 부분이 이런 생활 방식에 저항한다. 신학자 로널드 롤하이저(Ronald Rolheiser)가 경고한 대로 "오늘날 우리가 호흡하는 공기는 대체로 내면적이고 깊이 있는 삶에 보탬이 되지 않는다."[2] 우리가 빙산의 꼭대기에서 살아가는 데는 이유가 있다. 우리가 살아가는 많은 나날은 수면 아래를 들여다보는 일을 회피하도록 전략적이자 무의식적으로 짜여 있다. 우리는 안 그래도 부족한 자기성찰을 더욱 가로막는 교회 공동체에 속한 경우가 많다. 우리는 하나님을 이용하여 하나님으로부터 달아나고 하나님을 이용해 우리 자신으로부터 달아난다. 그렇게 하기는 너무나 쉽다.

우리의 개인 생활과 교회 공동체뿐 아니라 온 세계가 내면 점검에 불리하게 설정되어 있다. 우리를 옴짝달싹하지 못하게 하는 두려움과 삶을 구획화하여 접근하는 방식은 내면을 살피는 일을 더욱 어렵게 만든다. 그러나 시간이 지나면 미뤄 둔 일을 할 수밖에 없는 때가 온 내면 점검은 충만한 삶을 누리고 잘 사랑하라는 소명에 부응하기 위해 내면세계의 현실을 검토하는 생활 방식이다.

다. 내 첫 번째 차와 관련된 경험이 떠오른다.
　나는 내 손으로 물건을 수리하는 사람이 아니었다. 유년기 대부분은 운동을 하면서 보냈고, 어른이 된 이후에는 읽고 쓰고 말하는 데 대부분의 시간을 썼다. 그래서 첫 번째 차를 구입했을 때도 후드 아래는 거의 들여다보지 않았다. 엔진오일 교체를 위해 정비소를 자주 방문하지도 않았다. 타이어를 교체하거나 각종 차량 오일을 확인하지도 않았다. 나는 시동을 걸고 운전하고 주차했다. 그리고 이 과정을 반복했다. 그러나 시간이 가면서 위험한 일상적 마모가 서서히 진행되었다.
　대학생 때 한번은 캠퍼스 주위를 운전하고 있는데 차에서 이상하고도 엄청난 소리가 났다. 주말이 되면서 소리는 더 커지고 잦아졌다. 이 골치 아픈 소음이 발생하고 이틀 후에야, 이런 문제들을 다룰 시간도 기술도 없는 모든 사람이 하는 일을 하기로 했다. 창문을 내리고 음악을 크게 튼 것이다. '아, 한결 낫군.'
　다음 날, 친구 몇 명을 태우고 브루클린의 할머니 댁으로 가는 길에 고속도로에서 타이어가 터졌다. 펑! 감사하게도, 그때 주변에 지나가는 차가 없었지만, 신속하게 무서운 교훈을 배웠다. 우리가 무시하는 문제는 조만간 전혀 뜻밖의 순간에 폭발한다는 교훈이었다.
　우리 영혼의 후드 아래나 삶의 아래쪽 갑판, 빙산의 표면 아래를 들여다보려면 뭔가 계기가 필요하다. 내가 시편을 사랑하는 이유가 바로 여기에 있다. 시편은 내게 내면 점검의 가이드이자 표본이다.

내면 점검의 본으로서의 시편

시편에는 하나님께 바치는 찬양의 말뿐만 아니라 내면 탐구와 점검의 언어도 가득하다. 얼마라도 시간을 내어 시편을 읽어 보면 이 노래들이 전래 동요가 아니라는 것을 금세 알게 된다. 시편은 저자 인생의 다양한 감정을 포착하는 생생하고 진정성 있고 정직한 노래들로 가득하다. 슬픔의 말, 분노와 격분의 말, 두려움과 불안의 말, 기쁨과 소망과 찬양의 말이 모두 담겨 있다.

시편이 하나님 백성의 기도서라면, 그 안의 말은 우리의 말이 되어야 한다. 이 말들의 용도는 노래로 부르고 읽는 것만이 아니라 우리 안에서 벌어지는 일을 표현하는 것이기도 하다. 시편은 우리의 의문, 의심, 두려움, 분노, 걸러지지 않은 생각들, 찬양, 축하, 기쁨을 하나님께 내놓으라고, 그래도 된다고 말한다. 마치 예배 가운데 하나님과 연합하는 길은 기꺼이 인간이 되는 일을 통해 열린다는 사실을 아는 것처럼 말이다.

예를 들면, 시편 139편은 깊이 형성된 내면 점검의 본이 되는 사람, 다윗의 마음을 드러낸다. 이 시는 다음과 같은 선언으로 시작한다.

주님, 주님께서 나를 샅샅이 살펴보셨으니, 나를 환히 알고 계십니다.
내가 앉아 있거나 서 있거나 주님께서는 다 아십니다.

멀리서도 내 생각을 다 알고 계십니다.
내가 길을 가거나 누워 있거나, 주님께서는 다 살피고 계시니,
내 모든 행실을 다 알고 계십니다. (1-3절)

시인을 압도하는 것은 슬픔이 아니라 감사와 만족이다. 하나님이 자신을 아시고 그분의 소유라고 주장하시기 때문이다. 하나님은 모든 것을 아신다. 슬픔과 기쁨, 두려움과 욕망, 소망과 꿈까지. 하나님은 우리 안에 있는 선한 것, 악한 것, 추한 것을 보시고 우리를 속속들이 아신다.

이 시 전체가 다윗이 자신에 대한 하나님의 지식을 인정하는 내용이다. 7-8절의 내용은 이렇게 이어진다.

내가 주님의 영을 피해서 어디로 가며,
주님의 얼굴을 피해서 어디로 도망치겠습니까?
내가 하늘로 올라가더라도 주님께서는 거기에 계시고,
스올에다 자리를 펴더라도 주님은 거기에도 계십니다.

이 말은 하나님이 우리를 스토킹한다거나 우리의 잘못을 잡아내려고 감시한다는 뜻이 아니다. 다윗은 하나님에 대해 뭔가를 안다. 그는 하나님이 우리와 온전히 함께하신다는 사실을 안다. 이것은 정말이지 너무나 아름다운 이미지다. 우리의 생각이 하나님께로 올라가든, 가장 지옥 같은 상황의 심연에서 허우적대든, 하나님은 거기 계시고 우리와 온전히 함께하신다.

이어서 다윗은 이렇게 썼다.

> 주님께서 내 장기를 창조하시고,
> 내 모태에서 나를 짜 맞추셨습니다.
> 내가 이렇게 빚어진 것이 오묘하고
> 주님께서 하신 일이 놀라워,
> 이 모든 일로 내가 주님께 감사를 드립니다.
> 내 영혼은 이 사실을 너무도 잘 압니다. (13-14절)

다윗은 우리를 창조 세계의 걸작으로 다듬으시고 빚으시는 하나님의 창조의 사랑을 노래했다. 우리는 두렵고도 놀라운 방식으로 만들어졌다. 시는 이 대목까지 인간, 특히 다윗에 대한 하나님의 지식을 노래한다.

그러나 시가 마무리되는 대목에서 하나님은 다윗에 관한 모든 것을 아시지만 정작 다윗 본인은 자신의 모든 것을 알지 못함을 날카롭게 인식하고 있다는 느낌을 받는다. 다윗은 내면을 드러내는 고백의 말로 이렇게 썼다.

> 하나님, 나를 샅샅이 살펴보시고, 내 마음을 알아주십시오.
> 나를 철저히 시험해 보시고, 내가 걱정하는 바를 알아주십시오.
> 내가 나쁜 길을 가지나 않는지 나를 살펴보시고,
> 영원한 길로 나를 인도하여 주십시오. (23-24절)

주님, 내게 **나를** 보여 주소서.

종종 우리는 이렇게 기도한다. **주님, 우리에게** 주님의 **영광을 보여 주소서**. 출애굽기 33장 18절에 나오는 모세의 위대한 기도가 바로 이것이다. 그러나 이 기도는 다윗이 보여 준 방식으로 보완할 필요가 있다. 우리는 이렇게도 기도해야 한다. **주님, 나에게 나를 보여 주소서**. 우리 대부분은 하나님을 인식하기를 원하지만 거기에 더해 자신을 인식할 필요도 있다. 다윗은 하나님이 모든 것을 아심을 인정했기에 하나님을 드러내는 것이 아니라 자신을 드러내 보여 주기를 청했다. 다윗의 마음은 표면 아래로 내려가는 일에 이끌렸다.

나는 지금까지 이 책 전체에 걸쳐 경청의 중요성을 강조했다. 관상의 길은 하나님을 깊이 경청하는 일이다. 화해의 길에는 서로를 깊이 경청하는 일이 따른다. 그리고 내면 점검은 우리 자신에게 깊이 귀 기울이는 것이다. 자신에게 귀 기울이려면 자기 인식을 위한 점검의 신학이 필요하다.

간추린 내면 점검의 신학

수 세기 동안 사람들은 반성의 가치에 극찬을 보냈다. 소크라테스는 이렇게 말했다. "반성하지 않는 삶은 살 가치가 없다." 아우구스티누스(Augustinus)는 이렇게 썼다. "오 하나님, 제가 저를 알게 하소서. 제가 당신을 알게 하소서." 아이스 큐브(Ice Cube)는 말했다. "자신을 망치기 전에 자기 자신을 살피는 게 낫다."[3] 내가 말하지 않았는가. 수 세기 동안 이어졌다고.

개혁주의 신학자 장 칼뱅의 글에 자기 인식과 자기 점검에 관한 대단히 중요한 신학적 진술이 나온다. "하나님에 대한 지식과 우리 자신에 대한 지식은 이어져 있다. 자신에 대한 지식이 없으면 하나님에 대한 지식도 없다. 하나님에 대한 지식이 없으면 자신에 대한 지식도 없다."[4] 칼뱅이 말하는 자신에 대한 지식은 심리 치료를 떠올리는 21세기적 사고와 같은 개념은 아니다. 칼뱅이 염두에 둔 것은 우리의 피조물 됨에 대한 지식, 죄라는 우리의 상태에 대한 지식이다. 우리가 죄에 갇혀 있음을 알 때, 하나님에 대한 지식과 구원의 필요성에 대한 지식의 연관성이 명료해진다.

하지만 사람들이 흔히 생각하는 것처럼 죄가 도덕과 구원의 문제에 한정되지 않음을 덧붙인다. 죄는 인간의 현실에 스며들고 오염시키는 세력에 붙들리게 하는 하나의 원리다. **죄**는 그리스도인들이 인간의 실패한 행동뿐 아니라 내적·외적 포로 상태를 말할 때도 쓰는 단어다. 우리가 죄의 본질에 대해 좀더 온전히 이해하게 되면, 자신을 아는 지식은 우리의 명백한 범죄 행위를 아는 것이나 우리가 자신을 구원할 능력이 없다는 사실을 아는 수준을 넘어선다. 그 지식은 온전한 삶에 못 미치는 한계와 실패에까지 이른다. 하나님이 그리스도 안에서 우리 죄를 담당하신 것은 우리가 용서받아 자유롭고 온전하게 살게 하기 위해서다. 이 온전함은 삶의 모든 측면으로 확장된다.

이 외에도, 자기 점검을 긴박하게 촉구하는 여러 유용한 성경 말씀이 있다. 나는 그중에서 네 구절을 강조하려 한다.

1. 주의 만찬에 참여하기 전에 점검. "각 사람은 자기를 살펴야 합니

다. 그런 다음에 그 빵을 먹고, 그 잔을 마셔야 합니다"(고전 11:28). 이 구절에서 바울은 성찬에 참여할 때 자기 점검의 시급성을 강조한다. 그는 그리스도인들이 스스로 어떻게 살고 있는지 시간을 내어 돌아보지도 않고 성찬을 받는다고 경고한다. 성찬의 신성함과 그들이 성찬에 접근하는 경박한 태도 사이에는 근본적 단절이 있다. 바울은 교인들이 자신을 살피지 않았기 때문에 그 교회에 하나님의 심판이 임했다고 경고한다. 정신이 번쩍 들게 하는 대목이다.

2. **믿음의 점검.** "여러분은 자신이 믿음 안에 있는지 점검하고 자신을 시험해 보십시오. 예수 그리스도께서 여러분 안에 계신다는 사실을 알지 못합니까? 이것을 모르면 여러분은 시험에서 불합격한 사람들입니다"(고후 13:5, 쉬운성경). 여기서 바울은 교회를 향해 그들의 삶을 주의 깊게 살피고 하나님이 항상 함께하신다는 진리에 합당하게 살고 있는지 돌아보라고 촉구한다. 이 점검의 촉구는 우리의 외적 행위와 내적 삶에 대한 사려 깊은 반성을 요구한다.

3. **우리의 길에 대한 점검.** 예레미야애가 3장 40절은 이렇게 말한다. "우리가 우리의 길들을 살피고 시험하여 주께로 다시 돌아가자!"(한글흠정역). 이 구절은 심판과 유배라는 특정한 순간에 등장한다. 예레미야는 하나님의 백성이 분별없이 살아왔고 그들의 방식에 갇혀 버렸다고 탄식한다. 그는 하나님의 백성인 우리 모

두에게 돌이켜서 우리의 길을 신중하게 점검하라고 촉구한다.

4. **우리가 하는 일에 대한 점검.** 갈라디아서 6장 3-5절에서 바울은 이렇게 설명한다. "어떤 사람이 아무것도 아니면서 무엇이 된 것처럼 생각하면, 그는 자기를 속이는 것입니다. 각 사람은 자기 일을 살펴보십시오. 그러면 자기에게는 자랑거리가 있더라도, 남에게까지 자랑할 것은 없을 것입니다. 사람은 각각 자기 몫의 짐을 져야 합니다."

자기 점검을 다룬 성경 말씀들을 간략히 살펴보니 영성 형성에 어떤 종류의 일이 따라오는지 큰 그림이 눈에 들어온다. 하나님께 신실하고자 하고 깊이 있게 형성된 삶을 살고자 한다면 자기 점검이 꼭 필요하다.

그런데 많은 이들이 여전히 자기 점검을 실천하기를 어려워한다. 자기 점검을 해야 한다는 생각에 어쩌면 독자도 이 대목에서 마음이 불편할지도 모르겠다. 당신만 그런 것은 아니다. 사람들이 이 작업을 부담스러워하는 이유는 내면을 들여다보는 일이 자기 몰두로 이어진다고 믿기 때문이다. 주의하지 않으면 내면을 들여다보는 데 지나치게 많은 시간을 들이게 되지만(그렇게 되면 내면의 모든 감정에 집착하는 결과로 이어질 수 있다), 자기 점검의 목표는 자기 응시가 아니라 자유다. 파괴적인 사고 패턴, 내면의 메시지, 잘못된 방식으로 사물을 인식하는 것으로부터의 자유다.

내면을 들여다보는 일이 절망으로 이어질까 봐 이 작업을 거부하는 이들도 있다. 몸에 이상한 혹이 생겼을 때 검사하러 의사에게 가고 싶지 않은 것과 마찬가지로, 어떤 사람들은 내면의 삶을 살피는 일을 감정적으로 지나치게 힘들어한다. 무엇을 발견하게 될까? 감당하지 못할 소식을 알게 되지는 않을까? 이런 두려움은 분명 실제로 존재하는 현실이기는 하지만 그렇다고 절망할 이유는 없다. 우리의 믿음은 십자가 처형과 부활의 상호작용을 특징으로 한다. 마지막처럼 보이는 일이 새로운 시작의 준비에 불과할 때가 종종 있다.

작가 안드레아스 에베르트(Andreas Ebert)는 많은 사람들이 자기 안으로 빨려 들어가는 것을 두려워한다고 말했다.

많은 이들이 자기를 아는 지식의 길을 피하는 이유는 자신의 심연에 빨려 들어가는 것을 두려워하기 때문이다. 그러나 그리스도인들은 그리스도께서 인간 삶의 모든 심연을 통과하셨고 우리가 자신과 과감하고 진실하게 대면하고자 할 때 그리스도께서 함께하신다는 확신이 있다. 하나님은 우리의 어두운 면들까지 포함해 우리를 무조건적으로 사랑하시기 때문에 우리가 우리 자신을 피할 필요가 없다. 이 사랑의 빛이 드리울 때, 자기를 아는 지식의 고통은 치유의 시작이 될 수 있다.[5]

시편과 기타 성경 본문을 내면 점검의 본으로 삼으면, 내면세계를 평가하고 통합하는 것을 얼마나 우선으로 삼아야 할지 알게 된다. 그러나 이 일을 이루려면 몇 가지 준비가 필요하다. 시편 139편에서 다윗은 세 가지 준비 과정을 효과적으로 마쳤다. 여기에는 우리가 따라야 할 원리가 있다. 우선, 그는 내면 점검을 위한 시간을 냈다. 그리고 자신의 내면세계를 하나님 앞에 정직하게 드러냈다. 마지막으로, 자신을 직면할 용기를 냈다. 한마디로, 그의 삶은 우리 대부분에게 문제가 되는 분주함과 구획화에 정면으로 맞설 만큼 깊이가 있었다.

분주함

우리가 내면을 들여다보지 못하는 이유는 삶의 속도 때문일 때가 많다. 시편 기자 다윗은 노래를 짓는 형태로 시간을 내어 하나님께 영혼을 올려 드렸다. 그는 시간을 들여 내면세계를 항해했고 날카로운 자기 인식의 말들을 내놓았다. 둘러 갈 방법은 없다. 하나님과 함께 내면을 들여다보는 일에는 시간이 필요하다. 파커 파머는 이 일이 "반성의 고독한 과정"이라 할 수 있는 침묵 속에서 이루어진다고 묘사했다. 또한 이것은 "우리가 '존재의 근거'를 되찾아 자아보다 더 크고 참된 것에 뿌리내리게 한다."[6]

뉴 라이프 교회에서는 다양한 세미나, 소그룹, 교역자 모임, 일요일 모임에 정서적으로 건강한 기술들을 정기적으로 적용하여 교인들이 내면을 들여다보도록 돕는다. 때때로 우리는 교인들에게 자신의 소망과 꿈, 두려움과 불안을 숙고해 보라고 권한다. 좀더 통합된 상태로 온전하게 살려면 자신에게 어떤 불만이 있고 무엇을 선호하는지 밝혀야 한다고 말한다. 그러나 자신의 소망, 꿈, 선호, 두려움을 밝히는 데 어려움을 겪는 사람들이 꼭 있다. 그들에게 왜 말하기가 힘든지 물으면, 많은 이들이 이런 취지의 말을 한다. "생활이 너무 바쁘고 분주해서 그 문제에 대해 생각해 본 적이 없습니다."

> 반성이 부족하면 흔히 위험한 반응으로 이어진다.

이런 수준의 분주함에는 심각한 결과가 따른다. 반성이 부족하면 흔히 위험한 반응으로 이어진다. 우리 내면을 처리할 여유가 없으면, 주위의 자극에 생각 없이 본능적으로 반응하게 된다.

구획화

삶의 구획화는 예수님을 따르는 사람에게 매우 위험한 유혹이다. 여기서 구획화란 쪼개져 있는 우리 삶의 일부는 하나님께 내어놓지만 나머지는 내어놓기를 거부하는 것을 가리킨다. 은밀하게 이루어지는 쪼개짐은 우리 자신을 여러 측면으로 분리하는 무의식적 습관이다.

우리는 종종 모순적이고 불쾌하게 느껴지는 삶의 여러 측면을 통합하는 대신 거기에서 우리 자신을 완전히 분리해 내고, 그로 인해 분열되고 진정성 없는 삶에 이른다. 온전하고 완성되고 건강한 사람으로 보이고 싶어서 우리 삶의 다양한 측면들을 무시하고 억압한다. 그것들을 하나님의 사랑의 시선 아래서 묶어 내고 통합해야 할 조각들로 보지 않는다.

조각상을 깨뜨리고 혼날까 봐 무서워서 파편을 숨기는 아이처럼, 우리는 자신의 깨어진 조각들을 다른 사람들에게 (더 중요하게는 우리 자신에게도) 숨겨서 비판을 면하려고 한다. 그러나 우리의 부분들을 받아들이고 통합하기를 거부하면 더 큰 개인적·관계적·사회적 고통

> 우리의 '부분-자아들'과 분리된 채로 온전함을 경험할 수는 없다.

을 불러올 뿐이다. 세상에서 평화와 온전함을 바라더라도 자신의 분열되고 모순된 부분들을 무시하면 세상에서도 가정에서도 교회에서도 결코 평화를 누리지 못한다. 심리학 및 영성학 교수인 데이비드 베너(David Benner)는 우리 삶의 특정한 '부분들'을 부인하고 싶은, 모두가 느끼는 이 유혹을 설득력 있게 드러냈다. 그는 『나, 주님의 사랑에 안기다』(The Gift of Being Yourself)라는 책에서 이 유혹을 떨치기 어렵다는 사실을 이렇게 묘사했다.

자신에 대한 진정한 변혁적 앎에는 이전에 달갑지 않던 자신의 부분들을 대면하고 수용하는 일이 포함된다. 우리는 자신을 단일하고 통일된 자아로 생각하는 경향이 있지만, 우리가 '나'라고 부르는 존재는 실상 많은 부분-자아들의 집합이다. 이것 자체는 별문제가 아니다. 진짜 문제는 우리가 이 부분-자아들 중 상당수를 모른다는 점이다. 다른 사람들은 그 존재를 알지만, 우리는 기분 좋게 모른 채로 있다.[7]

이것이 우리가 처한 곤경이다. 우리의 '부분-자아들'과 분리된 채로 온전함을 경험할 수는 없다. 베너는 우리의 부분들이 우리 삶의 더 큰 틀과 이어지도록 초대할 때 나타나는 치유의 가능성과 그 가치를 밝혔다.[8]

자아에서 배제되었던 부분들을 밝히고 아는 것은 엄청난 가치가 있다. 나의 놀기 좋아하는 자아, 신중한 자아, 과시욕 강한 자아, 유쾌한 자아, 경쟁심 강한 자아, 그리고 나 자신의 다른 여러 얼굴들은 내가 그 존재를 인정하든 아니든, 모두 나의 일부분들이다. 기독교 영성은 우리의 모든 부분-자아들을 인정하고, 그 모두를 하나님의 사랑에 드러내고, 하나님이 우리를 새로운 인간으로 만드시면서 그것들을 엮어 넣으시도록 맡기는 일을 포함한다.

연례 건강검진을 준비하면서 간호사와 나눈 대화가 생각이 난다. 그 대화는 베너가 묘사한 것과 정반대의 결과를 낳았다. 간호사는 일련의 질문들을 속사포처럼 쏘아 대며 검진 예비 단계를 시작했다. 그 대화의 어느 시점에서 나는 목사임을 밝혔다. 그녀는 성직자를 돕게 되어 기분이 좋아 보였다. 그리고 그녀는 정신 건강을 평가하는 질문에 이르렀다. "슬픔이나 우울함에 정기적으로 시달립니까?"

나는 아니라고 대답했다.

그 순간, 그녀가 그리스도인으로서 받은 훈련의 결과가 순식간에 드러났다. 그녀는 열정적으로 이렇게 말했다. "아멘. 우울함은 하나님이 주신 것이 아니지요."

나는 그 순간 그녀가 무슨 뜻으로 그 말을 했는지 정확히 이해했다. 그러나 그녀가 받아들인 신학에는 인간이라는 존재에 따르는 부분-자아들의 어려운 문제가 들어설 여지가 없음이 분명했다. 하지만 우리는 자신의 모든 자아를 하나로 묶어 내는 만큼만 정직하고 기쁘고 평화롭게 살 수 있다.

하나님 앞에서 우리의 모든 부분을 묶어 내기 위해서는 우리 자신에 대한 인식이 자라야 한다. 존재하는지도 모르는 것을 하나로 묶는 일은 불가능하다. 깊이 있게 형성된 삶이라도 내면 점검의 노력 없이는 충만해질 수 없다. 예수님이 경고하신 대로, 우리는 세상을 얻느라 우리 영혼을 쉽게 잃어버릴 수 있다(막 8:36을 보라). 우리에게는 눈에 보이는 정도보다 더 많은 자아가 있고 복음은 우리 존재의 모든 부분을 탐색하고 하나님께 내어놓을 용기를 준다.

6장

내면 점검을 위한 깊이 있는 실천 방안

2018년 추수감사주간은 특별히 기억할 만한 시간이었다. 그 주간에 내 영혼에 중요한 변화가 일어났다.

우리 부부는 두 아이와 함께 퀸스에서 사촌의 집이 있는 노스캐롤라이나주로 내려가서 추수감사절을 보낼 준비를 하고 있었다. 대략 10시간 정도 달려야 하는 길이었다. 플로리다주에 사는 부모님과 누이는 반대로 10시간 정도 차를 몰고 올라올 예정이었다. 우리는 중간쯤 되는 사촌 집에서 만나 이틀 정도 추수감사절을 지킬 생각이었다. 몇 주 전부터 이 모임을 준비했다. 부모님과 함께 추수감사절을 보낸 지가 5년이 넘었던 터라 나는 유별나게 흥분이 되었다. 사촌 부부는 친척 일곱 명이 지낼 수 있도록 집을 준비했다. 멋진 시간이 될 것 같았다.…로지가 내게 문자 한 통을 보내기 전까지는 그랬다.

그 주 월요일에 우리 딸 카리스의 건강 상태가 좋지 않았다. 몸에 열이 나고 정상이 아니었다. 사촌 집으로 출발하기 전날이었기 때문에, 로지는 카리스를 소아과에 데려가서 장시간 차를 타도 괜찮을지 확인해 보자고 했다. 나는 바로 병원 예약을 했다.

두 시간 후, 카리스는 의사의 진찰을 받았다. 노스캐롤라이나까지 차를 타고 가도 괜찮을지 물었더니 의사는 괜찮다고 대답했다. 나는 바로 로지에게 전화를 걸어서 즐거운 마음으로 좋은 소식을 전했다. 로지는 여전히 불안해했지만, 다음 날 출발하자는 결정에는 동의했다.

카리스와 함께 집에 돌아온 후, 나는 동네 슈퍼마켓에서 몇 가지 물건을 사야 했다. 쇼핑을 마치고 차에 타는데 로지에게서 문자가 와 있었다. 그것을 읽고 있으니 심한 짜증이 일어났다. 짜증은 분노와 무시하고 싶은 마음으로 이어졌다. 문자 내용은 이랬다. "몸이 안 좋은 카리스를 데리고 노스캐롤라이나까지 가는 게 불안해." 나는 무려 45초 동안 휴대전화를 빤히 쳐다보았다. 그리고 나서 20분 후에 도착할 테니 집에서 자세히 이야기하자고 문자를 보냈다.

그다음 10분 동안 나는 제정신이 아니었다. 차 안에서 큰 소리로 말하기 시작했다. "몇 주 동안 계획한 거잖아. 모두가 희생했어. 의사는 괜찮을 거라고 말했고. 자기 부모 집에 묵으러 가는 거였다면 이런 생각 자체를 안 했을걸." 나의 억측, 짜증, 아내를 설득할 계획이 머릿속에서 줄줄 흘러나왔다. 그러나 그 10분이 지나고 나니 내 안에서 뭔가가 달라졌다. 운전대를 움켜쥐었던 손이 느슨해지고 꽉 다문 턱의 긴장이 풀리고 호흡도 느려졌다.

위에서 말했다시피, 지난 3주간 나는 다른 사람들, 특히 친가 사람들의 언행에 반응하는 일에 신경을 쓰면서 지냈다. 집으로 차를 몰면서 나의 내면을 좀더 깊이 들여다보았다. 감사하게도 집에 들어가기 전에 몇 분 동안 이런 반성을 할 수 있었다. 나는 로지가 집에 머물자고 해서 그녀에게 화가 난 걸까? 이 질문에 대한 답은 분명했다. 이 상황에서 진짜 문제는 로지를 향한 분노가 아니라 내가 부모님과 사촌에게 전화해야 한다는 생각에서 오는 걱정이었다. 이것이 내 안 깊숙한 곳에 있는 진짜 감정이었다. 나는 그들이 내게 실망할까 봐 두려웠다. 나를 다르게 볼까 봐 걱정이 되었다. 나 때문에 그들이 연휴를 망칠까 봐 불안했다. 이 상황 전체에서 핵심은 로지가 아니라 나였다.

집에 들어가면 시간을 내서 로지의 염려에 귀를 기울이기로 결심했다. 대화를 나눈 이후에도 아내가 여전히 집에 남아 있기를 원한다면 그 결정을 받아들이자고 마음을 먹었다. 하나님의 은혜였다. 곧장 (이미 길을 나선) 부모님에게 전화를 걸어서 못 가겠다고 말씀드릴 생각이었다. 부담스러운 전화였을까? 물론이다. 그러나 나는 불안에 떠밀려 행동하지 않기로 결정했다.

집에 도착해서 로지와 눈을 맞대고 마주 앉았다. 그녀의 마음을 좀더 말해 달라고 했다. 과거에 그렇게 물을 때면 나의 답변과 로지의 행동 방향이 최선이 아닌 이유를 이미 머릿속으로 정리해 놓곤 했다. (솔직히, 이것은 지금까지도 내가 떨치지 못한 전형적 대응 방식이다.) 로지는 카리스에 대한 불안을 털어놓았고 다음 주에 새로운 곳으로 옮겨야 하는 일에 따르는 스트레스도 커지고 있다고 토로했다. 꾸려야 할 짐이 잔뜩 있었고 이사 전에 준비해야 할 일도 많이 남은 상태였다. 그 모든 일이 로지에게는 큰 압박감으로 다가왔다.

대화는 15분 정도 이어졌다. 나는 집중해서 들었고 내가 들은 내용을 그녀에게 다시 확인했다. 이 문제에 대한 내 생각과 부모님을 만나지 못하게 될 경우에 내가 느낄 실망감을 설명하면서도 강압적이지 않은 방식으로 전하려고 최선을 다했다. 대화가 끝날 무렵 나는 로지에게 말해 줘서 고맙고, 가족들에게는 못 가겠다고 전화하면 된다고 말했다. 진심이었다. 그러자 아내는 들어 줘서 고맙다고, 그런데 다시 생각해 보니 여행을 갈 수 있을 것 같다고 말했다. 나는 속으로 이렇게 외쳤다. '하나님 감사합니다! 그 전화는 정말 부담스러웠을 겁니다.' 여행 내내 우리는 멋진 시간을 보냈다.

내가 이 이야기를 소개하는 이유는 훌륭한 남편 행세를 하려는 것이 아니라 이런 식의 경청이 내게 얼마나 드문 일인지 강조하기 위해서다. (로지가 증언할 수 있다.) 불안한 일이 거의 없는 때에는 경청하며 함께하기가 어렵지 않다. 그러나 불안한 순간에 경청하는 일은 전혀 다른 문제다. 내가 한 일이 무엇이었을까? 간단히 말하면, 내면 점검의 작업이다.

나는 그리스도인의 여정을 시작할 때부터 멘토 복이 있었다. 그들은 과거의 상처에 대해서든 현재 느끼는 막막함에 대해서든 내가 자기 점검의 길로 갈 수 있도록 참을성 있게 이끌어 주었다. 내가 만나는 사람들, 접하는 환경들은 자기 인식과 점검에 우선순위를 부여했다. 그런데도 내 내면의 빙산은 깊숙이 잠겨 있고 나 자신에 대해 더 많은 것을 끊임없이 배우고 있는 것 같다. 이 여정은 결코 끝나지 않는다.

돌파, 치유, 온전함의 순간들을 경험하는 자리에 어떻게 도달할까? 자기 점검의 실천을 통해서다. 이번 장에서는 변화를 위한 신중한 자기반성이 꼭 필요한 네 영역을 살펴볼 것이다. 네 영역에서의 실천 방 우리가 가족에 의해 어떻게 형성되었는지 점검할 때는 세 가지 범주를 기억하는 것이 유용하다. 패턴, 트라우마, 스크립트다.

안들은 파악하기가 쉽지 않은 내면세계에 접근할 수 있게 하고, 깊이 있게 형성된 삶의 큰 '근계'에 크게 힘을 보태 관상적 삶, 화해, 성(性), 선교의 세계를 훨씬 효과적으로 헤쳐 나갈 수 있게 해 준다. 가족은 자기 점검에 대해 생각하기 좋은 출발점이다.

원가족 점검

자기 점검을 원가족에서부터 시작하는 일이 합당한 이유는 원가족이 우리를 형성하고 빚어낸 환경이기 때문이다. 발달기인 유아기, 아동기, 사춘기는 우리가 자신과 타인, 세상 일반을 이해하는 방식에 지속적으로 영향을 끼친다. 우리는 부모나 보호자를 통해 경험하는 정서적 애착(또는 애착의 결핍)에 따라 특정한 삶의 궤도에 들어서게 된다.

우리가 가족에 의해 어떻게 형성되었는지 점검할 때는 세 가지 범주를 기억하는 것이 유용하다. 패턴, 트라우마, 스크립트다. 이것들을 인식하지 못하면, 이 세 범주가 하나로 합쳐져서 우리를 매우 부정적으로 형성하게 된다.

패턴

패턴은 대를 이어 전해지는 반복된 행동, 실천, 습관, 사고방식이다. 패턴 파악이 중요한 이유는 그것이 우리를 현실에 자리 잡게 해 주기 때문이다. 우리 모두가 직면하는 싸움은 새로운 것이 아니다. 그것은 종종 우리 부모, 조부모, 증조부모들의 싸움이기도 했다. 뉴 라이프 교회에서 즐겨 쓰는 말이 있다. "예수님이 우리 마음속에 사신다면, 할아버지는 우리 뼛속에 사신다." 이 말은 우리가 긍정적 유산과 부정적 유산을 모두 물려받았다는 뜻이다. 건강한 재정 관리와 관련된 유산, 예술에 대한 사랑, 즐거운 취미 생활 등과 관련된 유산 등 우리 대부분은 몇 가지 긍정적 유산들을 받았다.

그런가 하면, 되풀이되는 부정적 유산도 있다. 일중독이나 갈등 회피와 관련된 유산, 깊은 관계를 맺지 못하는 무능력과 관련된 유산 등의 패턴이 되풀이된다. 이런 패턴은 우리의 민족문화, 우리가 살아가는 더 큰 문화적 순간, 종교적 환경 등을 비롯해 우리를 둘러싼 여러 현실 때문에 좀더 복잡해질 수 있다. 그러나 지금은 원가족에만 초점을 맞추기로 하자.

우리가 현재 경험하는 일이 이전 세대의 경험과 으스스할 만큼 비슷하다는 것을 깨닫고 깜짝 놀라는 이들의 모습은 주목할 만하다. 더욱이 특정 패턴이 멈추기를 적극적으로 원했던 사람들이 바로 그 패턴을 되풀이하는 모습은 매우 안타까우면서도 흥미롭다. 나는 알코올중독자 아버지를 미워했으나 결국 자신도 비슷한 중독 행위에 휘둘리며 살아가는 사람들의 사례를 보았다. 대를 잇는 패턴에 주목할 때, 자신을 달리 이해할 수 있는 자리에 서게 된다.

트라우마

대부분의 사람들은 트라우마라고 하면 재난적 순간들만 생각한다. 그러나 트라우마는 그럴 때만 나타나는 것이 아니다. 트라우마의 존재는 종종 감지되지 않은 채 우리가 정상이라고 여기는 정서적 괴로움으로 표현된다. 그러니 오해하지 말자. 우리는 어느 정도 트라우마의 경험들을 깊숙이 안고 살아간다.

트라우마에 대해 말할 때 나는 동전의 양면과 같은 상황을 생각한다. 받지 말아야 할 것을 받고 받아야 할 것을 받지 못하는 상황이다. 첫 번째 경우에서 많은 사람들은 (물리적·성적·정서적) 학대를 경험하거나 끔찍한 상실의 시기를 견딘다. 그 순간들이 남긴 고통스러운 마음의 상처는 평생 지속될 수 있다.

두 번째 경우에는 아동 정신과 의사 도널드 위니콧(Donald Winnicott)이 "뭔가 유익한 일이 있어야 할 때 아무 일도 없는 것"[1]이라고 표현한 상황 때문에 사람들이 트라우마를 겪는다. 부모나 보호자가 늘 곁에 있어도 아이가 잘 성장하는 데 필요한 양육, 따스함, 애정을 주지 못하는 가정들이 있다. 아이에게 안전감과 관심을 주는 환경을 만드는 법을 모르는 가정들도 많다. 내가 볼 때 이것은 우리가 통상적으로 경험하는 일이다. 가정마다 빈자리가 있고 때로는 그 빈자리가 불행히도 은밀한 파급효과를 일으킨다. 원가족을 점검하면서 우리의 트라우마를 파악하면 성령께서 치유하실 기회가 열린다.

또, 트라우마는 대인 관계에서 오는 고통의 직접적인 결과가 아니라 다른 경험과도 관련될 수 있다. 이를테면, 내가 어렸을 때 아버지는 날이 새도록 친구들과 어울리곤 하셨다. 아버지가 외출하는 밤마다 나는 창밖에서 총소리를 들었다. 그런 밤이면 아버지가 총에 맞는 것 같아서 귀를 막고 몸을 웅크렸다. 지금까지도 총소리를 들으면 몸이 뻣뻣해지고 그 시절로 되돌아가는 것 같다. 폭력, 치안 부재와 관련된 트라우마가 나의 내면에서 작동하는 것이다.

명백한 역기능 가정에서 자라지 않았어도 숨은 트라우마가 있을 수 있다는 점에도 주목해야 한다. 때때로 나는 세미나를 인도할 때, 원가족의 역사를 돌아보도록 사람들을 이끈다. 그 과정에서 어떤 이들은 모든 것이 괜찮은 가정에서 자랐다고 말한다. 부모가 자녀와 정서적으로 함께하고 인정해 주고 깊은 유대를 맺는 가정들이 분명히 있다. 그러나 그런 환경에서도 빈자리가 여전히 남아 있을 수 있다. 어떤 이들의 경우, 역기능 상태에 너무 익숙해진 나머지 자신이 그런 환경에서 자랐음을 인식조차 못 하기도 한다.

어떤 가정에서 자랐든 상관없이 우리의 행복과 온전함을 위해서는 가족의 정서 체계에 주목하는 일이 꼭 필요하다. 정신과 의사이자 철학자인 로버트 스톨로로(Robert Stolorow)는 발달기에 "정서적 고통을 받고 그것을 해결할 관계를 제공하는 가정을 찾을 수 없을" 때 트라우마가 발생한다고 설명했다.[2] 다시 말해, 일상생활을 통해 경험하는 고통은 전이되는 경향이 있어서 우리의 나머지 감정 전반에 해를 입힌다.

우리가 가족에 의해 어떻게 현재의 자신이 되었는지 알아내는 일의 목표는 무슨 일이 있었고 누가 그 일을 했는지 밝히는 것만이 아니다. 물론 그렇게 되면 가족에 대한 망상에서 벗어날 수 있겠지만, 진짜 목표는 우리가 과거의 경험을 어떻게 내면화했는지 새로운 시각으로 바라봄으로써 현재의 고통을 이해하는 것이다. 한마디로, 원가족 점검의 주요 과제 중 하나는 특정한 스크립트를 파악한 뒤 그것을 거부하고, 생명을 주는 메시지를 받아들이는 것이다.

스크립트

스크립트는 우리가 받는 메시지, 주어지는 역할, 올바르다고 믿는 삶의 방식이다. 이런 삶의 방식은 누군가가 우리에게 의식적으로 전해 주거나 우리가 무의식적으로 해석하여 결정한다. 스크립트는 과거의 특정한 중요 사건과 관련이 있을 수도 있고, 작은 일들이 꾸준히 축적된 결과일 수도 있다. 원가족이 나를 어떻게 형성했는지 점검하면, 스크립트를 파악하여 우리 내면이 드러나게 되고 복음이라는 새로운 스크립트를 받아들일 준비를 갖추게 된다. 나에게 이 과정이 어떻게 이루어졌는지 나누고자 한다.

열한 살 때 경험한 사건이 내 안에 깊은 자국을 남겼다. 부모님과 관련된 일이었다. 감사하게도, 지금 부모님은 결혼한 지 40년이 넘었고 결혼 초반보다 후반부의 삶이 더 나았다고 증언하실 것이다. 결혼 생활 초반에는 험난할 때가 많았다.

어느 평일 아침, 부모님의 말다툼 소리가 들렸다. 두 분이 막 30대에 접어들었을 무렵이다. 당시 두 분은 여전히 결혼 생활을 알아 가는 중이었다. 이유는 정확히 모르겠지만 그날 아침에 아버지는 출근하지 않겠다고 하셨다. 아버지는 지쳐 있었다. 좀처럼 결근하는 일이 없고 경제적 불안감에 몹시 시달렸던 어머니는 굉장히 흔들리는 모습을 보였다. 그런 대화가 처음이 아니었기 때문이다.

부모님의 침실과 붙어 있는 내 방의 침대에 누운 채로 두 분의 대화를 들으면서 아빠가 출근하지 않고 집에 있으면 나도 학교에 안 가고 아빠와 함께 있고 싶다는 생각을 했다. 어머니가 내 방에 와서 학교 가야 하니 일어나라고 했을 때, 나도 집에 있고 싶다고 말했다. 그 순간 어머니는 자제력을 상실했다.

어머니는 내게 공격적인 말들을 했고 아버지에게로 돌아가서 몇 마디를 쏘아붙였다. 아버지는 그런 어머니를 무시하고 계속 이불 속에 있었다. 어머니는 주체할 수 없이 화가 나서 아버지에게 베개를 던졌다. 베개를 맞은 아버지는 지쳤다는 말이 무색할 만큼 놀랄 만한 에너지로 벌떡 일어나 베개를 집어 들고 도로 어머니에게 던졌다. 어머니는 아버지 앞으로 바싹 다가가 아버지를 밀었다. 그러자 아버지는 어머니를 침대 쪽으로 떠밀었고, 어머니는 6개월 된 여동생 멜리사 위로 쓰러졌다. 멀리서 그 광경을 지켜보고 있던 나는 여동생이 우는 것을 보고 그 방으로 달려 들어갔다. 나는 여동생을 안고 부모님 사이에 서서 그만하라고 울면서 빌었다.

그 순간, 내 안의 무엇인가가 변했다. 누군가 나에게 의식적으로 스크립트를 건네진 않았지만, '내가 모두를 하나 되게 만들어야 해'라는 내면화된 메시지가 마음과 머릿속에 자리 잡았다. 이 스크립트는 이후 내 삶의 성격을 규정했다. 집안에서의 결정, 교회에서의 리더십, 나 자신을 이해하는 데에도 영향을 끼쳤다. 나는 과도한 책임감을 느끼고, 실패를 두려워하고, 갈등상태에서 지나치게 불안해하고, 안정적이고 차분한 사람이 되어야 한다는 강박에 시달리며 살았다. 내가 목사가 된 것은 당연했다. 나는 문제가 있어도 아무 일 없는 것처럼 행

제노그램의 목표는 잘 사랑하는 삶을 위해 더 큰 치유로 나아가는 것이다.

동했고 어떻게든 한계를 넘지 않으려고 노력했다.

원가족의 스크립트를 점검하는 작업은 내 영혼을 들여다볼 창을 열어 주었고, 나는 복음의 좋은 소식을 믿고 그것을 중심으로 삶의 방향을 정할 기회를 얻었다. 복음은 이렇게 말한다. "[예수님은] 모든 것이 있기 전에 계시고 모든 것은 그분에 의해서 유지되고 있습니다"(골 1:17, 현대인의성경). 내 원가족의 스크립트가 표면으로 드러날 때마다, 나의 영혼은 이 진리로 돌아갈 필요가 있다. 그러나 점검 작업이 없었다면 나는 지금의 나를 만든, 상처 난 방식의 근원을 찾지 못했을 것이다.

원가족의 세 가지 영향(패턴, 트라우마, 스크립트)은 변형을 일으키는 혼합제 역할을 하며 참을성 있고 정직한 자기 점검이 필요한 사고방식과 행동방식에 단단히 자리 잡게 한다. 참을성 있고 정직한 자기 점검이라는 목적을 위한 최고의 도구 중 하나가 바로 제노그램이다. 제노그램은 원가족이 나를 어떻게 형성했는지 점검하고 치유가 필요한 영역을 빠르게 찾도록 돕는다. 세상에 자리를 잡은 패턴, 트라우마, 스크립트를 시각적으로 볼 수 있게 돕는 가족 체계 이론의 도구라고 할 수 있다. 뉴 라이프 교회에서는 한 해에도 여러 번 교인들이 제노그램을 통해 각자의 원가족을 점검하도록 이끈다.

제노그램의 목표는 가족의 역기능 상태를 보는 것만이 아니라(가

족을 미워하도록 자극하는 것은 더더욱 아니다), 잘 사랑하는 삶을 위해 더 큰 치유로 나아가는 것이다.³

불안에 대한 점검

불안에 대한 내면 점검은 또 하나의 강력한 실천 방안이다. 불안해 하는 것은 인간다운 모습이지만, 불안에 지속적인 영향을 받으면 인간성이 쪼그라든다. 심리 치료사이자 목사인 피터 스타인키(Peter Steinke)는 불안에 두 종류가 있다고 했다. 급성 불안과 만성 불안이다.⁴ 급성 불안은 특정한 상황과 시기에 일시적으로 평온함과 침착함을 잃는 것이다. 그러나 만성 불안은 특정한 위협에 국한되지 않는다. 만성적으로 불안을 느끼는 이들은 모든 이슈, 주제, 상황에 영향을 받을 수 있다. 결과적으로, 그들은 자신의 경험에서 한발 물러나 자신의 감정을 들여다보고, 무슨 일이 벌어지고 있는지 숙고하며, 원칙에 따른 선택을 내리고, 자신의 인생을 스스로 꾸려 갈 역량이 거의 없다.

순간적으로 급성 불안을 느끼는 것은 정상이지만, 우리 삶이 불안의 암류에 만성적으로 영향을 받고 있다면 우리는 속박된 상태라고 볼 수 있다. 하지만 불안이 불쾌하긴 해도 자기 인식과 치유라는 선물을 제공할 수 있다. 자신의 불안 및 그와 관련된 사연들을 돌아보면 불안을 넘어설 기회를 만들게 된다.

하나님은 그분의 백성을 쇠약하게 만드는 두려움에서 빠져나와 평화와 신뢰를 더 깊이 경험하도록 거듭 초대하신다. 내면의 불안을 점검할 때, 우리는 하나님의 큰 사랑 대신에 우리 삶을 사로잡고 있는 불안의 힘과 장악력을 드러낼 수 있다.

나는 불안을 발견하고 점검하면서 생각해 볼 유용한 질문을 알게 되었다. '누가, 어떤 상황이 나를 불안하게 만드는가?' 내 경우, 우리 교회 장로회 회장이 (지난 10년간) 나를 불안하게 만든 사람들 중 하나였다. 내가 담임 목사로 있는 동안 세 사람이 이 자리에 있었는데, 누가 그 역할을 맡든지 상관없이 나는 항상 불안했다. 지난 시간 동안 어려운 대화를 나누어야 했던 시점들이 있었다. 내가 한 말이나 행동에 해명이 필요하거나 비판을 받게 될 때면 불안이 드러났다. 나는 스스로 유능하고 능력 있다고 느껴야만 직성이 풀리는 사람이고 누군가가 나를 그렇지 못한 사람으로 인식한다는 생각이 들면 자존심에 상처를 입는다는 것을 발견했다.

지난 몇 년 동안은 복음에 담긴 은혜의 진리에 힘입어 불안이 생길 때마다 '동정 어린 호기심'을 가지고 나 자신을 바라볼 수 있었다. 몇 년 전, 장로회와 함께 나의 연례 사역 내용을 평가하던 기억이 난다. 모임 도중에도, 모임이 끝난 후에도, 나는 그들이 고려해 달라고 요청한 사소한 수정 사항들에 마음이 쓰였다. 내가 무능하다는 느낌을 떨치기까지 여러 날이 걸렸다.

그러나 그다음 해에는 뭔가가 달라졌다. 나 자신에게 동정적 호기심을 갖는 법을 배웠다. 장로회에서는 내가 좀더 효율적으로 교회를 이끌 방법에 대한 권고를 여전히 내놓았다. 불안 수치가 올라가는 것이 느껴졌다. 그러나 이번에는 불안한 자기혐오의 길로 달려가는 대신에 그들의 말이 왜 그렇게 신경 쓰이는지 자문해 보는 시간을 가졌다. 나는 집에 돌아온 후 20분에 걸쳐 내 내면에서 일어나는 일을 기록했다. 그러고 나자 나도 세상의 다른 모든 사람처럼 빈틈과 맹점이 있다는 사실이 떠올랐다. 오류 가능성이 있는 인간이니까 언제나 결함과 결점이 있을 터였다.

이렇게 단순한 과정을 실천하고 나면 불안의 영향력은 제한된다. 과거 같았으면 불안을 자아내는 일들을 떨치는 데 며칠씩 걸렸을 것이다. 그러나 이 작업을 하고 나면 몇 시간 안에, 때로는 몇 분 안에 마음이 진정되었다.

감정에 대한 점검

감정 전반에 대한 점검은 삶을 깊이 있게 형성하기 위한 핵심 훈련이다. 앨리스 밀러가 제시한 정서(emotion)와 감정(feeling)의 구분이 이 부분에서 유용했다. "정서는 내적·외적 사건들에 대한 다소 무의식적이면서도 지극히 중요한 물리적 반응이다. 뇌우에 대한 두려움, 속임수에 대한 분노, 정말 원했던 선물을 받을 때의 즐거움 같은 것이다. 그에 반해, '감정'은 정서에 대한 **의식적** 자각을 가리킨다."[5]

감정을 잘 처리하면 훨씬 통합적인 삶을 살게 되지만 많은 사람들이 그 일을 어려워한다. 우리 중 많은 이들은 감정에 대한 규칙들을 가지고 성장했다. 어떤 문화에서는 슬픈 기색을 보이는 것이 나약함의 표시가 된다. 분노를 표현하면 눈총을 받는 문화도 있다. 일부 교회에서는 슬픔을 조금이라도 드러내면 믿음이 없다는 증거로 여긴다. 결과적으로, 많은 사람이 힘든 감정을 회피하거나 억누르거나 적당히 둘러댄다. 그러나 감정은 세상을 헤쳐 나가도록 도움을 받는 데도, 하나님의 뜻을 분별하는 데도 필요하다.

내가 감정을 깊이 있게 형성된 삶의 일부로 보도록 가장 큰 도움을 준 신학자는 로욜라의 이그나티우스(Ignatius of Loyola, 1491-1556)다. 이그나티우스는 전투 중에 무릎이 부서지는 비극적 사고를 당한 후 오랜 성찰과 점검의 시간을 가졌다. 읽고 기도하고 많은 사람과 대화를 나누는 과정을 통해 세상에서 자기 자리를 찾고 하나님의 뜻을 분별하는 데 감정이 어떤 역할을 하는지 발견했다. 고전 『영적 훈련』(The Spiritual Exercises)에서 이그나티우스는 신앙적으로 신실한 자들에게 점검을 실천하라고 촉구한다. 여기에는 우리가 하나님의 임재를 인식한 방식 또는 인식하지 못했던 방식들에 주목하면서 평범한 날에 우리와 함께하시는 하나님을 떠올리는 일이 포함된다. 그러나 이그나티우스 영성의 독창적 요소 중 하나는 감정의 풍경을 탐구하려는 각오가 있다는 것이다. 이그나티우스는 그 감정을 위안(consolations)과 메마름(desolations)이라고 불렀다.

위안과 메마름은 평화와 기쁨과 만족의 감정뿐만 아니라 불안과 분노와 불만족의 감정도 드러낸다. 그러나 그 감정 탐구의 목표는 감정을 밝히는 데 그치지 않고 각각의 감정을 살펴 우리가 하나님께로 가까이 가는지 멀어지는지 분별하는 것이다. 여러 단계가 있는 이 작업에서 우리가 다루는 부분은 감정의 존재와 처리인데, 하나님 임재의 빛 아래에서 우리 자신을 점검하는 일을 돕기 위한 단계다. 감정을 꼼꼼히 살피면 영혼에 해를 끼칠 잠재적 요인을 배출할 방법을 찾게 되고 하나님 및 타인들과 교감할 다른 수단들도 갖게 된다. 정서는 소멸되지 않고 수많은 위험한 방식으로 방향을 바꾸어 나타난다.

이 목적을 위해 피터와 제리 스카지로는 감정을 탐구하는 '빙산 탐험'이라 불리는 단순하고 강력한 도구를 개발했다.[6] 이 도구는 네 가지 간단한 질문을 제시하는데, 가장 지적이고 교육 수준이 높은 사람들조차 답하기 어렵다. 이것은 내면 점검의 삶을 일구는 데 유용한 지침이다. 네 가지 질문은 다음과 같다.

1. 당신은 무엇 때문에 화가 났는가?
2. 당신은 무엇 때문에 슬픈가?
3. 당신은 무엇 때문에 불안한가?
4. 당신은 무엇 때문에 기쁜가?

우리가 혼자서 또는 공동체로 모여 이 질문들과 씨름할 때, 밝히고 분별하고 치유해야 할 요인들이 드러난다.

반응에 대한 점검

우리의 반응은 삶의 실상을 드러내는 중요한 원천이다. 그리고 다른 사람보다는 우리 자신에 대해 많은 것을 말해 준다. 앞에서 나는 아내와의 추수감사절 대화에서 내 반응에 주목했다고 말했다. 그렇게 한 이유가 있다. 독자의 경우는 어떤지 모르지만, 사람들, 어떤 순간들, 소식, 경험에 대한 나의 반응이 실제 사건보다 과한 경우들이 있기 때문이다.

> 우리의 반응은 삶의 실상을 드러내는 중요한 원천이다.

특정한 누군가가 보낸 이메일을 발견하고 그 이름을 확인하는 것만으로도 마음이 불편해지는 경우가 여러 번 있었다(다들 **그런** 사람이 있다). 혼자서 자의적으로 생각하고 상황을 예측하지만 실제로는 그대로 이루어지지 않는 경우들도 있다. 우리는 모두 때때로 여러 만남과 경험에 과민하게 반응한다.

이 문제를 풀 열쇠는 자신을 돌아보는 질문을 던지는 것이다. '나는 왜 이런 식으로 반응할까? 무엇 때문에 이렇게 불안할까? 왜 이 사람만 보면 감정이 제어되지 않는 걸까?' 우리의 반응을 이해하면 더 큰 자유를 경험할 자리에 서게 된다. 우리 반응은 달라질 수 있고 그로 인한 부정적 영향도 줄어들 수 있음을 깨닫는다. 이에 대한 사례로 내가 한 교인과 나눈 대화를 소개하고 싶다.

나는 일요일마다 예배를 마친 후 교회 건물 로비에 서서 교인들과 인사를 나눈다. 최근에 어떤 젊은 여성이 내게 다가와서 잠시 얘기를 나눌 수 있느냐고 물었다. 나는 교인들의 동선에서 두어 발짝 옆으로 물러나서 그녀의 말에 귀를 기울였다.

그녀는 내가 설교 시간에 한 말이 신경이 쓰인다고 말했다. 나는 기도에 대해 설교했는데 내가 소개한 일화에서 잘난 체하고 공감하지 못한다는 느낌을 받았다고 했다. 나는 한동안 그녀의 말을 경청하고 내용을 확인하는 몇 가지 질문을 한 후에 내가 의도한 바를 설명했다. 그러나 그녀는 내 말을 이해하지 못했고 설교 당시 자신의 기분

> 우리 자신의 변화를 위한 핵심 통찰은 우리의 반응에 달려 있다.

만 되풀이해 말했다. 대화는 4-5분 정도 이어졌고 길게 느껴진 그 시간이 지나 우리는 의견 차이를 확인하고 헤어졌다.

몇 주 후, 나는 다시 로비에서 교인들과 인사를 나누고 있었다. 그날의 마지막 예배인 3부 예배를 마친 다음이었다. 누군가와 얘기를 나누고 있는데, 나를 기다리고 있는 그 젊은 여성이 살짝 시야에 들어왔다. '안 돼, 이번엔 내가 무슨 말을 한 거지?'

그녀는 내가 다른 사람들과 인사를 마칠 때까지 참을성 있게 기다렸다가 다가왔다. 다시 경험하게 될 긴장을 벌충할 요량으로 그녀에게 조금 과하게 열정적으로 인사했던 것 같다. 하지만 그녀는 곧장 본론으로 들어갔다. "리치 목사님, 몇 주 전에 나눈 대화 기억하시나요?"

"네, 기억합니다." 내가 대답했다.

그러자 그녀가 말했다. "그때 이후로 목사님의 설교에 대한 제 반응을 쭉 생각했어요. 제가 신경 쓴 이유가 목사님이 하신 말씀 때문이 아니라는 것을 깨달았어요. 문제의 핵심은 그것이 아니었어요. 목사님의 말씀이 제가 원가족의 영향으로 수년째 짊어지고 살아온 수치심을 건드린 것이죠. 제 삶의 깨어진 그 영역을 이제 다루기 시작했어요. 제가 무례하거나 오만한 사람으로 보이지 않았으면 해요."

기쁨과 안도, 미안한 마음에 눈이 번쩍 뜨였다. 그동안 나는 사람들을 정말 불쾌하게 하는 말을 많이 했다. 그러나 이 경우에는 자기를 돌아보는 성숙한 교인이 자기 점검 작업을 진행하며 나의 부족함을 드러냈다. 그녀가 한 일을 나는 시간을 내서 하지 않았던 것이다. 그 순간 나는 우리 자신의 변화를 위한 핵심 통찰은 우리의 반응에 달려 있다는 사실을 깨달았다. 목회자로서 놀라운 성장을 맛본 시간이었다.

자신의 반응을 점검하면 깊이 있고 지혜로우며 분별력 있게 살게 된다. 우리의 시각을 종종 왜곡시키는 거짓과 여러 이야기를 거부할 수 있는 자리에 있게 된다. 암묵적 가정은 줄어들고, 자기 정당화, 자기 정죄, 다른 이들의 심판자가 되고 싶은 욕구 같은 무거운 짐이 사라진다.

2018년 가을, 한 달 동안 내 반응을 점검해 보기로 했다. 비판에 쉽사리 자극받고 꼭 필요하지만 까다로운 대화에 계속 부담을 느끼는 내 모습에 주목했다. 그래서 어떤 사람이나 어떤 일에 대해서든 부정적으로나 과도하게 반응했다는 점을 인지하면 그날 중에 짧게라도 시간을 내어 다섯 가지 질문을 통해 그 일을 되짚어 보기로 결심했다.

1. 무슨 일이 있었는가?
2. 무엇을 느끼는가?
3. 나 자신에게 뭐라고 말하고 있는가?
4. 복음은 어떤 말을 하는가?
5. 이 일에서 나의 본능에 대응하는 어떤 조치가 필요한가?

이 질문들을 가지고 씨름하는 단순한 과정을 통해 나는 좀더 자유로워졌다. 그 한 달간 거의 매일 이것을 실천했다. 그렇게 하면서 내가 특정한 사람들에게 얼마나 정서적으로 취약하고 겁에 질려 있는지 깨달았다. 이 질문들을 생각하면서(때로는 10분간, 때로는 30분 이상), 내가 믿고 있던 거짓말 몇 가지가 보이기 시작했다. 그중 짧은 사례를 하나 소개한다.

어느 날 유명한 그리스도인 리더이자 작가로부터 이메일을 받았다. 내가 존경하는 작가로 그녀 덕분에 많은 것을 배웠다. 그녀는 내가 소셜 미디어에 올린 기도를 위한 자료를 보고 사려 깊고 친절하게 물었다. 더 많은 사람이 그 자료에서 유익을 얻도록 내용을 약간 손보는 게 어떻겠느냐고.

그런데 어찌 된 일인지 그 이메일에 내 안의 뭔가가 자극을 받았다. 불친절한 말이 하나도 없는 글이었는데, 두 번 읽고 나니 그 이메일이 모욕으로 느껴졌다. '자기가 뭐라고 내게 이런 걸 보내는 거야?' 나는 그녀가 제안한 수정 사항을 미리 생각하지 못한 것이 창피했고 그 순간을 벗어날 요량으로 노트북을 닫아 버렸다. 15분 정도 지난 후, 내 반응을 되짚어 보기로 했다. 다음은 내가 일기에 적은 내용이다(간추려 옮긴다).

- 무슨 일이 있었는가? 유명한 리더가 건설적인 제안을 해 주었다.
- 무엇을 느끼는가? 수치심.
- 나 자신에게 뭐라고 말하고 있는가? 어떤 일을 처음에 (혹은 언제라도) 제대로 하지 못하면 나에겐 결함이 있는 것이다.

- **복음은 어떤 말을 하는가?** 나의 실패와 실수는 나를 규정하지 못한다. 나를 규정하는 것은 하나님의 사랑이다.
- **이 일에서 나의 본능에 대응하는 어떤 조치가 필요한가?** 이 이야기를 로지와 공유한다(이런 일들은 보통 혼자서만 알고 넘어가기 때문에 아내에게 말하는 것은 본능에 대응하는 행동이었다).

그 한 달의 어느 시점에서 나를 자극하는 요소들이 줄어들기 시작하는 것이 보였다. 내가 비판과 평가에 신경을 덜 쓰고 있었다. 내 반응 중 많은 부분이 복음이 가져다준 치유로 채워지는 것을 볼 수 있었다. 내가 지금도 뭔가에 자극을 받느냐고? 물론이다. 여전히 파괴적 스크립트로 인한 상처를 치유받을 필요가 있느냐고? 그렇고말고. 그러나 내 영혼의 뭔가가 달라졌다.

자리를 잡고 앉아서 내 감정을 돌아보아야 하는 횟수가 줄어들었다. 내가 해 나가야 할 교정 작업은 앞으로도 계속되겠지만, 나의 반응을 포착하고 점검하는 여정으로 나는 큰 자유의 길에 접어들었다.

자기 점검의 목표는 세 가지로 이루어진다. 첫째는 이 실천을 통해 하나님의 은혜와 임재에 우리 자신을 여는 것이다. 사실 우리는 모두 자신의 맹점, 그늘진 부분, 감추인 죄를 더 잘 인식하도록 돕는 정기적 리듬이 필요하다는 점에서 같은 처지에 있다.

둘째, 거미줄처럼 얽힌 내면의 역기능과 혼란에서 빠져나와 더 큰 자유를 안고 이 세상을 살아가는 것이다. 내면을 들여다보는 훈련은 자기 학대 행위가 아니다. 자신의 감정을 수치스럽게 여기거나 이리저리 판단하지 않고 존중하겠다는 선택이다.

셋째, 이 세상에서 이웃들과 평화를 누리고 원수로 여길 만한 이들을 사랑하는 존재가 되는 것이다. 산상설교에서 예수님은 우리에게 자기 점검의 길을 따르라고, 자기 눈에서 들보를 제거해야 이웃의 눈에 있는 티끌을 볼 수 있다고 가르치셨다(마 7:5; 눅 6:42을 보라). 이 세상에는 다른 사람들을 판단하기에 앞서 자신을 기꺼이 되돌아보는 이들이 절실히 필요하다. '타인 점검'은 너무나 자연스럽게 이루어진다. 우리는 자신이 아니라 다른 사람들을 보고 판단하고 비교하는 데 익숙하다. 그것은 쉽다. 힘든 것은 자기 점검의 길이다. 그러나 하나님의 은혜로, 성령께서 우리를 도우실 수 있다.

7장

몸과 영혼을 분리하는 문화에 맞선 성적 온전함

2016년, 대중문화의 아이콘인 프린스가 사망하자 「뉴욕 타임스」는 "프린스의 거룩한 욕정"이라는 기사를 실었다. 필자는 프린스라는 사람과 그의 음악을 이해하기 위한 두 개의 열쇠가 있다고 썼다. 성(sexuality)과 영성이다. 기사는 이렇게 이어진다. 여호와의 증인인 프린스에게 "하나님에 대한 사랑과 인간이 느끼는 성적 충동은 어쨌든 같은 것이다. 그는 그 모두가 인간 안에 있는 같은 뿌리에서 나온다고 보았다. 하나님이 그 충동들을 심으셨으니 그렇게 느끼는 것은 결코 잘못이 아니다. 충동 자체는 거룩하다."[1]

프린스의 생애를 살펴보면 성과 영성에 대한 그의 이해가 예수님과 하나님 나라의 성 윤리를 반영하지 않는다는 결론을 제대로 내릴 수 있다. 그러나 우리 모두가 프린스로부터 배울 수 있는 한 가지 교훈은 성과 영성이라는 삶의 강력한 두 현실을 통합하는 일의 중요성이다. 프린스는 자신의 노래를 통해 이 두 주제의 관계를 불완전하게

> 우리는 자신의 몸을 성숙하고 지극히 인간적이며 인도적이고 편안
> 하게 바라보는 신체관을 영성과 관련짓기 어려워한다.

나마 탐구했고, 우리도 인생을 잘 헤쳐 나가려면 성과 영성의 관계에 주목할 필요가 있다. 이 점에 있어서 프린스는 인간의 성과 영성이 이어져 있음을 꿰뚫어 보는 놀라운 통찰력을 보여 주었다.

그러나 슬프게도, 교회는 역사 내내 이 둘을 그리 잘 연결시키지 못했다. 결과적으로, 많은 이들이 이 둘을 연결시키는 의미 있는 대화에 참여할 준비를 전혀 갖추지 못한 상태다. 우리는 자신의 몸을 성숙하고 지극히 인간적이며 인도적이고 편안하게 바라보는 신체관을 영성과 관련짓기 어려워한다.

로널드 롤하이저에 따르면, 역사 내내 "서구 문화에서 종교와 에로스는 이혼 상태"였다. "모든 이혼이 그렇듯 그것은 고통스러웠고, 모든 이혼에서처럼 재산이 분할되었다. 종교는 하나님을 차지하고 세상은 섹스를 차지했다. 세상은 열정을 가져가고 하나님은 순결을 받으셨다."[2] 롤하이저가 **순결**이라는 단어를 사용한 것은 순결에 대한 대중적 이해 방식을 비판한 것일 뿐, 강력하고 신성한 삶의 방식인 순결을 폄하하는 것은 아니었음을 지적해야겠다. 어쨌든 그의 말은 정당하다. 그러나 여전히 질문이 남는다. 이제 종교와 **에로스**를 어떻게 '재혼'시킬까? 하나님 및 다른 사람들과의 관계가 더 온전해지도록 영성과 성을 결합할 방법은 무엇일까? 이것이 내가 이번 장과 다음 장에서 탐구하려는 내용이다.

나는 성적 지향, 성전환, 교회 안팎에 존재하는 사회·정치적 긴장 등을 포함하는 중요하고도 다면적인 성의 층위로 들어서려는 것이 아니다. 그 문제를 다루는 유용한 자료들은 이미 많다. 나의 목표는 우리의 정서적·성적 갈망을 이해하는 데 도움이 될 방안을 제시하고 우리 몸이 하나님 및 우리의 영성 발달과 긴밀한 관계에 있음을 보여주는 것이다.

성이란 무엇인가

성과 영성의 관계의 핵심에는 욕망과 갈망이 있다. 우리가 성적 욕망과 여러 갈망으로 행하는 바는 하나님에 관해 우리가 믿는 내용을 많이 드러낸다. 그렇기 때문에 먼저 용어를 분명하게 정의해야 한다.

영성과 **성**을 정의하는 일은 벅찬 과제로 보일 수 있다. 두 단어를 둘러싸고 많은 혼란이 있기 때문이다. 이 과제를 해결할 좀더 단순한 방안을 모색하다가 강연자이자 작가인 데브라 허쉬(Debra Hirsch)의 유익한 정의를 발견했다.

영성은 세상과 이어지고 세상을 탐구하고 세상을 이해하려고 시도할 때 자신을 넘어서게 하는 거대한 갈망이라고 설명할 수 있다. 더 나아가 영성은 영원한 타자이신 하나님과 이어지고자 하는 내적 충동이다. 영성의 본질은 (신체적·정서적·심리적·영적 층위에서) **하나님을 알고자 하고 하나님께 알려지고자 하는 갈망**이다.

성은 타자와 이어지고 타자를 이해하려고 할 때 우리 자신을 넘어서 게 만드는 깊은 욕망과 갈망이라고 설명할 수 있다. 성의 본질은 (신체적·정서적·심리적·영적 층위에서) 다른 사람들을 알고자 하고 그들에게 알려지고자 하는 갈망이다.[3]

이와 같은 맥락에서 신학자 마르바 던(Marva Dawn)은 우리 문화에서 자주 혼동되는 두 종류의 성을 예리하게 기술했다. 던은 창세기 1장과 2장에 성에 대한 두 가지 시각, 즉 사회적 성과 생식적 성이 등장한다고 지적했다. 창세기 1장에서 인간은 하나님의 형상으로 창조되었고, 만물의 조화와 상호 의존성을 선포하는 방식으로 나머지 창조 세계와 관계를 맺는 거룩한 임무를 받았다. 던이 쓴 대로, "인간은 하나님을 비추기 위해 특별히 창조되었고, 그 비춤의 중요한 부분이 교제다. 우리는 서로 관계를 맺을 때 삼위일체의 교제를 모방한다."[4] 교제와 소속을 바라는 이 갈망은 우리 영혼의 구조 안에 새겨져 있다.

인간은 성장하는 최초의 순간부터 다른 이들을 보기를 갈망하고 누군가 봐 주기를 갈망한다. 거실에서든 운동장에서든, 누군가와 연결되기를 갈망한다. 다른 사람에게 직접적으로 친밀함을 느끼기를 바란다. 이것이 인간이 된다는 것의 근본적 의미다. 얼마 전, 다섯 살 난 아들 네이선과 함께 놀이터에 갔다. 아이는 같이 놀 만한 다른 꼬마 아이를 발견했고 서로 쫓아다니며 온 공원을 뛰어다녔다. 다음 날 아침, 네이선은 놀이터에 또 가도 되느냐고 물었다. 내가 허락하자 아이가 이렇게 말했다. "아빠, 어제 입은 셔츠를 또 입고 가야 해요."

"왜 그래, 아들?" 내가 물었다. 아이는 이렇게 대답했다. "다른 셔츠를 입으면 친구가 몰라볼 거니까요." 그때 아이가 정말로 사랑스러웠다. 그러나 그 순간에 네이선에게서는 사랑스러움뿐 아니라, 소속감을 느끼고 친구가 봐 주기를 바라는 욕망도 함께 드러났다. 이것이 사회적 성이다. 다른 사람들과 깊이 이어지고 싶은 갈망, 다른 사람을 알고보고 싶은 갈망, 다른 사람이 나를 알아주고 봐 주기를 바라는 갈망이다.

그리고 창세기 2장 24절에는 성의 다른 차원이 나온다. 하나님은 언약적 사랑이라는 수단을 제정하셨고 이 사랑의 관계를 맺는 남자는 "부모를 떠나 아내와 결합하라는 명령을 받는다."[5] 던의 설명에 따르면, 이 새 가족 단위의 "두드러진 특징은 언약의 증표인 생식적 결합"이다.[6] 성경의 이 부분에서 친밀한 관계는 특수한 형태를 띤다. 성적 결합의 행위를 통해 인간은 온전한 언약적 사랑과 연합으로 부름 받았음을 온몸으로 드러낸다. 우리는 이 강력하고 창조적인 행위 안에서 자신을 타인에게 무방비로 내어놓고 삼위일체의 상호 침투적 사랑을 신비롭게 반영한다. 생식적 성에서 중요한 것은 남녀의 몸이 단순히 부딪치는 것이 아니라, 우리 너머의 뭔가를 가리키는, 자기를 내어주고 서로 내주는 사랑의 행위다. 그렇기 때문에 이런 사랑에는 강력하고 관계의 육성을 돕는 안전장치가 필요하다. 그리고 그 안전장치는 결혼 안에 있다.

우리 삶이 성적 온전함을 지향하며 깊이 있게 형성되기 위해서는 이 두 종류의 성을 분별하고 구분해야 한다. 그렇지 않으면 영혼의 갈망을 채우지 못하는 방향으로 욕망이 흘러갈 수 있다. 예를 들면,

우리 문화의 많은 사람들은 서로에게 진정으로 소속되고 다른 사람의 관심을 받기 원한다면 생식적 성행위를 해야 한다고 생각한다. 그 과정에서 우리는 (벌거벗음이라는) 가장 취약한 방식으로 다른 사람에게 자신을 위험천만하게 열어 보인다. 던이 쓴 대로, "교회가 좀더 순전한 애정과 보살핌을 제공할 수 있다면, 많은 사람이 자신에게 필요한 사회적 지지를 얻기 위해 생식적인 성행위에 잘못 의지할 가능성이 낮아질 것이다."7

던의 말은 옳은 것 같다. 이것은 인생의 어떤 시점, 온갖 엉뚱한 곳에서 사랑을 추구했던 우리 모두에게 해당한다. 결과적으로, 우리는 자신의 성적 부서짐을 깊이 인식하며 산다. 이것은 성경의 처음 몇 쪽에 나오는 인류의 이야기다.

죄, 수치, 우리 몸

인간의 이야기는 처음부터 몸과의 깊은 갈등과 소외의 이야기였다. 성경의 첫 몇 쪽은 인간이 하나님 및 서로와 영광스러운 교제를 누리다 이후에 극적인 변화를 통해 비극적 반목을 겪게 되는 과정을 포착해 낸다. 그리고 이 반목은 줄곧 인간 가족의 특징으로 자리 잡는다.

창세기 1장과 2장은 하나님의 선한 창조로 시작한다. 경이로운 출발이다. 하나님은 풍요, 아름다움, 다양성, 기쁨이 가득한 아름다운 세상을 창조하신다. 사랑과 너그러움으로 이 세상을 인류와 공유하시고, 아담과 하와를 창조하여 창조 질서의 청지기가 되게 하신다. 여기까지는 너무나 좋다.

창세기의 저자는 동산에서 남자와 여자가 경험했던 온전함, 순결함, 자유를 계속해서 상세히 설명한다. 성경 전체에서도 손꼽을 만큼 재기 넘치는 한 구절은 이렇게 말한다. "남자와 그 아내가 둘 다 벌거벗고 있었으나, 부끄러워하지 않았다"(2:25). 여기서 인류는 더없이 기쁘고 자유롭게 산다. 서로를 향한 그들의 사랑에는 몸매 조롱도, 비교도, 대상화도 없다. 그들의 몸은 하나님 및 그들을 둘러싼 창조 세계와 근본적 조화를 이룬다.

이야기가 진행되면서 하나님은 모든 것이 완비된 낙원을 그들에게 보여 주시고 한 가지 중요한 한계를 정하신다. 선악을 알게 하는 나무의 열매를 먹어서는 안 된다는 것이었다. 이 한계를 정하심으로 하나님은 인간 안에 자유를 위한 존엄과 능력을 세우셨다. 하나님은 선택을 내릴 수 있는 조건, 즉 강요 없이 자발적으로 사랑할 수 있는 능력을 창조하셨는데, 이 능력은 그분을 닮도록 창조된 영혼에게 꼭 필요한 것이었다. 얼마 후, 뱀이 등장하고 남자와 여자는 뱀의 유혹에 넘어가 그 나무의 열매를 먹는다. 그다음에 성경에서 손꼽히는 비극적인 구절이 등장한다. "두 사람의 눈이 밝아져서, 자기들이 벗은 몸인 것을 알고, 무화과나무 잎으로 치마를 엮어서, 몸을 가렸다"(3:7).

이 '타락' 이전에 아담과 하와는 서로의 몸을 보지 못한 채 산 것이 아니었다. 그들은 서로를 보았다. 하지만 그들의 눈길은 처음부터 끝까지 서로의 신체 부위가 아닌 존재의 온전함으로 향했다. 그들의 몸은 분명 욕망의 대상이었지만 상대를 대상화하는 방식의 욕망은 아니었다. 그들은 서로의 윤곽과 굴곡을 보았지만 인간성이라는 큰 구조도 함께 보았다. 그들은 신성하고도 관능적 시선으로 서로를 바

이상을 요약하면, 우리의 성은 수치라는 강력한 뿌리에 의해 왜곡되었다.

라보았고 기쁨으로 함께했다. 몸이 노출되었지만 부끄러워하지 않았고, 무방비 상태였지만 서로의 시선을 의식하지 않았고, 벌거벗었지만 자기를 방어할 필요가 없었다.

그러나 그들의 불순종으로 죄가 그들의 시선을 왜곡했다. 아이러니하게도 이런 왜곡은 그들이 눈을 뜨면서 일어났다. 타락 이전에 그들은 하나님의 순결한 눈으로 보았다. 그러나 이제는 타락으로 인해 훼손된 눈으로 본다. 눈을 뜬 것은 신약성경에 등장하는 기적과 정반대의 일이다. 신약성경에서 예수님은 거듭해서 앞을 보지 못하는 자들의 눈을 뜨게 해 주셨고, 사람들이 영적으로뿐만 아니라 물리적으로도 눈을 뜨도록 도우셨다. 그러나 창세기 3장에서 인간은 죄로 말미암아 눈을 뜨게 되자 역설적이게도 서로를 보는 데 필요한 더 깊은 시력을 잃어버렸다. 이제 우리는 노출을 수치스러워하고, 자신의 취약함에 대해 남의 시선을 신경 쓰고, 벌거벗은 상태의 자신을 보호해야 할 필요를 느끼며 살아간다.

단순한 죄책감이나 실존적 두려움을 느끼는 정도를 넘어, 아담과 하와는 하나님과의 관계가 멀어졌기 때문에 자신들의 몸과도 수치스럽게 멀어졌음을 깨닫는다. 그들은 서로를 피하고 하나님을 피한다. 이 시점부터 인간의 경험은 교제보다는 이용, 몸과 영혼의 연합보다는 파괴적 분리, 몸에 대한 거룩한 무의식적 행위보다는 꼼짝없이 우리 몸에 몰두하는 특징을 갖게 된다.

이상을 요약하면, 우리의 성은 수치라는 강력한 뿌리에 의해 왜곡되었다. 우리 삶에서 수치를 찾는 것은 상당히 간단하다. 우리가 외부로 드러내기 매우 힘든 영역이 어디인지 시간을 들여 찾아보면 된다. 그 부분을 숨기고 가리고 싶은 마음이 드는 것은 흔히 수치 때문이다.

감사하게도, 이 이야기의 결말은 궁극적 심판이 아니다. 하지만 끔찍한 결과가 지속적으로 뒤따르면서 인류를 괴롭힐 것이다. 하나님은 아담과 하와를 찾으시고 그들에게 소망의 말씀을 주시지만, 그 무렵 그들은 이미 손상되었다. 이제 그들은 다른 종류의 세력 아래에 있다. 인류는 제대로 사랑할 능력을 빼앗겼고 우리의 욕망은 엉망이 되었다.

성적 인식을 형성하는 세 가지 식단

작가이자 강사인 크리스토퍼 웨스트(Christopher West)가 다룬 성적 인식 형성의 범주는 인간 욕망의 무질서를 한층 더 밝히는 데 필요한 통찰력을 담고 있다. 그는 저서 『마음을 채우라』(Fill These Hearts)에서 교회와 주변 세계가 성과 영성을 이해하는 방식을 설명하는 세 가지 '식단'을 제시했다. 기아식(饑餓食), 패스트푸드식, 그리고 잔치다.[8] 다시 말하면, 성적 억압이나 성적 경박함이 종종 우리가 성을 이해하는 방식에 영향을 주었고, 그 과정에서 우리는 눈앞에 놓인 성대한 잔칫상을 놓쳤다는 이야기다. 이 식단들은 우리가 경험하는 분열 상태뿐 아니라 복음 안에서 누릴 수 있는 인간성의 통합을 잘 파악하도록 돕는 틀이다.

기아식

많은 신앙인이 기아식에 의지하고 있다. 그것은 우리의 갈망과 욕망(특히 성적 갈망과 욕망)을 거부하고 억압하거나 무시해야 할 인간성의 한 측면으로 보는 식습관이다. 이런 내용을 담은 신학이 교회에 너무 많이 스며들어 있어서 욕망, 성, 갈망, 에로스에 관해 이야기할 때는 목소리를 한껏 낮추게 된다. 성과 성욕은 어떻게든 피해야 할 영역이다. 교회는 사람들이 자신의 갈망을 이해하도록 도와주는 공동체와 장소가 되지 못하고, 그런 갈망이 건강한 영성과 상반된다고 여긴다. 교회사에 나타나는 여러 운동과 유명인 일부만 꼽아 봐도 이런 무질서가 죽 이어져 왔음이 드러난다.

3세기에 영향력 있는 교부 오리게네스(Origen)는 성욕이 하나님 안에서 진정한 기쁨을 경험하지 못하게 막는 장애물이라고 여겼다. 그는 이렇게 말했다. "육체적 쾌락과 성 경험은 하나님의 기쁨과 반대되는 감수성을 키웠다. 그 결과 기쁨을 누릴 수 있는 심령의 참된 능력이 둔해지게 되었다."[9] 오리게네스는 부부 관계에서도 성교가 "영을 거칠게 만든다"[10]고 믿었다. 교회 전통에 따르면, 그는 자신의 신학을 논리적 극단까지 밀어붙였다. 자신이 가르치게 될 여성들에 대한 일체의 욕망을 제거하기 위해 스스로 거세했다는 것이다. 이 이야기가 역사적으로 정확한 것이든 아니든, 많은 사람의 성 의식에 영향을 주는 왜곡된 서사의 일부임은 분명하다. 그의 주장에 의하면, 성욕은 나쁜 욕구이고 따라서…잘라내야 한다.

이 기아식은 교회사에서 가장 영향력 있는 신학자로 꼽히는 아우구스티누스의 글에서도 볼 수 있다. 아우구스티누스는 순결한 삶을 유지하려는 분투를 그의 책 『고백록』에 기록했다. 젊은 시절 그는 성적으로 왕성했고 충동에 이끌려 살았다. 그는 상당히 재미있는 여러 사색을 정리해 두었는데 그중 하나에서 이렇게 기도했다. "제게 정절과 자제력을 주소서. 하지만 지금은 주지 마소서."[11] 아우구스티누스는 놀라운 회심을 경험한 뒤 몸으로 그리스도를 사랑하고자 했지만, 그 일은 극도로 어려웠다. 계속되는 씨름 끝에 그는 성욕을 경멸조로 바라보는 신학적 결론에 이르렀다. 자신의 갈망이 하나님과의 사랑의 연합을 가로막는 장애물이고, 연합을 지향하는 내면의 에너지를 방해한다고 보았다. 욕망을 매개로 그 근원이신 하나님을 바라보는 대신, 어떻게든 욕망을 피해야 한다는 결론을 내린 것이다.

이런 식의 생각은 교회사에서 줄곧 재등장한다. 그중에서 몇 가지 예를 들자면 부흥주의, 성결운동, 오순절 운동, 복음주의 순결운동에서 볼 수 있다. 이런 생각을 따르는 이들은 정서적으로 살아남기 위해 자신들의 적법한 갈망을 채워 줄 불법한 출구를 찾아 종종 은밀하게 이중생활을 하는 것으로 악명이 높다. 여성들이 자주 희생양이 되었는데, 성적으로 왕성하다는 말이 퍼지면 요부 취급과 함께 수치를 당했다.

이런 사고방식은 우리 몸, 쾌락, 성을 진정한 영성의 장애로 보게 되는 불행한 결과를 낳았다. 하지만 여기에 영향을 준 것은 창조 세계에 대한 성경의 시각보다는 영지주의다. 영지주의(靈智主義, Gnosticism)는 물질계(특히 우리 몸)를 우리 영이 벗어나야 할 감옥으로 여겼던 고대의 가르침이다. 영지(靈智, gnosis, 특별한 지식)를 얻으려면 물질성의 제약에서 벗어나 대령(大靈)과 연합하는 데까지 이르러야 한다는 것이다. 유해한 이단인 영지주의는 수 세기에 걸쳐 고개를 재차 쳐들었고 몸, 욕망, 갈망이 영혼만큼 중요하지 않다고 사람들을 설득하려 했다.

하나님과 함께하는 삶에는 우리 안에서 생겨나는 욕망과 갈망의 일부를 거부해야 하는 적절한 경우가 분명히 있다. 사순절 기간에 교회는 금식 같은 고행의 실천을 강조하여 우리가 자신의 욕구가 아닌 하나님의 방식과 뜻으로만 다스림을 받아야 한다는 개념을 삶의 기초로 삼게 하고자 했다. 그래서 그 기간에 우리는 기쁨을 주는 것들 없이 지내고 그렇게 함으로써 다른 것을 중심으로 두고 산다. 하지만 여기서 우리가 경계해야 할 문제는 그것이 신앙과 실천의 유일한 방식으로 의도된 적이 한 번도 없었다는 사실이다. 너무나 많은 그리스도인이 사순절이 1년 내내 이어지는 것처럼 살고 있다. 전혀 그렇지 않은데도 말이다.

사실, 하나님이 우리를 잔치에 부르실 때 금식하는 것은 최악의 명령 위반이다. 우리는 이것을 복음서에서 본다. 예수님은 제자들에게 그들 앞에 놓인 잔칫상을 즐기라고 거듭거듭 말씀하셨다. 살면서 금식을 하는 적절한 반응을 보여야 할 때가 오라는 사실을 아셨기 때문이다. 마태복음에서 예수님은 제자들 사이에서 이렇게 말씀하셨다. "혼인 잔치의 손님들이 신랑이 자기들과 함께 있는 동안에 슬퍼할 수 있느냐? 그러나 신랑을 빼앗길 날이 올 터이니, 그때에는 그들이 금식할 것이다"(9:15). 다시 말하면, 예수님이 명령하지 않은 것에 복종하지 말라는 것이다. 우리 중 많은 이들이 이 말씀에 주의를 기울여야 한다. 그들은 우리가 자신의 열정을 억누르는 것을 하나님이 기뻐하신다는 잘못된 믿음을 갖고 있기 때문이다.

패스트푸드식

기아식의 핵심이 **억압**이라면, 패스트푸드식의 핵심은 **환원**이다. 이 식습관은 우리의 가장 깊은 갈망을 신체적 욕망으로 환원하려고 시도한다. 기아식이 교회의 많은 사람들에게 영향을 미친 반면, 이 식습관은 교회 밖의 사람들에게 인기가 있다. 이 습관은 이렇게 말한다. "당신이 무엇을 욕망하든, 그것을 이룰 자격이 있다. 당신의 욕망이 옳다는 느낌이 드는가? 그렇다면 추구하라." 패스트푸드식의 핵심은 성과 성욕을 가볍게 생각한다는 것이다. 성은 조심해서 다루지 않으면 인생 전체와 공동체 전체를 태워 버리는 신성한 불이라는 점을 보지 못하거나 그렇게 보기를 거부한다.

패스트푸드식은 성욕의 중심에 인간을 놓는다. 패스트푸드식에서 우리 몸에 관한 분별력은 찾아볼 수 없다. 기아식의 경우와 비슷하면서도 다른 방식으로 영혼과 몸을 분리한다. 기아식이 영혼을 떠받들다 못해 몸을 부인할 정도라면, 패스트푸드식은 몸을 떠받들다 못해 영혼을 부정하고 자신이 겪은 영혼의 절절한 고통마저 부정한다. 이 습관의 위험성은 이것이 잔치(세 번째 식단)를 흉내 낸 싸구려 모조품이라는 점이다. 잠시 만족감을 느낀다 해도, 반드시 탈이 난다.

패스트푸드식의 또 다른 위험은 성욕을 채우는 데 지나치게 비현실적인 기대를 건다는 것이다. 우리에게 (앞서 허쉬가 말한 대로) 타인과 연결되고자 하는 적법한 욕구가 있지만, 패스트푸드식은 큰 그림을 보지 못한다. C. S. 루이스는 이것을 적절하게 설명했다.

피조물이 태어날 때부터 느끼는 욕구가 있다면, 그 욕구를 채워 줄 대상 또한 있는 게 당연하다. 아이는 배고픔을 느낀다. 그래서 음식이란 것이 있지 않은가. 새끼 오리는 헤엄치고 싶어 한다. 그래서 물이란 것이 있다. 또 사람은 성욕을 느낀다. 그래서 성관계라는 것이 있다. 그런데 만약 이 세상에서 경험하는 것들로는 채워지지 않는 욕구가 내 안에 있다면, 그것은 내가 이 세상이 아닌 다른 세상에 맞게 만들어졌기 때문이다. 그것이 가장 그럴듯한 설명 아닐까.[12]

우리가 누리도록 만들어진 세상은 저 너머 다른 별에 있지 않다. 그 세상은 하나님의 사랑을 누릴 고향이다. 그러나 패스트푸드식에 의지하는 이들은 유한한 원천에서 무한을 끌어내려 한다. 그러다 결국, 다른 사람들이나 성 경험에 지나치게 큰 비중을 두느라 자기 영혼의 깊은 필요를 채우지 못했음을 깨닫는다. 하지만 그럼에도 멈추지 않는다.

사랑과 친밀함이 틴더(Tinder)* 같은 소셜 네트워킹 사이트에서 화면을 왼쪽이나 오른쪽으로 넘기는 일 또는 포르노 사용으로 대체될 때, 우리는 결국 욕구의 악순환에 빠진다. 타인이 우리의 만족을 위한 대상물이 된다. 인간성과 접촉할 기회를 상실한다. 우리 자신을 자극할 새로운 방법들을 탐욕스럽게 추구한다. 그 결과 우리는 하나님 안에서만 찾을 수 있는 것을 엉뚱한 데서 끝없이 추구하는 죄수 신

---

*   위치 기반 온라인 데이팅 앱. 앱을 실행하면 주변에서 틴더를 이용하는 이성의 프로필 사진이 뜬다. 이때 마음에 드는 이성이 있으면 화면을 오른쪽으로 넘기고, 아니면 왼쪽으로 넘긴다. 나와 상대방이 동시에 화면을 오른쪽으로 넘기면 서로 연결되어 메시지를 주고받을 수 있다.

세가 된다. (G. K. 체스터턴이 한 말로 흔히 통하는) 유명한 인용구가 있다. "유곽의 벨을 울리는 사람은 무의식적으로 하나님을 찾고 있다." 다시 말해, 우리의 욕망이 부정해지고 우리가 그 힘에 사로잡혀 있는 순간에도 그보다 심오한 무엇인가가 작용하고 있다는 것이다.

기아식에는 성욕을 하나님께로 가는 수단으로 바라보는 상상력이 없고, 패스트푸드식은 성욕을 그 자체의 신으로 주저앉힌다. 둘 다 요점을 놓치고 있다.

잔치

복음은 우리에게 잔치를 제공한다. 우리 모두가 열망하는 잔치요, 맛난 음식으로 배만 채우는 것이 아니라 영혼까지 풍요롭게 하는 잔치다. 맥도날드 메뉴로 이루어진 식단만 계속 먹으면 수명이 줄어들 것이다. 얼음 조각만 먹어서는 결코 만족하지 못한다. 기혼이든 독신이든, 우리는 교제, 기쁨, 즐거움의 삶으로 초대를 받았다.

잔치 음식을 앞에 둔 우리는 인류가 처음부터 서로 교제와 친밀함을 누리도록 만들어졌다는 사실을 상기한다. 우리는 종종 엉뚱한 대상을 향해 갈망을 품었다가 그 대가를 치르곤 하지만, 우리가 교제와 친밀함을 누리는 존재로 지어졌다는 사실은 지금도 유효하다. 제대로 자리를 잡을 경우, 우리 안의 성욕은 하나님과의 연합 및 서로와의 교제로 우리를 이끈다. 하나님의 사랑은 우리의 욕망을 제거하는 것이 아니라 재배치한다.

잔치는 우리가 황홀함을 누리도록 창조되었지만 이 황홀함은 하나님 안에서만 찾을 수 있음을 인정하는 것이다. 그분은 우리의 생명과 기쁨과 성욕의 궁극적 원천이시다. 우리 욕망의 출발점이자 종착점이시다. 이런 인식은 좋은 신학과 영적 형성의 작업을 통해 이루어진다. 우리 몸과 성이 우리 바깥의 뭔가를 가리키도록 설계되었다고 믿는 것이다.

이 잔치는 예수님을 통해 제시되고 구현된다. 예수님은 인간성과 신성을 충만하게 채우셨다. 하나님이 어떤 분이고 인간이 어떤 자리로 초대를 받는지 보여 주신다. 예수님은 우리가 따라야 할 본이고, 이 말은 그분의 성이 위축되거나 무질서하거나 부족하지 않았다는 뜻이다. 어떤 사람들은 예수님을 생각할 때 그분의 몸에 어떤 성적 에너지도 없었을 거라고 상상한다. 여러 이유로 우리는 예수님을 무성적 존재로 생각하고 싶어 한다. 그러나 예수님이 참으로 온전한 인간이라면 성적으로도 온전하셔야 한다.

예수님이 성적 존재이셨다는 것은 성관계를 의미하는 것이 아니고, 그분이 다른 사람에게 욕정을 느끼셨다는 뜻도 아니다. 그분은 하나님의 죄 없는 아들이시고, 성이라는 인간의 경험에 온전히 참여하셨다. 우리는 누군가가 다른 사람과 성교를 해야만 그의 성이 온전히 증명된다고 믿는 경향이 있다. 그러나 그것은 사실이 아니다. 예수님은 성이라는 인간 경험을 온전하게 살아내셨고, 친밀하고 열정적이고 희생적으로 다른 이들과 어울리셨다. 그분은 죽음과 성찬을 통해 자신의 몸을 선물로 주신다.

예수님은 평생 다른 이들과 사랑으로 연합하셨고 그렇게 함으로써 성부와 교제하셨다. 그 반대도 사실이다. 예수님은 성부와 사랑으로 연합하여 살아가시고 그렇게 함으로써 세상과 교제하셨다. 이것이 잔치다. 부부의 언약적 사랑이라는 신성한 맥락에서 흘러나오는 성교가 하나님의 사랑을 드러내는 아름다운 표지인 것은 사실이지만, 그것이 우리의 성에 충실하게 살아가는 유일한 방법은 아니다.

기독교와 우리 몸

깊이 있게 형성된 삶은 하나님이 인간의 육신을 입으셨다는 신약성경의 주장을 진지하게 받아들인다. 우리는 하나님이 예수님 안에 실제로 임재하심을 성육신에서 발견한다. 예수님이 거리를 거니셨을 때 사람들은 "저기 하나님이 가신다"고 올바르게 말할 수 있었다. 이것은 도저히 헤아릴 수 없는 신비다. 그런데 예수님을 통해 육신으로 오신 하나님을 찾는 것이 성육신의 전부가 아니다. 우리는 성육신을 렌즈로 삼아 세상과 관계를 맺어야 한다. 하나님은 예수님의 성육신, 죽음, 몸의 부활로 창조 세계를 명백히 거룩하게 하셨다. 하나님은 세상을 (문자 그대로) 만지셨고, 그로 인해 보이는 것과 보이지 않는 것 모두가 하나님의 임재를 발산한다. 이것이 예수님 안에서 하나님이 오신 일에 대한 반응으로 우리가 몸과 창조 질서를 그지없이 거룩하게 여기는 이유다.

얼마 전 텔레비전에서 농구 경기를 보고 있었는데, 한 NBA 선수가 자신이 입고 뛴, 땀에 젖은 유니폼을 관람석에 있던 한 아이에게 건네주었다. 유니폼을 받은 아이는 기쁨에 겨워 울기 시작했다. 농구 스타가 직접 만지고 입었던 옷이기에 그 유니폼은 자체로 생명력을 띠게 된 것이다. 그것은 상점에서 살 수 있는 유니폼과는 질적으로 달랐다. 아마 그 아이는 그 옷을 한 번 입어 본 뒤 바로 액자에 넣어 보관했을 것이다. 그렇듯 소중한 물건이 훼손되면 안 되니까.

이것이 예수님이 육신을 입으신 일의 본질이다. 예수님의 이야기는 창조주께서 피조물의 모습을 취하셨다고 말한다. 창조주께서 인간의 몸을 입고 자기를 내어주는 사랑으로 피를 흘리셨다. 세상을 위해 죽으시고 다시 살아나셨다. 우리 몸에는 그 하나님의 흔적이 있고, 그래서 우리는 몸을 아주 신중하게 다루어야 한다. 그리고 같은 이유로 환경의 좋은 청지기가 되어야 한다. 하나님의 나라는 우리 몸에만 좋은 소식이 아니라 물질계 전체에 좋은 소식이다.

성례적 삶

'성례'(sacrament)라는 단어를 생각하면, 세례와 성찬 같은 이미지들이 떠오른다. 많은 기독교 전통에서 성례는 하나님이 인간에게 베푸시는 은혜의 특별한 수단이다. 좀더 대중적인 표현을 사용해 보자면, 하나님은 성례라는 차량에다 그분의 사랑과 호의를 실어 우리 마음에 전하신다. 기독교 성례 신학이 다루는 요소들(빵, 포도주, 기름, 물)은 하나님이 일상생활의 평범한 물질들을 사용하셔서 우리 가운데에 하나님의 사랑의 임재를 일부 전하신다는 사실을 떠올리게 한다. 이 요소들에는 어떤 마법적인 것도 없지만, 믿음으로 받으면 성령께서 신비로운 방식으로 일하신다. 이 요소들은 우리의 육체적 시각을 넘어서는 더 큰 현실을 가리켜 보인다.

여러 해 전에 나는 보스턴 인근의 수도원으로 피정을 갔다. 예배처 간단히 요약하면, 우리는 성례를 받기만 해서는 안 된다. 우리 자신이 성례가 되어야 한다.

로 들어가는 다른 피정 참가자들을 보니 작은 물그릇에서 손으로 물을 찍어 이마에 십자가 표시를 했다. 오순절 교회와 복음주의 전통에서 자란 나는 그 의미를 알 수 없었다. 이것은 예배하러 들어갈 때 하나님의 심판을 면하게 해 주는 공허한 의식 같은 건가?

내 차례가 되었을 때 다른 사람의 시선을 의식하며 그릇에 손을 넣었는데, 그릇이 얼마나 깊은지 몰랐기 때문에 손이 너무 깊이 들어갔다. 고개를 돌려 뒷사람을 볼 엄두가 나지 않았다. 손에 묻은 물을 이마에 찍자 커다란 물 한 방울이 얼굴 위로 흘러내렸다. 마치 내가 울고 있는 것처럼 보였다.

그렇게 예배에 참석한 나는 다음 날 수사 한 사람을 만났을 때 물었다. "손으로 성수를 찍어 이마에 십자가 표시를 하던데, 그게 무슨 의미입니까?" 그의 답변은 단순하면서도 아름다웠다. 그 행위에서 물은 세례를 상기시키고, 세례는 우리가 예수님께 속한 사람들임을 상기시킨다고 했다. 나는 자리에 앉아서 그 말을 음미했다. 나는 예수님께 속한 사람이다.

평범한 물을 사용했지만, 이제 그 의식의 의미를 이해한 믿음이 더해지자 나의 마음은 하나님의 구원하시는 사랑의 신비로 이끌려 들어갔다. 그러나 그 일의 중요성은 그 순간으로 제한되지 않는다. 성례적 삶은 모든 창조 세계를 우리가 살아 계신 하나님을 만날 수 있는 수단으로 보는 영적 형성의 방식이다. 하나님은 창조 세계 바깥에 계시는 동시에 창조 세계를 통해서 우리를 만나신다. 이것은 우리 삶에 심오한 영향을 미친다. 하나님이 물, 빵, 기름, 포도주라는 요소들을 통해 임재하신다면, 분명히 우리 몸을 통해서도 임재하실 것이다. 우리는 두렵고도 놀랍게 만들어졌다. 영광스러우면서도 취약하고 에너지가 넘치면서도 약해 빠진 우리 몸은 하나님이 우리를 만나시는 수단이다.

간단히 요약하면, 우리는 성례를 받기만 해서는 안 된다. 우리 자신이 성례가 되어야 한다. 이웃에 대한 연민 어린 사랑을 통해서든, 친구들과 친밀함을 나눔으로써든, 자녀들에게 친절을 베풂으로써든, 배우자와 사랑을 나눔으로써든 우리의 삶 전체가 우리 너머의 무엇인가를 가리켜야 한다.

다음 장에서는 우리 몸과 성의 영역에서 좀더 깊이 있게 형성된 삶의 여정을 시작하게 해 주는 몇 가지 실천 방안을 제시하려 한다. 우리는 분별력, 세심한 뉘앙스 파악, 어떤 경우에는 거절이 필요한 여러 층위의 과정을 거침으로써 빚어진다. 우리의 몸은 비록 죄라는 현실에 영향을 받지만 소중히 여기고 보살펴야 할 하나님의 선물이다.

우리 몸과 성에 관해 생각하면 수치, 후회, 슬픔, 분노의 짐에 눌릴 때가 많다. 이 부분에서 다른 사람들에게 상처를 받은 이들이 많다. 우리를 보호해 주고 양육해 줄 거라고 기대했던 사람들이 우리를 학대하고 외면하고 무시했다. 우리는 무질서한 열정들에 휘둘려 죄, 고통, 죽음의 길을 달려왔다. 우리는 다른 이들을 이용했고 또 이용당했다. 심신을 약화시키는 말을 들었고, 파괴적 행동 때문에 큰 충격을 받았다. 그리고 모두가 모종의 방식으로 성적으로 부서졌다.

그러나 이것이 우리 이야기의 끝은 아니다. 소망이 있다. 하나님의 능력과 사랑은 우리를 예수님의 방식으로 깊이 있게 빚어낼 수 있다. 우리를 속박했던 것들이 그분 안에서 끊어진다. 우리의 상처가 최후의 결정권을 갖지 않는다. 그리스도께서 승리하신다. 우리는 성경의 첫 부분 몇 쪽에서 죄의 비극적 결과를 본다. 하나님이 금하신 나무의 열매를 먹고 난 후, 벌거벗은 아담과 하와는 수치심에 눌린 채 나무 뒤로 숨었다.

이것이 대대로 이어진 인류의 이야기다. 그러나 이야기는 거기서 끝날 필요가 없다. 예수님 안에서 새로운 인류가 나타났다. 이들은 죄와 수치의 감옥에서 해방되어 온전한 하나님의 사랑에 들어갔다. 에덴동산의 그 나무와 관련된 한 번의 행동으로 세상은 죄의 위험한 파국에 빠져들었다. 그러나 예수님이 오셔서 이루신 단번의 순종 행위로 세상의 궤적은 영원히 바뀌었다.

그렇다. 아담과 하와는 벌거벗은 채 수치심을 이기지 못하고 나무 뒤에 숨었다. 그러나 예수님은 벌거벗은 채 나무에 달리심으로써 수치를 정복하셨다. 이것이 복음이 전하는 좋은 소식이다. 예수님 안에서 수치는 최종 발언권을 갖지 못한다. 우리의 욕망은 더 이상 무질서해질 필요가 없다. 우리는 예수님의 이름으로 찾아오는 자유를 누리며 살 수 있다.

8장

성적 온전함을 위한 깊이 있는 실천 방안

최근 나는 「ESPN 매거진: 바디 이슈」(*ESPN The Magazine: The Body Issue*)*의 제목에 깊은 인상을 받았다. 스포츠를 통해 표현되는 신체의 특별함을 강조하기 위해서 ESPN은 운동선수들의 벗은 몸을 싣되, 노골적으로 드러낼 수 없는 부위는 가려지도록 각도를 잡았다. 매호는 신체적 트라우마를 겪은 사람들, 완벽한 조각 같은 몸을 가진 사람들, 또는 남들보다 몸이 큰 사람들을 부각시켰다. 「바디 이슈」의 동인은 에로티시즘이 아니라 몸이 드러내는 다양한 모양새를 감상하는 것인 듯하다. 그러나 나의 관심을 끈 부분은 "모든 몸에는 이야기가 있다"라는 문구였다.

정말이지, 모든 **몸**에는 이야기가 있다. 고통, 즐거움, 좌절, 학대, 양육, 후회, 수치, 사랑의 이야기가 있다. 우리 대부분은 몸을 통해 이

---

* 미국의 스포츠 전문 잡지 「ESPN 매거진」에서 운동선수들의 세미 누드 사진이 실리는 여름 특집호.

이야기들을 **전부** 경험한다고 할 수 있다. 이 말은 우리가 살아가면서 몸의 이야기들과 씨름해야 하고 우리 몸 및 다른 이들의 몸과 깊이 있는 방식으로 관계를 맺어야 한다는 뜻이다.

우리가 깨닫고 이 문제에 관심을 갖는다면 일련의 의미 있는 질문들을 던지게 된다.

- 우리는 자신의 몸을 어떻게 존중하는가? 다른 이들의 몸은 어떻게 존중하는가?
- 우리를 뿌리 깊게 뒤틀린 방식 안에 묶어 놓는 스크립트, 거짓말, 무질서한 욕구를 매일의 삶에서 어떻게 거부할 수 있을까?
- 이 영역에서 어떻게 온전함, 치유, 정직, 사랑을 추구할 수 있을까?
- 우리의 몸과 성으로 하나님을 제대로 사랑할 방법은 무엇일까?

이런 질문들은 서로 어우러져서 더 큰 다음 질문으로 들어가도록 돕는다. '세상을 향한 하나님의 마음을 반영하도록 돕는, 성에 대한 깊이 있는 실천 방안은 무엇일까?'

이 실천 방안들도 이 책이 다룬 다른 가치들처럼, 관상적 전통, 내면 점검의 다짐, 몸과 성을 이 세상 속 사명의 한 측면으로 봐야 한다는 긴급한 비전에서 통찰을 얻고자 한다. 먼저, 우리가 받은 메시지를 드러내는 것부터 시작하자.

뒤틀린 성적 메시지를 드러내는 실천

성적 온전함을 가로막는 흔한 장애물은 가족과 주변 문화에서 받아들인 성적 스크립트다. 우리는 유년의 성장 과정에서 의식적으로나 무의식적으로 받아들인 메시지들을 통해 잘못된 길로 나아가게 된다. 그 메시지의 출처가 부모든, 친척이든, 친구들이든, 교회든, 텔레비전이든, 우리의 성 인식을 이루는 여러 겹의 층위는 믿기 어려울 만큼 뿌리 깊게 자리 잡고 있다. 나는 열두 살 무렵 포르노를 보았다. 내 몸이 어떻게 작동하는지 이해하기도 전에 다른 몸들이 관계할 때의 작동 방식에 노출된 것은 비극이었다. 그 이미지들은 지금도 내 안에 남아 있고 그것이 준 메시지들도 마찬가지다.

내가 성적 중독 행위에서 자유로워지기까지는 성인이 되고 나서도 여러 해가 걸렸다(이에 대해서는 뒤에서 좀더 다룰 것이다). 나는 내가 받아들여 왔던 그 메시지들을 밝히고 거부하는 새로운 형성 작업을 지속적으로 실천했다. 포르노 이외에도, 친구들이나 양육자들, 다른 어른들이 여자들과 남녀 관계에 대해서 비하 투로 무시하듯 하는 말들을 대수롭지 않게 자주 들었다. 유명한 철학자 마르틴 부버(Martin Buber)가 그의 책 『나와 너』(Ich Und Du, 대한기독교서회)에서 쓴 표현처럼, 나는 여자들을 '너'들이 아니라 '그것'으로 보도록 형성된 것이다. 나는 여자들을 그들의 신체 부위 이상의 존재로 보지 못했다. 결과적으로, 내 안에는 다음과 같은 메시지가 깊이 자리 잡았다. '사랑할 만한 몸이 있고 그렇지 못한 몸이 있다. 내 안에 있는 충동은 무조건 해결해야 한다. 성과 성행위 능력이 나를 규정한다. 성은 육체적 행위

내 몸이 어떻게 작동하는지 이해하기도 전에 다른 몸들이 관계할 때의 작동 방식에 노출된 것은 비극이었다.

일 뿐 사랑을 전하는 의사소통의 수단이 아니다.'
 이런 메시지는 우리 모두의 내면 깊숙이 자리를 잡는다. 어떤 메시지들은 부적절하게 전해졌고, 불안한 마음에 회피한 메시지들도 있지만 근거 없이 위험한 결론을 내리게 될 여지를 남겼다. 한 가지 사례로, 나는 성 중독으로 고심하는 교인을 만난 적이 있다. 그의 사정을 듣고 나서 그에게 어린 시절에 성 인식이 형성된 과정을 물었다. 성 문제로 누군가와 이야기를 나눈 첫 번째 기억을 들려 달라고 했다. 그는 그 순간을 쉽게 기억해 냈다.
 그리고 아버지가 술 냄새를 풍기며 방으로 들어와 그에게 했던 말을 들려주었다. 열세 살이던 그가 비디오게임을 하고 있을 때였다. 아버지가 불쑥 들어와서 앉더니 누런 봉투를 손에 들고 강의를 시작했다. 아버지는 말을 더듬거리며 성에 관해 설명했다. 불안하고 두서없는 5분간의 이야기가 끝난 후, 소년의 아버지가 물었다. "알겠냐?" 그는 놀란 눈으로 상체를 뒤로 젖히며 고개를 끄덕였다. 다음 순간 아버지는 누런 봉투에서 「플레이보이」지를 꺼내더니 이렇게 말했다. "넌 이제 이걸 가져도 돼. 네 엄마가 못 보게 매트리스 사이에 두는 것만 잊지 마라." 그 순간부터 이 10대 소년은 성에 빠져들었다. 5분간의 두서없는 설명은 열세 살 소년에게 너무나 분명한 메시지를 전했다. 성은 본질적으로 어색한 주제이고, 비밀스러운 것이며, 여자들이 도색잡지에 나오는 것과 다른 모습이라면 뭔가 문제가 있다는 메시지였다.

우리의 성 인식이 형성된 과정을 밝힌다고 해서 삶을 구성하는 빈틈과 오류들이 온전히 해결되지는 않지만, 하나님이 내려놓으라고 하시는 거짓과 스크립트를 인식하는 데는 도움이 될 수 있다. 학대를 받았던 사람들에게 이것은 어려운 과제다. 지금의 우리를 만든 과거를 회상하는 일만으로는 우리 몸에 축적된 트라우마가 간단히 사라지지 않는다. 하지만 이것이 그 출발점이 된다. 우리가 믿었던 거짓을 폭로할 수 있을 때, 하나님의 임재와 능력을 받아들일 준비를 갖추게 된다. 하나님은 비현실과 망상에 거하지 않으신다. 우리가 그동안 전해 들은 망상과 거짓들을 밝힘으로써 하나님의 구원하시는 사랑이라는 해방의 진리에 자신을 열게 된다.

이와 같은 의식적 실천은 복음이 빚어낸 새로운 성 스크립트를 접하게 해 준다. 우리가 누군가와 성관계를 해야만 사랑받을 거라고 믿어 왔을지도 모른다. 그러나 복음은 우리가 있는 모습 그대로 사랑받을 가치가 있다고 말한다. 우리가 다른 사람들을 성적으로 정복해야 한다는 생각을 바탕으로 정체성을 쌓아 올렸을지도 모른다. 그러나 복음은 우리의 정체성이 하나님의 은혜에 순복하는 데 있다고 말한다. 몸에 대한 수치심을 안고 살아왔을지도 모른다. 그러나 복음은 부서지고 십자가에 못 박힌 예수님의 몸에 우리의 수치를 치유할 능력이 있다고 말한다.

맨정신의 실천

깊이 있게 형성된 성적 삶은 맨정신을 특징으로 한다. 맨정신이라는 말로 내가 표현하고자 하는 바는 절제나 의지력이 아니라 정직이다. 우리는 하루에도 몇 번씩 다른 사람들을 대상화하고 싶은 유혹에 시달린다. 자신의 외로움을 달래려고 사람들을 정서적으로 이용한다. 우리는 강박 행동의 사이클에 빠져도 의지력을 좀더 발휘하면 벗어날 수 있다고 생각한다. 그래서 자신이 또다시 속박 상태에 있는 것을 깨닫게 되면 죄책감이 잦아들 때까지 하나님과 다른 사람들을 피해 숨는다. 더 힘껏 노력하기로 다짐하지만 성공은 보잘것없다. 그러면 어느새 나약해지고 충동에 이끌리게 된다. 그리고 이 주기는 계속 이어진다.

우리는 내면의 가장 병든 비밀만큼 병들었다는 말이 있다. 그 말이 사실이라면 수많은 이들이 질병과 질환에 시달린다는 뜻일 테고 그것은 단지 영적인 질병에 그치지 않는다. 우리가 비밀을 고수하면 정신에 쌓아 둔 독이 종종 드러난다. 시편 말씀이 떠오른다. "내가 입을 다물고 죄를 고백하지 않았을 때에는, 온종일 끊임없는 신음으로 내 뼈가 녹아내렸습니다"(32:3). 맨정신의 실천은 마약이나 성 재활 치료를 받는 사람들뿐만이 아니라 우리 모두에게 필요하다. 맨정신은 진실함 및 투명성과 본질적으로 이어져 있다.

솔직히, 맨정신을 실천하는 일은 어렵다. 그러자면 우리가 세상이라는 스크린에 투사하는 힘 있는 거짓 자아를 내려놓아야 한다. 증명할 것도, 소유할 것도, 지킬 것도 없는 가난한 심령으로 살아야 한 우리가 비밀을 고수하면 정신에 쌓아 둔 독이 종종 드러난다.

다. 사람들의 판단과 의견으로부터 자유롭게 살아야 한다. 가장 자유로운 사람들은 무엇보다 숨길 것이 없는 이들이다. 그러나 그런 방식의 삶은 엄청난 과제이고 성의 영역에서는 더욱더 그렇다. 우리 삶이 수치로 얼룩져 있을 때 어떻게 맨정신을 실천할 수 있을까? 나는 세 가지 길을 제시하고 싶다.

맨정신의 공동체를 찾으라

매주 월요일, 우리 교회는 '익명의 약물 중독자 모임'에 장소를 제공한다. 모임 구성원들은 뉴 라이프 교회의 교인은 아니지만 솔직하게 자신을 드러낼 공동체를 찾은 이들이다. 독자가 '익명의 알코올 중독자 모임'이나 '익명의 약물 중독자 모임'에 참석해 본 경험이 있는지 모르겠지만, 그들의 입에서 나오는 거침없는 진실을 듣는 일은 거북하면서도 아름답다. 정직과 맨정신을 이끌어 내는 프로그램에는 뭔가가 있다. 이런 모임을 갖는 것이 해야 할 일의 전부는 아니지만, 이 모임이 없으면 살아남기 힘든 이들이 많다.

그러나 슬프게도, 많은 교회의 공동체 생활에는 이런 정신이 없다. 맨정신의 공동체 생활이 없으면 개인과 공동체를 속박하는 수치의 힘이 모습을 드러낸다. 무엇이든 우리가 다른 사람 앞에서 밝힐 수 없는 것은 그것에 대해 수치심에 묶인 상태임을 드러낸다.

해리 포터 시리즈에서 악당이자 해리의 대적인 볼드모트는 모든 이에게 너무나 막강한 영향력을 행사했기에 사람들은 그의 이름을 말하기만 해도 두려움과 절망을 느꼈다. 그래서 남녀노소를 막론하고 모두가 그의 이름을 말하지 않고 '그 사람' 또는 '이름을 불러선 안 되는 그 사람'이라고 불렀다. 볼드모트를 이름으로 부르는 마법사는 해리와 덤블도어뿐이었고, 결국 해리는 볼드모트를 상대로 승리를 거둔다. 정직한 공동체를 구축하는 일을 통해 우리는 삶을 망치는 두려운 수치에서 벗어난다. 많은 이들이 "이름을 불러서는 안 된다"고 말하는 대상의 이름을 밝힐 은혜의 공간을 얻게 된다. 때로는 한 사람이 이 공동체의 역할을 하기도 하고, 세 사람 또는 그 이상이 모이기도 한다. 어떤 경우든, 맨정신의 실천은 성적 무질서와 속박이 가득한 이 세상에 꼭 필요한 일이다.

중독을 재정의하라

맨정신을 실천하려면 중독을 다르게 정의해야 한다. 자신의 중독에 대해 정직하게 말하기는 어렵다. 중독 행위 자체에만 집중하고 정작 중독을 통해 달래려 하는 고통은 외면하기 때문이다. 중독은 순간의 참을 수 없는 고통에서 벗어나려는 시도다. 음식이든 포르노든 기술에 기댄 쉴 새 없는 오락이든 약물이든, 한순간의 유혹은 너무나 압도적이다. 우리에겐 출구가 필요하다. 그러나 그 출구는 삶의 무질서한 상태를 심화시키기만 한다.

우리는 중독 행동 등의 폐해를 꾸짖는 설교를 늘어놓기에 앞서, 중독이 생존에서 감당할 수 있는 역할을 인정해야 한다. 어떤 이들에게는 이 말이 모독적으로 들리겠지만, 내 말을 끝까지 들어보길 바란다. 중독은 살아남기 위한 최선의 시도다. 그것은 분명히 우리를 질병과 죽음의 길로 인도하지만, 어떻게든 살고 싶다는 신호이기도 하다. 중독의 방식으로 자기를 달래는 것 말고는 다른 생존법을 모르는 것뿐이다. 그렇기 때문에 어떤 종류든 중독 상태에 있는 사람을 도울 때는 "그만둬요. 당신의 죄를 회개하세요"라고 말할 것이 아니라 이렇게 다가가야 한다. "살아남는 법을 알아내셨군요. 자신의 고통을 완화시키는 법을 익혔어요. 하지만 그런 방식으로는 충분하지 않습니다. 다른 것을 시도해 봅시다."

기도를 통해 고백하라

나는 매일 주기도문으로 기도한다. 나 자신의 행복을 위해 주기도문으로 관상적 기도를 할 필요를 느낀다. "우리를 시험에 들지 않게 하시고, 악에서 구하여 주십시오"(마 6:13)라는 대목에 이르면 내게 있는 많은 약점들이 생각난다. 주기도문의 이 대목은 하나님이 우리를 시험으로 인도하신다는 의미가 아니다. 오히려 이 대목은 우리의 여러 약점에 대한 고백이다. 본질적으로 이렇게 말하는 것이다. "주님, 저는 약합니다. 저는 압박을 감당할 수 없습니다. 저는 취약합니다. 저를 시험대에 올리지 마옵소서." 달라스 윌라드식으로 표현하면 "그것은 우리의 능력에 대한 '불신임' 투표다."[1]

고백의 기도를 정기적으로 드릴 때, 우리 삶에 대한 올바른 시각을 얻는다. 하나님 앞에서 정직하고 투명하게 자신을 보고, 그런 자기 인식이 다른 사람들과의 관계에도 고스란히 영향을 미친다. 그러므로 매일 기도로 고백하는 일은 우리 삶에 꼭 필요하다. 이 일을 통해 우리는 자신이 스스로 생각하는 것만큼 강하지 않다는 사실을 끊임없이 상기하게 된다. 이것이 맨정신인 사람의 마음가짐이다.

사회적 유대의 실천

앞 장에서 우리는 마르바 던의 창세기 1, 2장 분석을 살펴보았다. 그녀는 생식적 성욕과 사회적 성욕을 구분했다. 그리고 많은 사람이 사회적 유대와 친밀함이 필요할 때 불안한 마음으로 생식적 성욕을 채우고자 달려간다는 중요한 지적을 했다. 이것은 우리 몸에 흐르는 생물학적이고 열정적인 불(여기에 대해서는 나중에 더 다루기로 하자)을 부인하는 말이 아니다. 그 불은 신체적으로 그리고 낭만적으로 상대에게 끌리는 순간에 특히 타오른다.

우리가 가진 진정한 감정과 갈망을 완전히 부인하는 것은 기아식을 따르는 일이다. 그것은 좋은 선택지가 아니다. 하지만 우리는 친밀함과 연결됨의 갈망을 채우고 약함을 드러낼 수 있는 관계를 찾아 조급하게 성행위로 달려간다. 그리고 그 과정에서 다른 사람들에게 영적·감정적으로 매이게 된다. 서로를 보호하는 혼인 서약 없이 우리 몸을 내주었기 때문이다. (하지만 결혼했다는 이유만으로 자동적으로 서로 친밀해지고 연결되며 약함을 드러낼 수 있게 되는 것은 분명히 아니다.)

우리는 본이 되시는 예수님께로 다시 돌아가야 한다. 온전한 하나님이면서 온전한 인간이신 예수님은 사회적 유대의 필요성을 이해하셨다. 그분은 전 생애에 걸쳐 친밀함, 연결, 취약함을 경험하셨다. 제자들을 주위에 모으셨고 잔치에서 즐기셨으며 사랑을 받으셨고 자신의 약함을 고백하셨으며 내밀한 심정을 드러내셨고 부드러운 손길을 주고받으셨다. 예수님에게 생식적 성 경험이 없었다 해도, 누구도 그분의 인간성에 부족한 점이 있었다고 말할 수 없다.

내가 사회적 유대의 실천을 언급하는 것은 생명을 주는 관계 안에서 다른 사람들과 이어지는 삶의 필요성을 말하기 위해서다. 이런 삶은 기혼자들뿐만 아니라 독신자들에게도 필요하다. 사회적 유대의 실천은 횡행하는 외로움의 힘과 맞서 싸워야 하는 이 시대에 필요하다.

우리 시대의 아이러니는 인류 역사에서 가장 많이 연결된 시대에 살면서도 그 어느 때보다 고독하다는 것이다. 외로움은 우리가 경험하는 가장 큰 공중 보건의 난제 중 하나가 되었다. 2018년 당시, 테리사 메이(Theresa May) 영국 수상은 이 문제를 인식하고 고독부 장관을 임명하는 것으로 대응했다. 메이 총리는 고독 대응 전략에서 이렇게 말했다. "외로움은 오늘날 우리 사회의 수많은 사람이 처한 현실이다. 외로움은 나이와 배경을 뛰어넘어 누구에게나 영향을 미칠 수 있다. 우리 지역사회 도처에 며칠이나 몇 주 동안, 심지어 한 달 내내 친구나 가족을 전혀 만나지 않고 지내는 사람들이 있다."[2] 그런데 수많은 이들에게 둘러싸여 있으면서도 여전히 외로움을 느끼는 이유는 무엇일까? 수천 명의 소셜 미디어 친구와 팔로워들이 있는데도 진정으로 연결되지 못하는 까닭은 무엇일까? 대답은 간단하다. 외로움을 이기려면 물리적 근접성만으로는 안 되고 정서적 친밀함이 있어야 하기 때문이다.

이것이 바로 그리스도와 결혼한 사람이 누리는 영성의 본질이다. 우리는 예수님과 사랑의 관계를 누리면서 친밀하고 약함을 드러낼 수 있고 서로 연결되는 그 사랑을 다른 구체적 관계에서도 드러내야 한다. 이 일에 능숙한 사람을 생각하다 보니 수(Sue)가 떠오른다. 60대의 독신 여성인 수는 우리 교회의 교인으로, 치료사이자 영성 형성을 돕는 교사다. 그녀는 신앙 여정의 어떤 시점에서 자기 인생에 관한 멋진 비전을 받았다. 그녀의 일은 다른 이들과 사회적으로 그리고 정서적으로 유대를 맺는 일이었다. 그녀는 내게 다음과 같은 내용의 이메일을 보내왔다.

독신으로 사는 것이 '선택받지 못했다'는 가시적인 증표(낙인)라고 생각하는 사람들이 많습니다. 그래서 독신 생활에는 사랑받지 못하고 사랑받을 만하지 못하다고 느끼는 고통, 누구도 원하지 않고 원할 만큼 매력 있지도 않으며 외롭고 혼자라고 느끼는 고통이 따릅니다. 많은 이들에게 독신 생활은 결혼에 이르기 '전', 충만한 삶을 유예하거나 포기하면서 버티는 불확실한 상태를 의미합니다. 그러나 나는 그것이 지옥 구덩이에서 나온 거짓말이라고 믿습니다. 그런 생각들은 "훔치고 죽이고 파괴하"(요 10:10)기 때문입니다. 예수님은 성령 안의 의와 평화와 기쁨을 특징으로 하는 풍성한 삶을 주러 오셨습니다.

나는 그리스도와 결혼한 독신자이고, 그분과 동행하면서 생생하게 깨달은 다음의 진리들에 따라 보고 믿고 살아가려고 노력합니다. 이 진리들이 내 삶에서 눈에 보이게 드러나기를 바랍니다.

* 나는 선택받았습니다. 나는 나 자신의 소유가 아니라 나를 피로 값 주고 사신 그리스도의 것입니다. 나는 그분의 성전이고 그분은 내 안

에서 나와 함께 나를 통해 영광을 받으시기에 합당하십니다. 그래서 나는 나 자신에게 몰두하지 않습니다. 내 삶에서 중요한 것은 내가 아니라 그분입니다.

* 나는 사랑받았고 그리스도의 사랑과 친절이 나를 그분께 이끌었습니다. 그분을 향한 나의 사랑은 나를 향한 그분의 사랑에 대한 반응입니다. 나는 사랑받는 자이고 그분은 내 연인이십니다. 내 안에는 그분을 대면하여 보고 싶은 깊은 갈망이 있지만, 그분은 내 앞에 있는 사람의 눈에서 그분을 보도록 나를 가르치셨습니다. 이것은 사람들에게 진정으로 나를 드러내고 사랑하고 그들을 이용하지 않고 그리스도를 위해 그들을 섬기려고 노력하라는 말로 번역할 수 있습니다. 나는 독신이기에 그리스도께서 내 앞에 두시는 어떤 사람이나 어떤 일이라도 거기에 쏟을 시간과 여유가 있습니다. 나는 지금껏 멋진 관계와 경험을 누릴 기회가 매우 많았습니다. 거기 참여할 만한 자유가 있었기 때문입니다. 그 자유 안에서 큰 기쁨과 만족을 누렸습니다.

* 나는 그리스도와 결혼함으로써 그분의 가족이 되었습니다. 나는 혼자가 아닙니다. 그분을 사랑하고 그분께 충성하기에 그분의 가족을 사랑하고 섬기는 일이 내 인생의 우선순위가 되었고 그들이 내게 베푸는 사랑으로 내 삶이 풍성해졌습니다. 내가 그리스도인이 되었을 때 가족은 나를 외면했지만, 하나님은 외로운 자들이 가족과 함께 살게 하시는 분입니다(시 68:6). 나는 하나님의 백성 안에서 새 가족을 발견했습니다. 나는 기혼자들과 여러 가족뿐 아니라 다른 독신자들과도

긴밀한 관계를 맺고 있습니다. 그들이 자기 삶에 나를 끼워 주는 경우도 많지만, 내가 주도한 관계들도 있습니다. 나는 나 자신을 독신으로 밝힌 적이 없고 한 사람이자 그리스도 몸의 지체로 소개합니다. 나에게 독신 생활은 사람들과 이어질 기회이지 장애물이 아닙니다.³

수는 활용할 수 있는 기술적 연결성이 높아졌는데도 오히려 소외되는 이 세상을 위한 아름다운 시각을 제시한다. 사회적 유대의 실천에서 중요한 것은 친밀한 우정을 형성하는 것, 서로 알고 알려지는 것이다. 이것을 위해서는 분명 위험을 감수해야 하고 어색함을 참아야 하며 다른 이들에게 헌신해야 한다. 하지만 우리가 인간으로 번영하려면 사회적 유대의 실천이 필요하다. 이 사실에는 의문의 여지가 없다.

실제적으로 말해서, 사람들과 연결될 기회를 많이 만들고 많이 참여할수록 사회적 유대는 깊어진다. 커피숍에서 소그룹으로 모일 수 있고 집에서 함께 식사를 나눌 수도 있다. 친구와 한 달에 한 번 정도 밖에서 만나거나 일정 기간 상담을 받아 보는 것도 좋다. 어떤 형태가 되었건, 우리는 사회적 유대 없이는 살 수 없다.

접촉의 실천

우리의 성이 성숙해지는 과정에는 접촉의 실천이 필요하다. 그런데 이 말이 아주 좋은 소식으로 들리는 사람들이 있고, 그렇지 못한 이들이 있다. 로지와의 결혼 생활에서 나는 의문의 여지없는 '접촉자'다. 하루에도 많은 포옹을 원하고 소파에 같이 있을 때면 내 몸이 그녀와 가까워질 방법을 찾는다. 침대에서는 내 발이 그녀 쪽으로 자꾸만 움직인다. 운전을 할 때는 그녀의 다리에 손을 올려놓는 것을 좋아한다. 우리 아이들은 내가 그들에게 하루에도 얼마나 많은 키스와 포옹을 하는지 증언할 것이다.

목사인 나는 교회 로비에서 교인들과 악수와 포옹을 나누는 순간이 아주 좋다. 나는 접촉을 많이 하면 상이라도 받는 것처럼 반응하는 집안에서 자랐다. 삼촌들과 고모부를 만날 때도 볼 키스를 나누고, 고모, 숙모, 사촌들을 만나면 긴 포옹이 이어진다. 하지만 아내는 나와 달리 접촉에 열정적이지 않다. 우리 아이들은 포옹에 다소 싫증을 낸다. 친척들 중에는 딱 악수만 원하는 이들이 있다. 어떤 교인들은 주먹 인사만 하거나 어색하게 어깨동무하듯 토닥이는 정도에서 멈춘다. 그러나 접촉의 선호도는 각기 달라도 우리 모두에게 접촉이 필요하다.

아기가 태어나면 의사들은 우선 아기를 산모의 맨가슴에 안겨 준다. 이것은 맨살이 닿는 접촉이다. 연구에 따르면 이 단순한 행동은 아기가 새로운 환경에 잘 적응하게 해 주고 신체적·정서적·사회적 발달이 잘 이루어지게 돕는다. 하지만 조금 더 커서도 여전히 건강한 접촉이 필요하다. 우리는 이용이나 지배, 학대가 없는 방식으로 다른 이들과 물리적 친밀함을 나누기 원한다. 인간인 우리는 감각적 존재다. 즉, 세상을 잘 헤쳐 나가도록 오감을 선물로 받았다.

하지만 여러 이유로 우리는 이 영역에서 손상을 입은 채 살아간다. 건강한 접촉을 추구하는 삶으로 나아가지 못하면, 온전한 인간의 모습에 미치지 못하는 상태로 살아가게 된다. 베셀 반 데어 콜크

(Bessel van der Kolk) 박사는 『몸은 기억한다』(The Body Keeps the Score) 에서 메릴린이라는 여성의 이야기를 들려주었다. 30대 중반의 메릴린 은 수술실 간호사로 일했다. 그녀는 남자들을 멀리하는 경향이 있었 지만, 어느 날 스포츠클럽에서 마이클이라는 소방관을 만났다. 충분 한 시간이 지나고 함께한 테니스 경기가 많아지자 스포츠 이외의 상 황에서도 마이클과 어울릴 수 있을 만큼 편안해졌다. 그리고 어느 토 요일 저녁 메릴린은 그녀의 집에서 하루를 묵도록 그를 초대했다.

[메릴린은] 두 사람만 함께 있게 되자 "긴장되고 너무 이상하게" 느껴 졌다고 했다. 그에게 서두르지 말자고 했던 기억은 나는데 그 이후에 무슨 일이 있었는지는 잘 생각나지 않았다. 와인 몇 잔을 마시고 〈로 앤오더〉(Law & Order) 재방송을 보고 자신의 침대에서 함께 잠들었던 것 같다. 새벽 두 시 무렵 마이클이 자다가 돌아누웠다. 그의 몸이 자 신에게 닿는 것을 느꼈을 때 메릴린은 갑자기 격한 반응을 보였다. 주 먹으로 그를 때리고 할퀴고 물어뜯고 비명을 질렀다. "이 나쁜 자식! 이 나쁜 자식아!" 마이클은 깜짝 놀라 잠에서 깼고 소지품을 챙겨 달 아났다. 그가 떠난 후, 메릴린은 방금 일어난 일에 충격을 받고 몇 시 간 동안 침대 위에 그대로 앉아 있었다. 그녀는 엄청난 수치심을 느꼈 다. 그런 일을 한 자신이 미웠다. 그리고 남자들에 대한 공포와 설명할 길 없이 치밀어 오르는 분노를 치료하고자 나를 찾아왔다.[4]

메릴린은 반 데어 콜크 박사를 만난 후, 어릴 때 겪었던 성적 학대 의 트라우마를 직시하게 되었다. 메릴린에게는 누군가 그녀를 만지는 행위가 대체로 무의식에 자리 잡고 있던 너무나 고통스러운 기억들을 떠올리게 하는 방아쇠 역할을 했다. 만지는 사람이 남자인 경우는 특히나 그랬다. 이 책을 읽는 독자들 중에도 그녀의 사정이 남의 이야기 같지 않은 이들이 있을 것이다. 근래에 남자들이 완력으로 상대를 함부로 만져 상처를 준 사연은 셀 수 없이 많다. 나는 우리 앞에 심각한 도전이 놓여 있음을 인식한다. 목사인 나는 교회 안에서 학대성 접촉의 피해를 입은 사람이 수천 명이나 된다는 사실을 알고 있다. 하나님의 마음을 아프게 하고 세상에서 이루어지는 그리스도인들의 증언을 훼손하는 심각한 죄다. 교회 안에서 이루어지는 건강한 접촉은 꼭 필요하지만 신중하게 분별해야 할 사안이기도 하다.

학대성 접촉에 시달리며 살아온 많은 사람이 있는 반면에, 신체적 접촉이 전무한 상태로 살아온 이들도 있다. 신약성경의 많은 이야기에서 이들을 볼 수 있다. 예수님은 특별한 몸 상태 때문에 사회적·정서적·종교적으로 소외된 사람들과 접촉하셨다. 당시에는 문둥병, 중풍, 유출병을 앓는 사람들을 만지면 의식적(儀式的)으로 부정해진다는 인식이 있었다. 하지만 우리는 부드럽고 체제를 뒤엎는 예수님의 만지심을 통해 그들의 손발과 피부, 청력과 시력이 회복되는 모습을 본다.

예수님이 멀리서 한 말씀만 하시자 환자가 낫는 경우도 몇 번 있었지만, 대부분 그분은 환자에게 직접 손을 얹으셨다. 예수님은 인간적 접촉을 통해 하나님의 능력을 보여 주셨고, 몸만 치유하시는 것이 아니라 공동체를 회복시키셨다. 이것이 건강한 접촉이 하는 일이다. 그렇기 때문에 '인터넷 교회'는 언제나 하나님 백성의 물리적 모임의 빈약한 대체물로 남을 것이다. 악수, 포옹, 입맞춤을 통해 서로에게 평화를 전할 때, 우리 인간성의 한 부분이 어루만져지고 새로워지는 것을 발견한다. 접촉의 실천은 교회에 참석함으로써만 이루어질 수 있다.

서로를 위해 기도할 때 접촉이 일어난다. 신체적 접촉을 원하지 않는 이들을 존중하는 뜻에서, 안수 기도를 할 때는 머리나 어깨, 등에 손을 얹기 전에 먼저 허락을 구하는 것이 좋다. 잘 모르는 사람이라면 더욱 그렇다. 그러나 부드럽게 손을 얹고 하는 기도는 강력한 치유의 행위가 될 수 있다. 하나님이 영으로 그와 함께하실 뿐만 아니라 접촉의 행위를 통해 바로 그 순간 그와 함께하심을 전할 방편이 된다.

대학 시절, 아주 외로웠던 시기가 있었다. 연애는 잘 안 풀렸고, 내가 매력 없고 우울하고 고립된 존재 같은 느낌이 들었다. 한번은 캠퍼스 채플에 참석했는데 예배가 끝난 이후에도 눈을 감은 채 자리에 그대로 앉아 있었다. 찬양팀은 계속 연단에서 잔잔한 음악을 연주하고 있었다. 잘 아는 교수님 한 분이 다가와 내 어깨에 손을 얹었다. 그분은 그대로 잠시 기다린 후에 나를 위해 기도해 주었다. 그 자리에서 위로의 말은 필요가 없었다. 접촉이라는 단순한 행위만으로 하나님이 나를 보고 계시고 잊지 않으셨다는 사실을 기억할 수 있었다.

사랑을 나누는 일의 실천

사랑을 나누는 데는 많은 연습이 필요하다. 2013년, 나는 70대 중반에 접어든 전국적으로 유명한 은퇴 목회자를 만났다. 그와 대화하면서 어떻게 지내시는지 물었다. 그는 자신이 읽고 쓴 책, 사랑하는 가족들, 그리고 돈독해지는 부부 관계에 대해 이야기했다. 내가 자세히 사랑을 나누는 데는 많은 연습이 필요하다.

설명해 달라고 요청하기도 전에, 그는 자진해서 몇 가지 정보를 제공했다. "아내와 나는 결혼한 지 50년이 되었습니다. 우리의 성관계는 지금이 최고예요." 그 말에 곁눈질하던 내 눈이 찌푸려졌던 것 같다. "정말인가요?" 호기심이 생겨서 물었다. 그는 자세히 설명하지는 않았지만 이렇게 말했다. "사랑을 나누는 법을 배우는 데는 한평생이 걸립니다."

생식적 성관계는 술술 이루어지고, 나무랄 데 없고, "이 세상의 경지를 넘어가는" 것이어야 한다는 신화에 많은 이들이 속는다. 우리는 로맨틱 코미디와 드라마, 소설, 포르노에 찌든 세상을 통해 이런 신화를 익혔다. 아주 어린 나이에 포르노에 노출되었던 나도 성교 행위는 바로 그런 모습이어야 한다고 꼼짝없이 믿게 되었다. 성관계를 딱 신체 부위의 접촉에 그치는 성취 지향적이고 자기만족적인 수고로 보는 시각이 굳어졌다. 얼마나 파괴적인 생각인가.

사랑을 나누는 일이 제대로 깊이 있게 형성되려면 그 일에 우리의 전 존재로 참여해야 한다. 그리고 여기에는 많은 연습이 필요하다. 앞에서 말한 대로, 사랑을 나누는 연습에는 혼인 서약이라는 보호적 환경이 필요하다. 이것이 인기 있는 제안이 아니라는 것은 나도 안다(어떤 이들은 현실적이지 않다고 말할 것이다). 많은 사람들처럼 나도 10대 시절부터 성생활을 시작했다. 그래서 내면에 있는 불과 그 불을 꺼야 할 깊은 필요를 온전히 이해한다. 하지만 혼인 서약 없이 다른 사람에게 자신을 내줄 때 겪게 되는 정서적·영적 피해 또한 안다. 사랑을 나누는 일은 결혼 관계 안에서 이루어져야 하지만, 여전히 연습이 필요하고 그 연습은 침실 밖에서 시작된다.

침실 바깥에서 사랑 나누기

침실 바깥에서 사랑 나누기라는 말은 집 안 다른 곳에서 성관계를 한다(나쁜 생각은 아니다)는 뜻이 아니다. 그것은 성관계의 순간 외에도 서로를 사랑하겠다는 헌신을 말한다. 사랑 나누기는 밤에 옷을 벗을 때가 아니라 아침에 옷을 입을 때 시작된다. 배우자에 대한 열정, 호기심, 인정, 장난스러움 등을 드러낼 때, 사랑 나누기를 특정한 행위로 축소하지 않는 분위기가 만들어진다. 나는 캐나다 원주민 작가 리처드 와거미즈(Richard Wagamese)가 이것을 표현한 방식이 맘에 든다.

나는 살과 살로 당신을 만지고 싶지 않아. 깊숙한 곳, 수면 아래, 우리의 진짜 이야기가 있는 곳에서 당신을 만지고 싶어. 우리 존재의 파편들이 있는 곳, 우리를 빚은 것들이 쌓이고 쌓여 인간의 이야기라는 푸릇푸릇한 삼각주를 이룬 곳에서 당신을 만지고 싶어. 당신과 세게 부딪쳐서 접촉의 감각을 느끼고, 중요한 질문을 하고, 설득력 있는 대답을 내놓고 싶어. 둘이 함께 수면 아래서 사는 법을 배울 수 있게 말이지. 거기서 우리는 물살에 휩쓸려 공통의 경험이라는 대양으로 더 깊이 들어가게 돼. 이런 식으로 나는 당신을 만지고 싶고 당신도 나를 그렇게 만졌으면 해. 존재와 존재로 만나고 싶은 거야. 그래서 언젠가는 살조차 그런 만남을 기억하게 되었으면 해.[5]

사랑 나누기는 밤에 옷을 벗을 때가 아니라 아침에 옷을 입을 때 시작된다.

와거미즈는 우리가 '수면 아래'에서 갈망하는 이어짐을 아름답게 표현한다. 이것이 침실 바깥에서 사랑 나누기의 본질이다. 섬김, 자연스러우면서도 신중하게 다듬은 감사의 말, 부드러운 손길, 의도적으로 마련한 함께하는 시간을 통해 부부의 사랑 나누기는 성교 행위 이상으로 확장된다. 성교는 우리가 침실 바깥에서 흔히 시도하는 평범하고 감각적이고 서툴고 낭만적인 애정 표현의 절정이고, 여기에는 연습이 필요하다.

이 글을 쓰는 지금 나는 로지와 결혼한 지 15년이 다 되어 간다. 나는 침실 바깥에서의 사랑 나누기에 대해 깊이 생각하지 않고 있음을 인식했다. (로지는 개선의 여지가 있다는 암시를 분명히 주었다.) 우리 집 작은 주방에서 나는 진작에 물었어야 할 두 가지 질문을 로지에게 건넸다. "여보, 내가 당신을 사랑한다는 게 가장 강하게 느껴질 때가 언제야? 나와 가장 가깝다고 느낄 때는?" 아내가 대답했다. "근사한 곳으로 나가서 함께 시간을 보낼 때." 나라면 다른 대답을 했을 것이다. 그러나 그 순간 나는 로지가 원하는 방식으로 그녀를 사랑하도록 에너지를 전환했다.

사랑 나누기는 활동이 아니라 의사소통이다

성관계를 그저 하나의 활동으로 생각하기가 쉽다. 그러나 그것은 그보다 훨씬 큰 의미가 있다. 섹스는 행하는 무엇이 아니라 전하는 어떤 것이다. 성행위를 하며 우리는 서로 의사소통을 한다. 성교의 순간을 포함한 교감의 환경이 만들어진다. 우리는 사랑을 나누는 일을 실천하면서 잘 해내는 데 집중하는 자기 몰두에서 벗어난다.

이런 면에서 사랑 나누기는 외적인 것이다. 나에게서 배우자에게로 뭔가가 전해진다. 나는 아내가 사랑받고 있고 사랑스럽다는 사실을 상기시킨다. 내가 그녀를 보고 안다는 사실을 전한다. 그녀를 귀하게 여기고 있고 그녀의 가치를 알고 있음을 표현한다. 섹스가 몸을 섞는 순간으로 축소되면, 함께하는 삶은 거래가 되고 상대를 대상화할 가능성이 있다. 섹스를 하나의 행위로만 보게 되면, 배우자의 몸은 목적을 위한 수단이 되고 결혼 생활은 교제가 아니라 이용의 장이 될 위험에 처한다.

사랑 나누기가 의사소통의 일부가 되려면 우리의 취향, 좋아하는 것과 싫어하는 것을 솔직하게 말해야 한다. 침대에서든 바깥에서든 사랑을 나누려면 우리가 어떤 방식으로 사랑을 주고받고 싶은지 분명히 말해야 한다. 배우자의 욕구에 대한 자신의 느낌에 정직해지는 법을 배워야 한다. 독심술에 의존하거나 자기 취향을 상대에게 강요할 때 사랑 나누기는 훼손된다. 이런 면에서 사랑을 나누는 일은 위험하다. 상처받는 것을 감수하고 자신이 바라고 선호하는 것을 정직하게 드러내야 하기 때문이다. 우리의 욕구가 원하는 그대로 정확히 채워지지 않을 때도 있다. 그래서 연습이 필요한 것이다. 서로가 바라는 바를 부드럽게 나눌 때, 우리가 원하는 모습이 아니라 있는 그대로를 사랑할 수 있다. 몇 쪽 앞에서 인용한 목사의 말을 기억하라. "사랑을 나누는 법을 배우는 데는 한평생이 걸립니다."

사랑을 나누는 일은 계시다

침실 안팎에서 사랑을 나누는 일은 계시다. 무엇을 계시하는가? 과장하지 않고 말하자면, 하나님을 계시한다. 그것은 성례적이다. 부부가 나누는 사랑은 서로의 연합을 드러내고 그럼으로써 하나님과 세상의 연합을 드러낸다.

이런 식으로 사랑을 나누는 것은 성만찬의 속성을 지닌다. 예수님은 빵과 잔을 통해 우리에게 자신의 몸을 내어주셨다. "이것은 너희를 위하여 주는 내 몸이다. 이것을 행하여 나를 기억하여라"(눅 22:19-20을 보라). 예수님을 따르기를 원하는 깊이 있게 형성된 사람들이 사랑을 나눌 때는 서로를 향한 하나님의 사랑을 계시하게 된다. 부부가 벌거벗은 채 당당하게 서로를 사랑할 때, 예수님이 보여 주신 사랑의 취약하고 자유롭고 신실하고 유익한 특성들을 재현하는 것이다. 예수님은 우리를 위해 목숨을 버리고 자기 몸을 내어주고 용서와 은혜를 선언하고 자기를 내어주는 사랑을 통해 우리를 새롭게 하셨다. 깊이 있게 형성된 성도 바로 이런 모습이다. 부부 관계는 우리를 향한 하나님의 벌거벗고 당당한 사랑을 보여 주는 거룩한 행위다.

또한, 사랑을 나누는 것은 선교의 행위다. 부부가 서로 사랑하고 육체적·정서적·영적 교제로 서로를 주고받을 때, 그들의 사랑은 주변 세상으로 흘러넘칠 수밖에 없다. 아내와 내가 사랑의 연합을 하면서 살아갈 때, 나는 가장 행복하고 기쁘고 만족스럽고 너그럽다. 반면, 그렇지 못할 때는 그만큼 행복하지도 기쁘지도 만족스럽지도 너그럽지도 못하다. 이상한 말처럼 들리지만, 우리는 침실 안팎에서 사랑을 나눌 때 최고의 상태가 된다.

내가 제안하는 실천 방안들이 결코 전부는 아니지만 우리 삶을 성적 온전함으로 이끄는 중요한 요소 몇 가지를 담아낸다고 믿는다. 오늘 당신이 인생 여정의 어디쯤에 있든지, 은혜로우신 하나님을 알기를 바란다. 하나님은 우리가 먼지에서 나왔음을 아신다. 그리스도께서는 인간이셨기에 우리의 약함을 아신다. 성령께서는 우리 안에 거하시면서 우리를 위로하시고 강하게 하신다. 그리스도의 몸은 지상에서 예수님을 나타내는 존재다. 당신은 혼자가 아니다. 하나님은 만물을 구속하실 능력을 갖고 계신다.

9장

고립되고 관계가 끊긴 사람들을 위한 선교적 현존

토머스 머튼은 고전이 된 자서전 『칠층산』에서 소박하지만 신비로운 힌두교 수도승 브라마카리와 어울린 경험을 회고했다. 두 사람은 대화 가운데 기독교 선교사들이 남아시아의 여러 지역에 끼친 영향을 논의했다. 브라마카리는 여러 이유로 기독교 선교사들이 그 지역에 큰 영향을 미치지 못했다고 말했다. 그 주된 이유는 그들이 충분히 거룩하지 않았기 때문이다. 머튼은 브라마카리와의 의미심장한 대화를 숙고하면서 이런 결론을 내렸다. "학교와 병원은 그 자체로 좋은 것들이고 유용하다. 인도에 꼭 필요한 시설이다. 하지만 힌두교인들이 우리에게 기대하는 것은 학교와 병원을 세워 줄 사람들이 아니다. 그들은 자신들에게 보내 줄 성자들이 우리에게 있는지 알고 싶어 한다."[1]

"그들은 자신들에게 보내 줄 성자들이 우리에게 있는지 알고 싶어 한다."

나는 이 대목을 읽으면서 세상에 참여한다고 말할 때 그 출발점은 활동이 아니라 하나님 안에 있는 생명이라는 생각이 들었다. 이 이야기 속의 힌두교 신자들은 세상에서 다른 존재 방식의 본을 보일 수 있는 이들을 찾고 있었다. 공공시설 건립 사업이 중요하지 않다는 것이 아니다. 그런 사업들은 여전히 필요하다. 그러나 그런 사업이 흘러나오게 되는 삶의 특성이 더 중요하다. 우리의 삶은 사랑, 관상, 내려놓음, 순종을 통해, 그리고 거기에서 나오는 세상을 향한 사랑의 섬김과 선교를 통해 하나님과 연합해야 한다.

우리 교회는 지난 30년간 수도원과 선교 사이의 긴장을 놓고 꾸준히 씨름해 왔다. 우리는 봉쇄된 벽 안에 머물면서 세상과 사회에 참여하지 않고 기도에 전념하도록 부름받은 것이 아니다. 그렇다고 세상에서 활발하게 활동하는 일에만 지속적이고 전폭적으로 몰두하도록 부름받은 것도 아니다. 우리는 하나님 앞에서 이 역동적 긴장의 균형을 잡아야 한다. 왜인가? 답은 간단하다. 그렇게 하지 않으면 우리가 세상에 내놓을 것이 없기 때문이다.

우리에게는 세상에 보낼 성자들이 있는가?

타인에게 예수가 됨

깊이 있게 형성된 선교에 대해 말할 때는 지금까지 이 책에서 배운 내용을 전부 연결해야 한다. 세상의 필요에 탈진과 번 아웃을 초래하는 방식으로 대응하는 길이 있다. 그러나 그것은 우리가 가지지 않은 뭔가를 주려고 하는 일이고 시도할 때마다 위험을 자초하게 된다. 사람들이 겪는 불의, 가난, 고통에 적극적으로 대응하면서도 우리의 선

깊이 있게 형성된 선교에서 가장 중요한 것은 우리가 **무엇**을 하는 가가 아니다. 우리가 **어떤 사람**이 되고 있는가가 중요하다.

의와 선행으로 스스로 망가지지 않는 길이 있을까? 나는 있다고 생각한다. 그러나 방향을 바꿔야 한다. 깊이 있게 형성된 선교에서 근본적으로 중요한 것은 특정한 사람이 되고 그를 세상에 보내는 것이다. 이런 종류의 선교에서 핵심은 활동이 아니라 다른 사람에게 그리스도가 되는 것이다.

예수님에게 속한 사람은 누구나 성령께서 내주하신다. 이 내주하는 생명은 개인적인 신비 체험을 위한 것이기도 하지만 주변 세상과 나누기 위한 것이기도 하다. 이 책을 읽는 독자들 중 일부는 이 말에 벌써 고개를 내저을 것이다. 어쩌면 그들은 자신의 삶을 보고 이렇게 생각할지도 모르겠다. '내가 예수님이 된다니 말도 안 돼. 성경을 어디에 뒀는지도 모르겠는걸. 나는 진득하게 기도하지를 못해. 용서받아야 할 죄를 너무 많이 지었어. 이제 막 그리스도인이 된 내가 어떻게 다른 사람에게 예수님이 될 수 있단 말이야?' '나는 하나님과 멀게만 느껴져.'

깊이 있게 형성된 선교에서 가장 중요한 것은 우리가 **무엇**을 하는 가가 아니다. 우리가 **어떤 사람**이 되고 있는가가 중요하다. 그리스도를 대신해 세상에 다가가는 데 가장 효과적인 전략은 우리가 어떤 사람들로 형성되는가를 바탕으로 할 때 나온다. 우리 현존의 특성 그 자체가 우리의 선교다. 그리고 좋은 소식은 우리가 완전해져야만 예수님이 우리를 선교로 부르시는 것이 아니라는 점이다. 오히려, '완전한' 상태는 예수님과 함께 선교하는 데 결격사유가 된다. 성경을 읽어 보면 하나님이 완전한 사람들을 부르시지 않는다는 사실을 거듭거듭 발견하게 된다. 호머 심슨(Homer Simpson)의 재치 있는 대사가 기억이 난다. 그는 성경을 읽은 뒤 이렇게 말했다. "모두가 죄인이야.…이 사람만 빼고."² 물론 예수님을 염두에 두고 한 말이다.

하나님은 당신과 나처럼 부서지고 두려워하고 성마르고 일관성 없고 비관적이고 의심하는 사람들을 부르신다. 복음이 좋은 소식인 이유가 바로 그 때문이다. 예수님의 첫 번째 제자들만 보아도 이 사실을 알 수 있다.

예수님이 잡히시고 십자가에 못 박히실 때, 제자들은 그분을 저버렸다. 예수님은 홀로 남겨져서 고난받고 죽으셨다. 그분이 매장되었다가 부활하신 후에도 제자들은 이제 자기들이 죽게 될까 봐 두려운 나머지 문을 잠그고 방 안에 틀어박혀 있었다. 그들은 예수님을 버렸다. 낙오했다. 누가 이런 사람들을 자기 팀에 두고 싶어 하겠는가? 아무도 없다는 것이 답이겠지만 예수님은 다르셨다. 그분은 실패한 제자들에게 돌아가셨고, 그들의 잘못을 따지는 대신에 사명을 부여하셨다. 예수님은 친구인 그들과 대면하신 후에 이렇게 말씀하셨다. "너희에게 평화가 있기를 빈다. 아버지께서 나를 보내신 것같이, 나도 너희를 보낸다." 이 말씀에 이어 "그들에게 숨을 불어넣으시고 말씀하셨다. '성령을 받아라'"(요 20:21-22). 이것이 복음의 좋은 소식이다. 우리가 실수를 저질러도, 제대로 해내지 못해도, 처신에 문제가 있어도 예수님이 오셔서 말씀하신다. "내가 너를 원한다. 내가 너를 부르고 있다. 내가 너를 보낸다." 예수님은 우리의 문제, 중독, 약점, 실패를 아신다. 그 모든 문제에도 불구하고 우리를 그분의 사명으로 초대하신다.

다른 사람들에게 예수가 되는 선교적 임무는 예수님을 따르기 원하는 모든 사람에게 열려 있지만, 거기에 어떤 대가도 따르지 않을 거라고 말한다면 독자를 오도하는 것이다. 이 초대를 받아들이려면 사명을 수행할 때 행함(doing)과 존재(being)를 구획화하는 방식을 포기해야 한다. 존재의 본질을 희생하고 행함을 내세우는 기독교 전통이 있고, 행함을 희생하고 존재의 본질을 내세우는 전통도 있다. 우리에겐 존재의 본질에서 흘러나오는 행함이 있는 삶이 필요하다. 이것을 다루기 전에 잠시 시간을 내어 이 두 극단을 살펴보자.

존재 없는 행함

앞에서 언급한 대로, 내가 많은 영향을 받은 복음주의와 오순절 전통은 올바른 생각, 올바른 체험, 올바른 행함을 지나치게 강조하는 경향이 있다. '행함' 부분에서 선교에 대한 접근법은 종종 따로 구분된다. 분명, 해야 할 일이 많고 어려운 상황에 있는 이들도 많지만, 존재의 본질을 희생하고 행함에 집중하는 것은 장기적으로 볼 때 오히려 해를 끼친다. 내가 교역자 구직 면접을 볼 때 피터 스카지로 목사와 나눴던 대화가 생각이 난다.

최종 면접 때 피터는 감자튀김과 그릴 치즈 샌드위치가 놓인 테이블을 사이에 두고 나와 마주 앉은 채 이렇게 말했다(나는 그의 말이 과장이라고 생각했다). "리치, 이 교회가 당신을 해고하는 경우는 한 가지뿐이에요." 나는 똑바로 앉아서 그가 들려줄 심각한 도덕적 실패의 사례를 기다렸다. "안식일을 지키지 않으면 해고될 겁니다. 안식일이 주는 생명을 누리지 못하면 목회에 따르는 일을 계속할 수 없을 테니까요." 나는 충격을 받아 어리둥절했지만 그의 요점은 분명했다. 우리가 행하는 모든 **행위**는 우리 **존재**의 깊이를 넘어서지 못한다. 존재가 없는 행함은 외부자의 눈에는 똑같아 보여도 우리 삶의 질은 완전히 다르다. 우리의 활동은 모든 생명과 사랑의 근원인 하나님의 생명과 사랑에서 분리될 것이다.

존재 없이 행할 때 우리는 다른 사람들의 인정을 받기 위해 섬기고, 깊은 불안감을 감추고, 하나님이 우리를 더 사랑하시게 만들려 애쓰고, 자신의 가치를 증명하기 위해 새로운 일을 벌이고, 건강을 고려하지 않고 무리해서 일한다. 이 목록은 계속 이어진다. 존재 없는 행함의 결과는 질병, 원망, 이중성, 피로 등으로 조만간 우리를 좀먹을 것이다. 그러면 우리가 세상에 참여하는 일은 즐거움이 아니라 진부한 의무가 된다.

이에 대한 처방은 **전면** 철수가 아니라 **창조적** 철수다. 하나님 및 다른 사람들과 함께하며 우리 영혼이 소생하는 때에 그 생명력이 흘러넘쳐 다른 이들에게 이르게 된다. 이것은 우리가 교회에서 늘 명심해야 하는 사실이다.

뉴 라이프 교회는 상당히 활동적이다. 앞에서 언급한 대로, 우리 교회의 지역개발법인은 동네의 가난하고 소외된 사람들 수천 명을 섬긴다. 교회 안의 많은 소그룹이 교회에 다니지 않는 사람들에게 치유와 환대의 자리를 제공한다. 우리가 진행하는 대규모의 여러 봉사 활동은 교인들이 믿음과 행함을 둘 다 놓치지 않도록 돕는다. 우리는 그

동안 교회 개척을 해 왔고, 오늘날 리더들에게 권한을 위임하는 일과 새로운 교회를 시작하는 일에 대해 새로운 상상력을 발휘하고 있다.

뉴 라이프 교회는 우리 도시에 깊이 관여한다. 그러나 우리의 행함이 우리의 본질에서 흘러나와야 한다는 사실을 계속 기억한다. 왜? 간단히 말하면, 우리가 받지 않은 것을 줄 수는 없기 때문이다.

행함이 없는 본질

하나님을 위해 그분과 함께 행하는 것을 소홀히 하고 하나님과 함께 있는 상태로 쏠리게 하는 힘은 아주 실질적이다. 우리 교회에는 동전의 양면과 같은 두 모습이 다 있다. 열심히 활동하지만 하나님과 함께 있음에 우선순위를 두지 않는 이들이 있고, 하나님과 함께 있음에 우선순위를 두지만 행함에는 참여하지 않는 이들도 있다.

우리 교회에서 거듭 다루어야 했던 난제 하나는 다른 교회에서 소진되어 숨 돌릴 곳을 찾는 사람들의 유입 문제다. 뉴욕 지역의 많은 사람들은 뉴 라이프 교회가 정서적으로 건강한 교회라고 여긴다. 그 결과, 안식, 자기 돌봄, 회복이 필요한 사람들이 우리 교회로 온다. 우리 교회 교인들의 과거를 보아도 많은 사람들이 일중독과 사명 맡기를 꺼리는 모습 사이를 오갔다.

손을 놓고 회복과 안식을 구해야 하는 시기가 분명히 있지만, 일을 완전히 놓아서는 안 된다. 마르다를 배제하고 마리아가 되거나 마리아를 배제하고 마르다가 되어서는 안 되는 것이다(눅 10:38-42을 보라). 우리는 본질에 충실하라는 초청과 행하라는 초청을 하나로 묶는 행동하는 관상가, 또는 관상적 행동가로 부름을 받았다. 이것은 성경이 계시하는 하나님의 모습이다. 깊이 있게 형성된 선교에 임하라는 초청은 우리에게 해방감을 안겨 주는 이해에서 시작된다. 하나님은 언제나 선교에 나서시되 그분의 본질에 충실하게 그 일을 하신다는 뜻이다. 하나님의 행하심은 하나님의 생명이라는 속성에서 나온다.

선교사 하나님

세상을 향한 하나님의 사랑의 움직임은 단 한 순간도 멈추지 않는다. 시편 기자는 하나님이 졸지도, 주무시지도 않는다(121:4을 보라)고 말한다. 그러나 하나님의 선교조차 그분의 존재에서 흘러나온다. 늘 존재에 충실하게 움직이시는 이 하나님을 묘사하기 위해서는 '페리코레시스'(perichoresis)라는 중요한 신학 용어를 살펴보는 것이 도움이 된다. 4세기에 카파도키아 교부들이 도입한 이 단어는 성부, 성자, 성령 사이에서 행해지는 영원한 사랑의 춤이라는 은유를 묘사한다. 성경은 서로를 배려하며 사랑의 춤을 추시는 공동체로 존재하시는 하나님을 계시한다.

    그러나 하나님의 춤은 다른 이들을 바깥에 세워 두지 않고 그 신적 사랑의 원을 점점 넓혀 나간다. 이것은 하나님이 선교에 임하시는 방식에 대한 대화의 틀을 잡는 데 유용하다. 그분의 선교는 단선적으로, 자의적으로 이루어지지 않는다. 끊임없이 움직이시는 하나님은 사랑의 연합이라는 원을 넓히시고 모든 사람과 피조물 전체를 그 안으로 초대하신다. 그분의 존재 자체가 그분의 행하심과 본질적으로 연결되어 있다. 독일 신학자 위르겐 몰트만(Jürgen Moltmann)은 『삼위 세상을 향한 하나님의 사랑의 움직임은 단 한 순간도 멈추지 않는다.

『일체와 하나님의 나라』(The Trinity and the Kingdom)에서 이것을 자세히 탐구했다.

삼위일체 하나님 안에서는 에너지의 교환을 통해 영원한 생명의 과정이 이루어진다. 성부께서는 성자 안에 존재하시고 성자는 성부 안에 존재하시며 성부와 성자는 성령 안에 존재하신다. 그리고 성령께서는 성부와 성자 안에 존재하신다. 삼위 하나님은 영원한 사랑으로 서로 안에서 철저히 살고 철저히 거하기에 하나이시다. 이 과정을 통해 가장 완전하고 강렬한 공감이 이루어진다. 성부, 성자, 성령은 서로를 구분하는 그 인격적 특성을 통해 서로 안에 거하시고 서로에게 영원한 생명을 전하신다. 페리코레시스 안에서 삼위를 구분하는 바로 그 특성들이 그분들을 한데 묶는 역할을 한다.[3]

우리 집안사람들이 한데 모일 때마다 어느 시점에 누군가가 유명한 〈일렉트릭 슬라이드〉(Electric Slide) 춤의 반주 음악을 튼다. 이 춤은 관심을 갖는 사람이 늘어나면 점차 판이 커지는 그룹 댄스다. 때로는 한 사람으로 시작해서 몇 분 만에 나머지 사람들이 다 합류하기도 한다. 삼위일체로 계시는 하나님을 생각할 때, 내 머릿속에선 이 장면이 떠오른다. 하나님은 영원부터 춤을 추고 계셨다. 그러나 그분이 참여하시는 춤은 관객이 멀찍이서 감탄만 하는 것이 아니라 거기에 함께하도록 초대를 받는다.

성경을 이런 시각에서 읽을 때, 선교의 일을 하시는 하나님을 보여 주는 강력한 이미지를 발견한다. 하나님은 춤을 추시고 그분의 사랑의 리듬에 맞춰 춤판으로 들어오라고 역사 내내 사람들을 초대하셨다. 그러나 때로 우리는 리듬을 놓친다.

나의 첫 번째 선교지

그리스도인이 된 후 내 안에는 꺼트릴 수 없는 기쁨이 가득했다. 그 기쁨에 더하여 하나님과 단절된 삶을 사는 사람들을 가능한 한 많이 구원해야 한다는 절박함을 느꼈다. 서론에서 밝힌 대로 나는 오순절 교회에서 그리스도인이 되었다. 이곳에서는 두 가지가 중요했다. 성령으로 은사 체험을 하는 것과 사람들에게 예수님을 전하는 것이었다. 당시 나는 열아홉 살의 어린 나이였지만 열정은 온 교회를 채우고도 남았다. 나는 직장에서도 복음을 전할 생각이었다.

그리스도인이 된 그해에 직업소개소를 통해 대학 입학 전 몇 달 동안 일할 곳을 찾았다. 감사하게도 맨해튼 유니언스퀘어에 있는 작은 출판사에서 일자리를 얻었다. 나는 총무부에서 일했다. 첫날부터 동료들과 신앙에 관해 대화를 나눌 계획을 세웠다. 칸막이로 나뉜 작은 공간이 내 자리였다. 하지만 직무상 많은 사람이 내가 있는 곳으로 와서 사무실 비품을 요청했다. 그 일을 며칠 하다 보니 아이디어가 하나 떠올랐다. '내 컴퓨터 화면 보호기에 성경 구절을 띄우면 어떨까? 그것을 계기로 대화를 시작할 수 있을지도 몰라.'

이제 막 그리스도인이 된 나는 바로 급소를 노리기로 했다. 초록색 배경에 밝은 핑크색 120폰트 크기의 글자로 로마서 3장 23절을 적어 넣었다. "모든 사람이 죄를 범하였습니다. 그래서 사람은 하나님의 영광에 못 미치는 처지에 놓여 있습니다." 그 외의 다른 내용은 없었다. 그 구절로 틀림없이 대화를 시작할 수 있을 것 같았다. 그리고 정말 그렇게 되었다. 평소에는 본인 자리에서 나오지 않는, 30대 중반의 내 상사가 내 책상 앞을 지나갔다. 그녀가 내 컴퓨터 스크린에 적힌 글자를 입술을 달싹이며 소리 없이 읽으면서 얼떨떨한 표정을 짓는 것이 보였다. 나는 드라마 〈오피스〉의 마이클 스콧도 저리 가라 할 만한 초연한 미소를 띤 채 그녀에게 안부를 물었다. 내 사무 공간에 부흥이 임하는 순간을 내심 기대하면서 말이다. 몇 마디 말을 하고 그 자리를 떠난 상사는 10분 만에 되돌아왔다.

"리치, 컴퓨터 스크린에 저런 문구를 써 놓으면 안 돼요. 불쾌감을 준다고요. 내리도록 하세요."

그녀의 말에 기분이 상한 나는 그곳은 내 공간이라고 주장했다. (당시 내가 열아홉 살의 기독교 열심당원이었다는 점을 기억해 주시길.) 그녀는 처음의 명령을 되풀이했다. 나는 화면 보호기의 메시지를 내렸다. 그 날 집으로 돌아와 다음 날에는 사무실에서 어떻게 말씀을 전할지 전략을 짰다. 집에서 다른 아이디어가 떠올랐는데, 아마도 어떤 기독교 텔레비전 방송을 보던 중이었을 것이다. 그 방안은 성경 구절이 적힌 티셔츠를 입고 출근하는 것이었다. 그런 셔츠가 적어도 네 벌은 있었다. 다음 날 하나님의 말씀이 적힌 티셔츠를 입고 사무실로 출근했다. '하! 셔츠를 벗으라는 말은 못 하겠지.'

상사는 내 셔츠를 보았고 나는 다시 미소를 지었다. 이번에는 승리의 눈빛이 담긴 미소였다. 그녀는 한숨을 내쉬고는 자리로 돌아갔다. 거기서 일한 몇 달 동안 신앙에 대한 건강한 대화는 많이 나누지 못했다. 어쩐 일인지 나는 논쟁을 벌여서 사람들을 하나님 나라로 이끌어야 한다고 생각했다. 임시직으로 일한 마지막 날, 나는 회사 전체에 복음을 전할 유일한 기회가 전 직원에게 이메일을 보내는 것이라고 판단했다. 그래서 그렇게 했다.

이메일에서 나는 그들 모두가 구원이 필요한 죄인이라고 말했고 세 단락 분량의 이메일을 마무리하면서 영접 기도를 소개했다. 전송을 누르고 회사의 주인이라도 된 듯한 심정으로 건물을 빠져나왔다. 내 이름이 그 건물의 출입 금지자 명단에 올라 있다 해도 놀라지 않을 것이다(그들을 탓하지도 않을 것이다).

선교에 나선다고 하면 이 정도의 공격성은 있어야 변화를 만들어 낼 수 있다고 생각하는 이들이 있다. 하지만 그것보다 훨씬 나은 방법이 있다. 하나님은 사람들을 구하는 일을 하신다. 우리는 그 구원을 더 쉽게 하는 데 일조하되, 사랑 많으신 예수님의 매력을 증언하는 방식을 사용하도록 부름받았다. 그렇다면 깊이 있게 형성된 선교란 무엇일까? 한마디로 예수님을 알리는 증언에 함께함, 긍정적 자세, 충만함을 갖추는 것이다. 그러나 우리의 선교는 세상에서의 하나님의 선교(*missio Dei*)로 빚어진다. 나는 바로 이런 맥락에서 우리 삶에 영향을 주는 선교의 두 측면을 살펴보고 싶다. 모두와 함께하시는 하나님과 모두를 위하시는 하나님이다.

모두와 함께하시는 하나님: 선교적 현존

예수님에게 신실한 선교는 모두 하나님의 현존에서 출발한다. 하나님의 은혜는 사랑의 방식으로 매 순간 세상에 임한다. 하나님의 현존을 분별하기 쉽다는 말은 아니다. 그분의 임재를 발견하거나 하나님이 가까이 계신다고 믿기는 보통 어렵다. 힘든 순간에는 특히 더 그렇다. 하지만 신학적으로 생각할 때, 하나님이 일하시지 않는 곳은 없다. 예수님은 이렇게 말씀하셨다. "내 아버지께서 지금까지 항상 일하시니" (요 5:17, 쉬운성경). 하나님이 쉬는 날이 없다는 사실은 내게 큰 위로가 된다. 우리 모두에겐 한계가 있지만 하나님은 그렇지 않기 때문이다. 그 하나님이 우리와 함께하신다. 이 세상에서의 모든 선교 개념은 하나님이 먼저 움직이심을 고백해야 한다. 우리가 행동하기 오래전에 하나님이 먼저 행동하셨다. 우리가 말하기 오래전에 하나님이 먼저 말씀하셨다. 우리가 도착하기 오래전에 하나님이 먼저 현존하셨다.

성경의 이야기는 하나님이 그분의 백성과 함께하시는 내용이다. 성경의 줄거리는 백성과 함께하지 않으셨던 적이 없는 하나님을 묘사한다. 성경의 처음 몇 쪽부터 하나님은 인류를 창조하시고, 동산에서 그들을 빚으신다. 그러나 그들이 그곳에 스스로 적응하게 하시거나 알아서 하도록 방치하지 않으신다. 하나님은 하루 중 선선한 시간에 그들 사이를 거니신다. 그들이 죄를 짓고 에덴동산에서 쫓겨날 때도, 하나님은 여전히 손을 내미시고 교제와 관계를 회복할 방안을 찾으신다.

구약성경 전체에 걸쳐 하나님은 역사 속에 거듭 나타나 주도권을 갖고 그분의 백성 가운데 거하신다. 출애굽기에서는 불기둥과 구름기

등으로 오셔서 그분의 백성이 광야를 통과하도록 이끄신다. 하나님은 성막에 거하면서 방랑하는 언약 공동체와의 관계를 추구하신다. 이후에는 자기 백성에게 성전이라는 형태의 좀더 영구적인 거처를 세우라고 지시하셨다. 그리고 성전 안 지성소에 임재하셨다. 그러나 이런 식의 관계도 끝이 난다. 하나님의 백성은 반역하고 범죄한 결과, 먼 나라로 유배당했다. 하나님은 그곳에서도 선지자들을 세우시고 그분의 백성에게 말씀하셨다. 구약성경 내내 하나님은 한 백성과 함께 거하신다.

이 주제는 신약성경에서 한층 더 발전한다. 각 복음서 기록의 첫 장에서 우리는 하나님이 다시 거처를 정하셨다는 충격적인 소식을 듣는다. 이번에는 구름도, 불도, 성막도 성전도 아니고 선지자의 입도 아니다. 하나님은 그분의 백성 가운데 거하기 위해 예수님을 통해 오셨다. 하나님은 인간을 너무나 좋아하신다. 창세기부터 요한계시록까지 백성 없이 계시기를 거부하는 하나님을 만난다. 하나님은 우리와 함께하시고 자신을 내주시며 세상에 무제한의 사랑을 베푸신다.

이 모든 사실은 우리가 이웃들 및 주변 세계와 함께하는 데 여러 의미를 지닌다. 하나님이 함께하시는 분이라면 우리의 근본적 소명도 함께하는 것이다. 하지만 이것은 말처럼 쉽지 않다. 사람들이 선교에 참여한다는 생각에 조바심을 느끼는 이유는 다른 사람이 구원의 결승선을 넘어가게 해야 한다는 압박감 때문이다. 그 결과, 많은 그리스도인들이 사람들을 관계의 대상이 아니라 해결해야 할 사업으로 봤다. 선교 활동이 종종 어색하고 강압적이고 부자연스러워지는 이유는 누군가를 '결단'으로 이끄는 데 몰두한 나머지 그 사람 자체를 결단으로 축소했기 때문이다. 그뿐만 아니라, 일부 그리스도인들은 은혜와 자비가 아니라 죄책감과 두려움의 영향으로 선교에 참여한다. 그러나 우리가 특정한 결과에 집착하게 되면, 진정으로 함께할 능력을 잃어버린다.

어떤 이들이 벌이는 복음 전도 사업은 종종 방어적이고 행위로 의로움을 얻으려는 시도처럼 보인다. 우리는 전도 대상자를 결단의 지점까지 데려가지 않으면 **우리**가 하나님의 심판을 받을 거라고 생각하도록 교육받았다. 그러나 심판에 대한 두려움 때문에 다른 사람들을 믿음으로 이끄는 것은 더 이상 예수님의 방식이 아니다. 절박감을 느껴서는 안 된다는 말이 아니다. 전혀 그렇지 않다. 나는 예수님을 믿고 그분 나라의 길을 따르면 모두가 진정으로 갈망하는 삶에 이르게 된다고 믿는다. 사람들이 자기를 내어주시는 하나님의 사랑을 알고 그 사랑을 세상에서 구현하기를 간절히 바란다. 세상은 이것을 갈망한다. 하지만 불안하고 강압적이고 위장된 죄책감을 통해서는 거기에 이를 수 없다. 그렇다면 어떻게 선교에 임해야 할까? 함께 있을 자리를 마련함으로써 시작할 수 있다.

내가 누군가를 만나기 오래전부터 하나님이 그와 이미 대화를 시작하셨다고 전심으로 믿는다. 바울이 사도행전 17장 28절에서 선언한 대로, 우리가 하나님 안에서 "살고, 움직이고, 존재"한다면, 지구상의 모든 사람은 어떤 수준에서 이미 하나님을 만난 상태다. 이 사실을 인지적으로 알아채지 못하거나 받아들이지 못할 수도 있지만, 기독교 신학에 따르면 하나님은 온 세상에 적극적으로 임재하신다. 그리스도를 따르는 이들은 하나님이 부재하실 가능성을 따질 것이 아니라 그분의 임재를 분별하기만 하면 된다.

우리는 종종 이런 생각을 한다. '하나님이 저 민주당 지지자들과 함께하실 리가 없어.…저 공화당 지지자들과 함께하실 리가 없어.…하나님이 동네 술집에 모인 사람들…모스크에 있는 사람들…퀴어 축제에 참여한 사람들과 함께하실 리가 없어.' 하나님이 함께하시지 않을 것 같은 사람들의 목록은 이 외에도 많다. 우리는 어떤 사람들에 대해 하나님의 부재를 너무나 자주 당연시한다. 하나님이 우리의 신념 체계를 공유하는 이들과만 함께하시고 그런 장소에만 계신다고 믿도록 생각이 굳어졌다. 그리고 초자연적인 영적 순간들에는 하나님이 계시지만 우리 삶의 평범한 순간들에는 안 계신다고 믿는다. 나는 이런 잘못을 자주 저지른다.

어느 날, 일기에 이런 기도문을 적었다. "주님, 오늘 제가 수천 년에 걸쳐 진행된 큰 이야기의 일부임을 다시 생각합니다. 주님은 만물을 새롭게 하고 계십니다. 세상이 당신께 돌아오도록 회복시키시고 그 일에 저를 초대하십니다. 저를 주님이 원하시는 모든 이에게 보내소서. 당신을 대하듯 그들 곁에서 함께하기를 원합니다."

이렇게 적고 기도하는데 당시 네 살이던 딸아이가 와서 시리얼을 그릇에 부어 달라고 말했다. 아이의 요청이 기도에 집중하지 못하게 방해하는 성가신 요구로 여겨졌다. 하나님과 함께하는 시간을 감히 방해하다니! 세상을 새롭게 하시는 하나님의 일을 돕게 해 달라고 청하고 있었는데 말이다.

마지못해 일어나 시리얼을 부어 준 후에 다시 기도하러 왔다. 그때 한 가지 생각이 번뜩 떠오르며 내가 잘못했다는 마음이 들었다. 그 순간에 사랑으로 딸과 함께한 것은 세상을 새롭게 만드는 작은 행동이었다. 돋보이지 않는 단순한 일이었지만 예수님을 따르는 핵심에 해당하는 일이었다. 그날의 일기는 이렇게 마무리되었다. "주님, 저는 시리얼을 달라는 소박한 요청을 방해거리로 생각했지만, 세상을 회복시키시는 당신의 일에는 어린 소녀를 위해 우유와 치리오스 시리얼을 부어 주는 일이 분명히 포함됩니다. 제 가족 및 주께서 오늘 저를 이끌어 만나게 하시는 모든 사람과 사랑으로 함께하도록 가르쳐 주소서. 아멘." 나는 이것을 기도하기는 쉽지만 살아내기는 너무나 어려움을 거듭거듭 깨달았다.

모두를 위하시는 하나님: 선교적 자세

하나님은 세상을 위하신다, 끝. 선교에 대한 우리 이해의 존립이 이 진리에 달려 있다. 이 주장을 거부하는 것은 예수님 안에서 계시된 것과는 근본적으로 다른 시각에서 하나님을 본다는 뜻이다. 하지만 그 다른 시각이 기독교의 많은 부분에서 기본값이 되었다. 우리는 우리가 지지하는 사안보다는 반대하는 사안으로 자주 유명세를 탄다. 간단한 시험법으로 이것을 확인할 수 있다. 정치, 성, 인종, 이민 등 분열적 사안들을 거론해 보라. 그러면 그리스도인들이 반대 의견을 강력하게 주장한다는 것을 알게 될 것이다. 그러나 하나님의 본성에 관한 모든 대화는 하나님이 모두를 **위하신다**는 사실에서 출발해야 한다. 그리스도인의 선교는 인간의 타락성이 아니라 세상을 대하시는 하나님의 자세에서 출발해야 한다.

'미국을 다시 위대하게'라고 적힌 모자를 쓴 사람들을 바라볼 때, 그들에게 헌신하시는 하나님의 자세로 그들을 볼 수도 있고 경계 짓기라는 우리의 시각으로 볼 수도 있다. '#흑인목숨도소중하다'가 찍힌 티셔츠를 입은 유색인 여성을 대할 때 그녀를 향한 하나님의 자비로운 마음의 렌즈로 볼 수도 있고 그 여성이라는 인간을 하나의 해시태그로 축소할 수도 있다. 이주민을 대할 때 하나님의 부드러운 사랑의 눈으로 그를 볼 수도 있고 두려운 희생양 만들기라는 렌즈로 볼 수도 있다.

세상을 대하시는 하나님의 자세는 항상 우리를 위하신다는 것이다. "하나님께서 세상을 이처럼 사랑하셔서 외아들을 주셨으니"(요 3:16). 하나님이 우리를 헌신적으로 사랑하신다는 사실을 확정적으로 선포하는 성경 구절이다. 하나님은 인류 역사에 들어오셔서 아주 분명하게 이런 취지로 선언하셨다. "나는 너희 없이 존재하고 싶지 않다." 하나님이 우리 없이도 존재하시는가? 물론이다. 하나님이 우리 없이 존재하기를 **원하시는가**? 결코 그렇지 않다. 하나님은 우리를 위하신다. 이것이 선교의 기초다.

예수님의 시각과 일치하는 선교가 어떻게 심판, 혐오, '타자화'의 토대 위에 세워질 수 있겠는가? 절대 그럴 수 없다. 선교적 현존은 예수님 안에서 계시된 성부 하나님의 자세를 취한다. 하나님께는 창조 세계도, 함께할 이들도 필요하지 않았지만 신적 관대함으로 창조 세계가 존재하게 하셨다. 그것은 속박하기 위해서가 아니라 선의 식탁에서 맘껏 즐기게 하기 위해서였다.

하나님이 우리 편임을 인정하는 것은 **우리**가 누구인지 분명하게 고백하는 일이다. **우리**라는 말이 동료 그리스도인, 특히 우리와 같은 것을 믿는 그리스도인만을 의미한다면, 그 **우리**는 너무나 제한적이다. 하나님이 편드시는 **우리**는 언제나 모든 사람과 창조 세계 전체로 확장된다.

서로 적대하는 사람들의 세계

우리 세계는 종종 극심한 적의, 반감, 독설로 점철되기에 연민은 완전히 불가능한 현실처럼 느껴지기도 한다. 마더 테레사의 유명한 말처럼, "사람들을 판단하고 있으면 그들을 사랑할 시간이 없다."⁴ 깊은 두려움과 의심은 우리 영혼과 도시에 퍼져 있는 공격성에 기름을 끼얹는다. 세상에 반대하는 자세는 수 세기 동안 기독교가 해 온 증언의 특성이었다. 하지만 세상에 참여하는 진정한 그리스도인의 태도의 차별성은 우리가 변화시키려 하는 사람들을 증오하지 않는다는 것이다.

이런 태도로 임하려면 성령의 심오한 역사가 필요하다. 우리는 다른 생각을 가진 사람들에게 반대하는 존재로 굳어졌기 때문이다. 우리는 하루에도 몇 번씩 적대감을 이용하는 뉴스 기사를 만난다.

보냄을 받은 사람들로 살아감

성부 하나님이 예수님을 보내신 것처럼, 예수님도 자기를 따르는 자들을 세상으로 보내신다. 그리고 그분의 보내심은 은혜롭다. 예수님은 우리를 그분의 대표, 사절, 대사로 보내신다. 예수님이 행하시는 가장 은혜로운 일 중 하나는 첫 번째 제자들과 그 이후의 모든 제자들을 선교로 부르신다는 것이다. 그러나 그 선교는 하나님의 선교로 규정되고 하나님의 행위로 빚어지며 하나님의 은혜로운 계획에 따라 지속된다.

깊이 있게 형성된 선교에서 중요한 것은 활동을 위한 활동이 아니다. 이 선교는 우리의 본질과 행함을 연결하고, 함께함, 긍정적 자세, 충만함이라는 그 특성이 예수님을 따르는 일의 기초가 된다고 본다.

다음 장에서는 깊이 있게 형성된 선교의 네 영역을 강조하고자 한다. 21세기에 예수님의 나라를 증언하려면 미국삼나무의 근계처럼 이 영역들이 통합되어야 한다. 이제, 우리 일터의 선교적 **자리**를 비롯하여 환대, 일터로의 파송, 정의, 복음 선포라는 선교적 실천 방안을 살펴보자.

10장

선교적 현존을 위한 깊이 있는 실천 방안

몇 년 전 어느 더운 일요일 오후, 나는 한 열성 신자가 시내버스에서 기독교 신앙을 나누는 광경을 고통스러운 마음으로 목격했다. 교회에서 세 번의 일요일 예배에서 설교를 마친 나는 버스를 타고 집으로 돌아가기로 마음먹었다. 당시 나는 9개월 된 아들과 함께 있었다. 포동포동한 네이선은 내 손에 들린 버킷형 유아용 카시트에 실려 있었다. 멈춘 버스에 네이선을 데리고 오른 뒤, 시원한 에어컨에 고마워하면서 뒤쪽에 자리를 잡았다. (캐리어에 앉은) 네이선을 내 옆의 빈자리에 놓은 뒤 아이를 바라보고 장난치며 교감하기 시작했다. 너무나 기분 좋은 오후였다.

바로 그때, 두어 걸음 뒤에서 사교적인 한 남성이 마치 시장이라도 되는 듯 버스에 탄 모든 사람에게 인사하는 소리가 들렸다. 답례를 하는 사람은 없었다. 몇 초 후 그는 큰 성경책을 꺼내더니 설교를 시작했다. 성경의 어딘가를 지목하면서 존재하지도 않는 성경 구절을 인용해 댔다. 나는 어이가 없어 눈을 굴리기 시작했다. 그다음 그는 성령의 인도하심을 느낀다며 버스 안에 죄가 가득하다고 말했다. 나는 한숨으로 대응했다.

그는 딱 봐도 짜증이 난 열다섯 명의 '회중'에게 본인이 이해한 복음을 전했다. 그러자 그보다 나이 많은 백인 여성이 설교에 끼어들어 입 다물라고 따끔하게 말했다. 그는 더 큰 소리로 설교했고 그녀는 그를 욕하기 시작했다. 그는 방언으로 맞섰다. 버스 승객들은 테니스 경기를 구경하듯 고개를 좌우로 계속 움직였다. 그녀는 저주했고 그는 방언으로 말했다. 그녀는 그를 조롱했다. 그러자 그가 꾸짖었다. 이런 상황이 꼬박 1분간 이어졌다(내게는 영원처럼 느껴졌다). 설전 끝에 둘 다 진정이 되었고 마음을 달래 주는 침묵이 찾아왔다.

그러다 갑자기 대화의 주제가 바뀌었다. 저주하던 부인이 오바마 행정부를 겨냥하여 분노를 쏟아내기 시작했다. 그녀가 사회주의의 폐해에 대해 설교를 늘어놓자, 기독교 설교자가 거기에 아멘으로 호응했다. 주위 사람들은 혼란스러워 보였다. 나는 화가 나서 이마를 문질렀다.

30초쯤 지난 후, 내 근처에 있던 나이 지긋한 흑인 여성이 오바마 대통령을 옹호하고 나섰다. "입조심하는 게 좋을 거야, 이 여자야!" 두 사람이 말싸움을 시작했다. 나는 교회에서 3킬로미터 조금 더 떨어진 곳에 사는데, 10분이면 충분히 도착하는 여정이 평소보다 두 배는 길게 느껴졌다. 버스 승객 서너 명이 언쟁을 벌이자 나는 그만 일어서기로 했다. 나는 짜증이 난 상태로 목적지보다 다섯 블록 앞에서 내렸고, 손을 바꿔 가며 아들을 힘겹게 들고 걸었다. 뉴욕의 또 다른 순간이었다.

상황에 따라 이런 공적 설교가 나름의 역할을 할 수 있다는 건 인정한다. 하지만 그 설교자는 설교의 때와 방법에 대해 아무런 개념도 없는 것 같았다. 그런데 이 사람과 달리, 많은 신자들은 자신이 믿게 된 신앙을 표현할 때 모종의 불안을 경험하는데, 거기에는 그럴 만한 이유가 있다. 종종 우리는 선교가 임의의 장소에서 모르는 사람에게 신앙을 전하는 일이라고 생각한다. 외향성이 우리 모두가 길러야 하는 영적 은사라고 오해하는 것이다. 그러나 모든 그리스도인이 다 이렇게 해야 하는 것은 아니다. 선교는 다면적 노력으로 이루어진다. 하나님은 우리가 각자의 성격, 배경, 경험을 고려하고 각자의 사람됨에서 출발하여 하나님이 이미 하고 계시는 일에 분별력 있게 참여하기를 원하신다. 선교에 나선다고 해서 간섭하고 어색한 분위기를 만들고 강요해야 하는 것은 아니다. 선교는 정상적 경험이 되어야 한다.

이번 장에서는 복음의 좋은 소식을 전할 몇 가지 실천 방안을 제시하고 싶다. 예수님을 따르라는 부름을 진지하게 받아들인다는 것은 주변 세계에 우리 자신을 열어 놓고 기도하면서 사랑으로 그 세계에 다가가는 것을 뜻한다. 결과는 하나님께 달렸지만 우리에게는 감당할 역할이 있다.

깊이 있게 형성된 선교를 묘사할 만한 말을 생각할 때면 **인내, 공감, 호기심, 분별력, 성육신적, 강요하지 않는, 초대하는, 정의, 섬김** 같은 단어들을 염두에 두게 된다. 이런 단어들을 가지고 안달하고, 거래하듯 하고, 강요하고, 주제넘게 나서고, 판단하고, 현실과 유리되고, 불안해하는 방식의 선교에 맞서야 한다. 그렇게 하기 위해 고려할 만한 몇 가지 방안을 함께 살펴보자. 이 네 가지 실천 방안은 개인적인 동시에 공동체적이며, 그렇게 되어야 할 필요가 있다. 우리는 두 방식을 모두 활용하여 복음의 좋은 소식을 증언한다.

환대의 실천

신약성경 전체에 걸쳐 예수님은 환대를 보여 주셨다. 고대 근동에서 환대는 문화적 규범이었는데, 예수님은 그 규범의 정도를 뛰어넘으셨다. 알다시피, 환대는 우리 집의 문을 여는 것만이 아니다. 다른 사람에게 마음을 여는 것이 환대다. 마태복음 8장에서 예수님은 이렇게 말씀하셨다. "여우도 굴이 있고, 하늘을 나는 새도 보금자리가 있으나, 인자는 머리 둘 곳이 없다"(20절). 예수님은 순회 사역 때문에 끊임없이 이동하셨지만, 세상이 만난 적 없는 환대를 보여 주셨다.

이어지는 마태복음 9장에서 예수님은 외부인으로 취급받는 사람들을 환영하고 가까워질 수 있는 기회를 만드셨다. 새롭게 부름을 받은 예수님의 제자 마태는 동료 세리들과 죄인 친구들에게 즐겁게 집을 개방했다(9-13을 보라). 참 멋진 생각이었다. 마태는 친구들이 예수님과 이어지기를 원했다. 내가 이 이야기에서 정말 좋아하는 부분은 마태와 예수님이 그 순간에 베푼 환대였다. 마태는 집을 개방했고 예수님은 마음을 여셨다. 선교로서의 환대를 실천하려면 이런 일이 필요하다. 환대는 환영의 자세를 요구한다. "여기야말로 당신이 있을 곳입니다", "당신이 여기 있어서 좋습니다"라고 말하는 것이다.

이 모든 상황에서 예수님과 함께 식탁에 있었던 사람들은 흥미롭게도 외부인 취급을 받는 이들이다. 예수님은 세리들과 같이 식사하셨다. 그 시대의 종교적 유대인 공동체는 여러 이유로 세리들을 멸시했다. 우선, 정부에 돈을 내는 걸 좋아하는 사람은 없다. 특히 그 정부가 1세기의 로마제국처럼 압제 정권인 경우는 더욱더 그렇다. 사람들은 그런 정부를 위해 세금을 거두는 이들을 멸시했다.

세리들이 멸시를 받은 또 다른 이유는 사람들이 증오하는 로마인들을 위해 일하는 세리들 상당수가 유대인이었기 때문이다. 같은 유대인들은 그들을 배반자로 여겼다. 세리들은 로마의 압제자들과 맞서 싸우기는커녕 그들을 도왔고 동포 유대인들을 희생시켜 부자가 되었다. 세 번째 이유는 세리들이 세금을 거둘 때 사람들을 속였기 때문이다. 이것은 모두가 아는 사실이었다. 정해진 것보다 더 많이 거두어 여분의 돈을 챙기는 것이 세리들의 관행이었고, 모두가 아는 세금 징수 방식이었다.

이런 이유로 예수님에 대해 이러쿵저러쿵 말이 많았다. 그분은 전염성이 있다고 알려진 이들(나병 환자)을 만지고 사람들이 부패했다고 여기는 이들(세리들)과 같이 앉으실 만큼 대담했다. 예수님의 은혜는 우리가 하나님에게 투사하는 제한된 범주들을 완전히 뛰어넘는다. 예수님은 미심쩍게 여겨지는 이들—도덕성 때문이든 신념 체계 때문이든—을 환영하신다. 하나님과 거리가 멀다고 여겨지는 이들에게 자신을 여신다. 흥미롭게도, 환영의 자리를 찾는 데 어려움을 겪는 이들은 다른 사람들을 거부한다. 달리 표현하면, 하나님과 가장 먼 사람은 다른 사람들이 하나님과 너무 멀다고 여기는 사람일지도 모른다. 예수님은 하나님과 먼 취급을 받는 이들이 안심하고 다가갈 수 있는 안전한 분이다. 그분은 곁을 내주신다.

몇 년 전 피닉스에서 이틀을 머물면서 목회자들과 리더들에게 말씀을 전했다. 그 주말 내내 여러 차례 우버를 타고 이동해야 했다. 한번은 30대 초반의 여성이 모는 우버를 탔다. 내가 피닉스에 온 이유에 대해 우리는 대화를 나누었고 나는 목사임을 밝혔다. 그녀에게 교회에 출석하는지 묻자 그녀는 이렇게 말했다. "나는 내가 갈 길을 스스로 만들었어요. 난 영적인 사람이거든요." 자세히 설명해 달라고 했더니 다양한 종교에서 진리를 가져와서 그에 따라 산다는 대답이 돌아왔다. 그래서 그렇게 하니까 어떠냐고, 깊은 기쁨과 성취감을 얻게 되었느냐고 물었다. 그녀는 분명하게 답하지 못했다.

그다음에 나는 예수님에 대해 물었다. "기사님에게 예수님은 어떤 존재인가요?" 그녀가 대답했다. "생각해 본 적이 없어요." 우리는 이야기를 계속했고, 그녀는 자신의 맞춤형 신념 체계를 계속 들려주었다. 그러다가 예수님에 대해 괜찮은 답변을 하지 못해서 미안하다고 말했다. 나는 그녀의 이야기를 듣고 싶었을 뿐이라고 대답했다.

그녀는 그리스도인이 그녀의 신념 체계를 비판하지 않고 질문을 하는 경우는 드물다고 말하면서 마음을 좀더 터놓았다. 그녀는 어머니가 교회에 가지 않는 이유를 이야기했다. 가정 경제가 아주 힘들었을 때 그녀의 어머니는 교회의 목사를 찾아가 재정 지원을 부탁했다. 목사는 헌금 기록을 살펴보고 나서 아무것도 내지 않았으니 아무것도 받을 수 없다고 분명하게 말했다.

우버 기사의 목소리에서 원망을 감지할 수 있었다. 대화가 끝날 무렵, 이 만남의 의미를 좀더 분명히 알 수 있었다. 우버에 탄 사람은 나였지만, 그 일은 내가 환대를 실천할 기회였다. 그녀는 환영받는다는 느낌을 받고 있었다. 이후 그녀의 인생이 어떻게 펼쳐졌는지는 모르지만 한 가지는 분명히 안다. 우리와 생김새가 다르고 생각하는 바가 다르고 믿는 바가 다른 사람들에게 곁을 내줄수록, 그들에게 예수님을 더 많이 소개할 수 있다.

우리 교회 교인들이 보여 준 환대의 행위가 생각난다. 그 일은 「뉴욕 타임스」에 실렸다. 2014년, 뉴욕시의 우리 교회가 위치한 구역에서 논쟁이 벌어졌다. 버려진 호텔을 180가구의 노숙인들을 위한 쉼터로 개조하는 결정을 내렸는데, 문제는 그 결정이 지역 주민들의 의견을 묻지 않고 시장실에서 이루어졌다는 것이다. 그로 인해 화가 난 많은 주민들이 새로운 노숙인 시설 앞에서 시위에 나섰다.

그런데 주민들의 화와 분노가 건물에 입주한 가족들(이들에게는 어린 자녀들이 많았다)에게 향했다. 지역사회의 불만은 이해할 수 있지만, 새 동네에 막 도착한 입주자들은 자신들이 환영받지 못한다고 느낄 수밖에 없었다. 아이러니하게도, 시위자들의 대다수가 이민자 출신이었는데도 여러 이유로 새로운 주민들을 환영하기를 거부했다.

이 시위 소식을 들은 뉴 라이프 교회의 10대 몇 명이 대안이 될 만한 접근법을 제시해 보기로 했다. 그들은 새로운 주민들을 환영받을 자격이 있는, 하나님의 형상을 지닌 사람들로 보았다. 네 살 때 가족과 함께 미국으로 이주한 열아홉 살의 파키스탄 젊은이 탈라가 친구들과 함께 교회 주차장에서 새 가족들을 위한 바비큐 파티를 열었다. 많은 사람이 파티에 왔고 기쁨 어린 환영을 받았다.[1]

우리가 환대를 베푸는 이유는 하나님이 우리에게 그분의 마음을
여신 방식으로 우리도 다른 이들에게 마음을 열기 위해서다.

환대는 모두를 환영하시고 받아 주시는 하나님을 닮은 행동이기 때문에 거룩하다. 이 하나님이 깊이 있게 빚어내신 우리는 하나님의 은혜를 다른 이들에게 확장시키는 일에 부름을 받았다. 그들이 이주민이든, 난민이든, 새 이웃이든, 신앙적 호기심을 가진 사람이든 상관없다. 물론 이것은 환대와 환영의 분위기를 만들기 위해 공공 정책에서 치안 등과 관련된 중요한 요소들을 제거해야 한다는 뜻은 아니다. 그러나 우리가 암암리에 누군가를 위협적 존재로 여긴다면, 그 사람과 함께할 가능성 자체를 차단하기 위해 담을 쌓아 올릴 것이다.

깊이 있게 형성된 삶을 사는 사람은 타인들을 위한 자리를 만든다. 그 자리는 직장 내 개인 업무 공간이 될 수도 있고, 공원에서 가족들과 함께 있는 자리가 될 수도 있고, 타인들에게 집을 개방하는 형식이 될 수도 있다. 어떤 식으로든 우리 삶이 은혜로운 환대를 반영해야만 우리가 예수님의 형상으로 깊이 있게 형성될 수 있다.

환대 실천의 목표는 누군가를 회심시키는 것이 아니다(우리에겐 그럴 능력도 없다). 누군가를 구석으로 몰아서 강요하듯 설교하는 것이 아니다. 우리가 환대를 베푸는 이유는 하나님이 우리에게 그분의 마음을 여신 방식으로 우리도 다른 이들에게 마음을 열기 위해서다. 다른 이들을 위한 자리가 마련되면 믿음에 관한 대화가 자연스럽게 이루어지는 것을 발견했다. 신학자 헨리 나우웬이 말한 대로, "환대의

목표는 사람들을 변화시키는 것이 아니라, 그들에게 변화가 일어날 수 있는 기회를 마련하는 것이다."²

정의의 실천

정의가 어떻게 하나의 실천이 될 수 있는지 의아할 수 있다. 많이들 그런 의아함을 느낀다. 상황을 바로잡는 데 특별히 관심을 갖는 이들에게 정의의 일을 떠넘길 때가 많지만, 그래서는 안 된다. 우리 모두가 정의를 실천하도록 부름받았기 때문이다. 정의를 실천하는 것은 창조 질서(사람들과 그 밖의 모든 것)가 각기 합당한 몫을 받게 하시는 하나님의 일에 함께한다는 의미다. 그리고 우리 모두가 정의를 좋아한다. 정의는 우리의 유전자에 들어 있다.

우리 모두 정의에 관심을 갖도록 만들어졌다. 내 딸아이가 서너 살 때부터 즐겨 쓰는 말 중 하나가 "불공평해요"라는 말이다. 물론 딸아이의 이 말은 많은 부분 덕스러운 이타심의 산물이 아니었다(그보다는 "아이스크림 더 많이 먹고 싶어요"에 가까웠다). 하지만, 많은 아이들이 그렇듯, 딸아이도 옳지 않은 것이 무엇인지 말할 수 있었다. 나는 이와 같은 맥락에서 이 문제를 다룬 기사를 발견했다. 기사의 제목은 다음과 같았다. "불공평해요! 유치원생의 머릿속 죄와 벌."

이 기사에 따르면, 아이들은 세 살이 되면 실제로 "공평함에 대한 인식이 커지고 잘못을 바로잡으려 한다."³ 그뿐만 아니라, 누군가가 부당한 대우를 받는 것을 보면 세 살밖에 안 되었어도 자기 일인 것처럼 타인을 위해서 개입한다. 기사의 필자는 아이들 안에 있는 이 정

우리 모두 정의에 관심을 갖도록 만들어졌다.

의 유전자를 입증하는 실험을 소개했다.

영국과 독일의 연구자들은 아이들이 언제 정의감과 처벌에 대한 관심을 갖게 되는지 알아보기 위해 인형극 놀이를 고안했다. 이 연구는 세 살 내지 다섯 살의 어린이 137명을 대상으로 여러 다양한 시나리오를 구성하여 실험을 진행했다. 한 시나리오에서는 못된 인형이 원래 아이가 받아야 할 쿠키를 훔쳤다. 다른 시나리오에서는 착한 인형이 말썽꾼 인형에게 구슬을 빼앗기고 괴로워하며 소리를 질렀다. 연구자들은 아이들의 반응을 지켜보았다.

연구 결과, 아이들은 자신들의 소중한 쿠키나 장난감에만 관심을 갖는 것이 아님이 드러났다. 그들은 부당한 일을 당한 인형들을 도우러 나섰다. 기회가 주어지자 세 살배기들은 인형이 훔친 물건을 원래 주인에게 돌려주는 일에 60퍼센트 가까이 개입했다. 인형이 훔쳐 간 자기 물건을 되찾아오는 비율은 거의 80퍼센트에 이르렀다.[4]

이렇듯 우리는 어린 나이부터 정의에 이끌리지만, 많은 이들은 정의를 적극적으로 실천하지 않는다. 우리의 변명은 많고도 다양하다. 정의는 외향적 활동가 유형의 몫이다, 공개적으로 저항하기 원하는 사람들이 하는 일이다, 복음적 사안이 아니다, 분열을 초래하는 국가적 사안에 한정된다 등등. 변명의 목록은 계속 이어진다.

사실, 하나님이 만물을 다스리신다는 좋은 소식이 세상에 반영되려면 정의가 꼭 필요하다. 그렇다면 우리는 정의를 어떻게 실천하는가? 이 문제를 다루기 전에, 성경이 '정의'라는 용어를 어떻게 규정하는지부터 살펴보자. 보통 정의라고 하면 법정에서의 문제로만 생각한다. 우리 문화에서 정의는 악행을 저지른 범죄자에 대한 처벌로 한정되는 경향이 있다. 누군가가 잘못을 저지르고 유죄판결을 받을 때, 우리는 "정의가 실현되었다"고 말한다. 반면, 누군가가 나쁜 일을 하고도 빠져나가면, 우리는 그것을 오심(誤審)*이라 부른다.

그러나 성경에서 말하는 정의는 범법 행위를 처벌하는 것보다 큰 의미가 있다. 정의에 해당하는 히브리어 단어는 미슈파트(mishpat)다. 성경에서 이 단어의 의미는 악행에 대한 처벌을 포함하지만, 이 단어의 주된 의미는 하나님의 형상으로 만들어진 인간들에게 각기 합당한 몫을 주는 것이다. 목사이자 변증가인 팀 켈러(Tim Keller)에 따르면, 미슈파트는 "사람들이 각각 받아야 할 몫을 주는 것이다. 그것이 형벌이든 보호든 돌봄이든."[5]

켈러가 제시한 정의를 의미하는 마지막 두 단어, 보호와 돌봄은 하나님의 마음 중심에 자리 잡고 있다. 성경에서 우리는 취약한 자들에게 특히 편파적으로 관심을 기울이시는 하나님을 본다. 하나님은 무시받고 학대받고 이용당하는 사람들, 사회가 잊어버린 사람들을 위해 그들의 권리를 옹호하신다. 출애굽기, 레위기의 여러 율법, 선지서, 시편과 잠언에 이런 하나님의 모습이 나오고, 예수님은 이런 전통을 배경으로 복음을 제시하신다.

예수님은 누가복음 4장의 첫 설교에서 하나님의 성령이 임해 복

---

* miscarriage of justice, 직역하면 '정의의 유산(流産)'으로, 정의가 세상에 나오기도 전에 생을 마감했다는 말이다.

음을 전하게 하셨다고 말씀하신다. (성경의 이 대목에서) 복음은 죽음 이후 천국에서 이루어지는, 육신과 분리된 구원의 약속이 아니라는 점이 특히 주목할 만하다. 누가복음 4장에서 예수님의 복음은 아주 현세적이다. 그분은 이렇게 선포하셨다. "주님의 영이 내게 내리셨다. 주님께서 내게 기름을 부으셔서, 가난한 사람에게 기쁜 소식을 전하게 하셨다. 주님께서 나를 보내셔서, 포로 된 사람들에게 해방을 선포하고, 눈먼 사람들에게 눈 뜸을 선포하고, 억눌린 사람들을 풀어 주고, 주님의 은혜의 해를 선포하게 하셨다"(18-19절).

우리는 이 구절을 종종 지나치게 영적으로 해석하여 예수님의 말씀에 담긴 물리적 긴박성을 놓치고, 결과적으로 그리스도를 따르는 자들의 특징이 되어야 할 긴박함과 열정마저 놓치고 만다. 예수님이 말씀하신 "가난한" 자들은 물론 영적으로 궁핍한 이들이지만 물질적으로 빈곤한 사람들이기도 하다. 예수님이 자유를 선포하신 "포로"들은 개인적으로 악령에 속박된 이들일 뿐 아니라 사악한 이데올로기에 사로잡힌 이들이기도 하다. "눈먼 자"의 시력을 회복시키는 일은 개인을 치유하는 행위인 동시에 병약자들을 더 큰 공동체와 이어 주는 정의의 기적이다. 자유롭게 된 "눌린" 자들은 자신들의 죄에 눌렸을 뿐 아니라 사람들을 주변화하는 악한 권력에 눌린 자들이다.

요약하자면, 정의를 이해하지 않고는 예수님이나 그분의 복음을 온전히 이해할 수 없다. 하나님은 그리스도의 생애, 죽음, 부활을 통해 그리스도 안에 거하시면서 만물을 바로잡으시고, 그분의 백성에게 그 길을 따라오라고 부르신다. 그렇다면 이 정의의 유전자를 어떻게 활성화할 수 있을까? 여기 몇 가지 고려할 만한 방법이 있다.

정의 실천은 '거창할' 필요가 없다

마틴 루터 킹 주니어가 되지 않아도 정의를 실천할 수 있다. 모든 사람이 정의를 실천하도록 부름받았지만, 그 부르심을 모두가 같은 방식으로 표현하지는 않는다. 어떤 이들은 불의한 영역들을 공개적으로 널리 밝히고 공정한 환경, 제도, 정책이 열매를 맺도록 주도한다. 다른 이들은 좀더 국지적이고 보이지 않는 방식으로 여러 리더나 운동을 지원한다. 정의를 실천하는 이런 표현 방식의 차이가 결정적으로 중요한 데는 이유가 있다. 우리가 살아가는 요란한 소셜 미디어 세계에서는 정의를 실천하는 일에 가장 공개적으로 참여하는 사람들이 널리 알려지고 찬사를 받기 때문이다. 그러나 우리 모두는 각자의 역할을 할 수 있다.

정의 실천은 하나님과 취약한 자들 곁에 있는 것을 의미한다

하나님의 존전에 있고 취약한 자들과 가까이 있을 때 정의를 실천할 가능성이 생긴다. 정의를 실천하려면 먼저 함께함을 실천해야 한다. 우리는 예수님이 세상에서 30년을 사신 후에 사역을 시작하셨다는 사실에 주목해야 한다. 그분은 주위의 영적·사회적 풍경을 이해하는 일에 기도로 인내하며 시간을 내신 것 같다. 예수님은 상황을 제대로 아는 자로서 설교하고 예언하셨다. 우상숭배를 인식하셨고 압제를 드러내실 수 있었고 권력층의 부당한 대우를 받는 사람들의 처지를 참으로 알아보셨다. 예수님은 비극이 벌어진 곳에 잠시 들러 사진 촬영과 짧은 기자회견을 하는 정도가 아니라 그 동네로 이주하셨다. 깊이 있게 형성된 정의의 사역을 위해서는 아드레날린을 자극하는 격분이 잦아들고 오랜 시간이 흐른 뒤에도 기꺼이 약자와 함께하는 일이 필요하다.

정의를 실천하려면 무엇에 마음의 부담을 느끼는지 알아야 한다

정의를 실천하기 위해서는 우리가 무엇에 부담을 느끼는지 알아내야 한다. 다시 말해, 자신이 어떤 사안들에 슬픔, 분노, 연민을 갖게 되는지 알아야 한다. 우리 모두 하나님의 구원 계획에서 감당해야 할 구체적인 역할이 있고, 그 역할은 흔히 우리가 특정 사람들, 사안, 부름에 대해 느끼는 부담을 통해 분별할 수 있다. 소설가이자 신학자인 프레드릭 비크너(Fredrick Buechner)는 이 진리를 잘 잡아냈다. "하나님이 우리를 부르시는 자리는 우리의 깊은 기쁨과 세상의 깊은 갈망이 만나는 곳이다."⁶ 정의 사역을 위해 이 인용문을 약간 수정해도 된다면, 하나님은 우리의 깊은 부담이 드러나는 곳으로 우리를 부르신다는 말을 덧붙이고 싶다.

이 세상에는 불의가 많고도 많다. 우리는 공감하고 반응할 기회가 되는 사연과 경험들을 매일같이 만난다. 불의는 경제, 인종, 젠더, 환경 등 어떤 문제와도 관련될 수 있고, 사람마다 고통을 느끼는 지점이 다르다. 한 사람에게 깊이 다가오는 문제가 다른 사람에게도 그러리라는 보장은 없다. 하지만 그래도 예수님과 그분의 나라에 신실하려고 노력하면서 무엇이 우리 마음에 부담으로 다가오는지 알아내야 한다. 그래야 우리가 가진 한계 안에서 자유를 누리며 살 수 있다.

우리가 모든 것을 고칠 수는 없다. 사실, 우리는 **대부분**의 것을 고칠 수 없다. 그러나 하나님의 은혜와 성령의 능력을 힘입어 하나님의 정의롭고 연민 어린 마음을 증언하는 일에서 각자의 역할을 감당할 수 있다.

정의 실천은 목소리를 높이는 것을 의미한다

정의 실천은 목청을 높일 것을 요구한다. 목소리를 높이는 것은 이 소란한 세상에서 쓸모없는 일처럼 느껴진다. 모두가 소리를 높이고 있는 것 같다. 소셜 미디어는 모두가 목청을 높여 자기 메시지를 옆 사람에게 전하려 애쓰는 거대한 모임 같다. 우리는 역사상 가장 과하게 자기 목소리를 내는 시대에 산다고 해도 과장이 아니다.

세상에는 많은 재잘거림이 있다. 정보화 시대를 사는 우리는 정치 평론가이자 저술가인 토머스 프리드먼(Thomas Friedman)이 말하는 '정보의 민주화'를 누린다.[7] 그에 따른 혜택은 본질적으로 모두가 발언의 기회와 장을 갖는다는 의미다. 그에 따른 문제 역시 경험으로 알다시피 모두가 발언의 기회와 장을 갖는다. 트위터에서는 1초마다 6,000건의 트윗이 전송되는데, 이것은 분당 35만 개, 하루에 5억 개, 매년 2조 개의 양이다.[8]

그런데도 정의는 우리에게 목소리를 높이라고 요구한다. 킹 박사의 유명한 말처럼, "침묵이 배반이 되는 때가 온다."[9] 목소리는 정의의 강력한 촉매다. 시각예술, 시, 설교, 블로그, 트윗, 공동체 조직, 시위, 행진, 또는 어떤 저항 수단을 사용하든 정의에는 우리 목소리가 필요하다. 그와 동시에, 목소리를 높이는 방식도 중요하다.

정의 실천은 공동체와의 협업을 요구한다

정의를 실천하려면 공동체와 협업이 필요하다. 다른 이들과 힘을 합칠 때, 여러 이야기와 힘, 경험이 일으키는 시너지는 더 큰 변화가 일어날 수 있는 환경을 만든다. 자신의 정의 유전자가 활성화되는 것을 느낀다면, 그런 우리를 위해 이미 그 길을 닦아 온 다른 많은 이들이 있었음을 기억하자. 이 글을 집필하는 사이 미국은 또 다른 총기 난사를 겪었다. 이 순간, 절망감과 무력감이 많은 이들의 마음을 채운다. 그와 동시에, 이 영역에서 정의가 이루어지도록 느리지만 꾸준히 일해 온 리더들과 단체들이 움직이고 있다. 정당한 공공 정책을 위해 부지런히 일하는 이들이다. 정의 실천의 전선에서 이미 활동 중인 사람들을 지원할 때 정의가 더 깊이 실천될 수 있다. 이러한 정의의 실천을 통해 모두를 위한 공동선을 추구하면서 지역 공동체 안팎에서 어떤 식으로든 협업을 이루어 내도록 이끌어야 한다.

정의를 실천하려면 자기 십자가를 져야 한다

우리는 자기 십자가를 지고 정의를 실천해야 한다. 불의를 지적하는 것은 권력을 자극하는 행위임을 분명히 알아야 한다. 이 사실은 예수님만 보아도 알 수 있다. 지난 2천 년간 신학자들은 예수님이 십자가에서 죽으신 이유를 탐구하면서 수많은 글을 써냈다. 예수님이 왜 죽으셔야 했는지 한 가지 이유로 설명할 수는 없다. 하지만 자주 간과되는 이유 하나는 바로 정의에 대한 그분의 헌신이다. 그분의 치유 행위는 천막 부흥회에서 일어난 기적이 아니라 사회적 전복 행위였다. 예수님은 율법을 성취하는 일의 의미를 새로운 방식으로 거듭 상상하셨고, 그분의 급진적 가르침과 행동은 기존 질서에 위협이 된다고 여겨졌다. 예수님이 죽임을 당하신 데는 여러 이유가 있지만 주된 이유는 정의를 위해 일하셨다는 것이다. 그리고 역사를 살펴보면 예수님의 경우만 그런 것이 아니었다. 정의를 위한 활동은 위험하다. 현 상태에 의문을 제기하고 다른 이들의 두려움과 우상을 폭로하고 자신이 현 상태의 공범임을 밝힐 때, 우리는 고통을 당할 수 있다. 친구를 잃을 수도 있고, 가족들과 멀어질 수도 있고, 협박, 괴롭힘, 물리적 위협을 당하거나 교회에서 출교될 수도 있다. 정의를 추구하는 일은 심약한 이들이 감당할 수 없지만, 이것은 예수님이 가신 깊이 있게 형성된 길이다.

일터 파송의 실천

우리 교회에서는 모두가 전임 사역으로 부름받았다고 가르친다. 12개월에서 18개월에 한 번씩, 우리는 주일 파송 예배를 드린다. 이 예배의 목적은 사람들을 세계 여러 지역의 선교사로 파송하는 것(물론 이것은 아름다운 일이다)이 아니라 복음과 공동선을 위하여 그들을 일터로 파송하는 것이다. 우리가 속한 일터는 선교적 현존을 실천할 막대한 기회의 장이다. 이에 관한 실천 방안 몇 가지를 다루기 전에, 일의 본질 및 선교와의 관계를 신학적으로 간략히 요약해 보고자 한다.

일터와 영적 형성

많은 사람들이 씨름하는 '일요일 밤 우울증'이라는 증상이 있다. 금요 우리의 일터는 영적 성장이 이루어지는 주요 장소(필시 **압도적으로 중요한 장소**)다.

일에는 기쁘고 느긋하게 주말을 맞이한다. 그 기쁨과 느긋함은 토요일과 일요일 오전 오후까지 이어진다. 그러다 일요일 오후 여섯 시가 되면 분위기가 달라진다. 기쁨은 두려움으로 바뀌고, 느긋함은 분함으로 바뀐다. 몇 시간만 있으면 다시 출근해야 하기 때문이다.

하지만 우리의 일터는 영적 성장이 이루어지는 주요 장소(필시 **압도적으로 중요한 장소**)다. 교사든 변호사든 경찰이든 회계사든 전업주부든, 우리가 하는 일은 영적 형성의 기회다. 그럴 수밖에 없다. 일터는 매우 다양한 사람들에게 둘러싸여 많은 시간을 보내는 곳이기 때문이다. 평범한 미국인이라면 평생 10만 시간 이상을 일터에서 보낼 것이다.[10]

출퇴근에 드는 긴 시간과 연착 시간까지 고려하면, 일과 관련된 시간(우리 모두 해야 하는 무급 노동은 고려하지 말자)은 더 늘어난다.

일터는 종종 우리의 정체성이 형성되는 장소가 된다. 우리가 사람들을 만날 때 처음 묻는 질문 중 하나가 "무슨 일을 하시나요?"이다. 많은 경우, 우리가 하는 일은 우리가 누구인지를 드러낸다. 영적인 시각에서 보면 이것은 위험한 접근 방식이다. 하나님만 주실 수 있는 것을 다른 데서 받길 기대하며 정체성을 구축하려는 태도이기 때문이다. 하지만 일과 일터는 우리의 영적 생명이 성장하는 데 필요하고, 깊이 있게 형성된 선교의 결정적 구성 요소다. 우리는 이것을 성경의 시작 부분에서 볼 수 있다.

성경은 창세기 1장에서 시작한 지 네 어절 만에 하나님을 일하는 분으로 묘사한다. "태초에 하나님이 천지를 **창조하셨다**"(강조 추가). 하나님은 적극적으로 사명에 임하시는 분으로 제시된다. 저 하늘에서 천사들의 날개로 부채질을 받으며 포도를 드시는 분이 아니다. 이 하나님은 창조하고 운행하며 말씀하고 손을 더럽히신다. 하나님의 아들도 마찬가지로 친히 일하신다. 예수님은 일과 거리가 먼 고고하고 초연한 영성가로 인생을 보내지 않으셨다. 그분은 생애 대부분을 목수로 살면서 손으로 일하셨다.

모든 일을 거룩하게 보기

모든 일이 거룩하다는 단순한 신학적 확신이야말로 신성한 일과 세속적 일을 나누는 세계관을 바로잡는 데 필요한 교정책이다. 많은 이들은 하나님, 교회, 선교, 인도주의적 노력과 관련된 일만 '거룩한' 일이라고 본다. 물론 이런 일들은 거룩하다. 그러나 거룩한 일은 또 있다. 예술가, 건축가, 교사, 부모, 사업가, 버스 운전사의 일도 똑같이 거룩하다. 우리는 세상을 더 나은 곳으로 만들기 위해 모두 함께 힘을 합치고 각자의 역할을 감당한다. 모든 일을 거룩하게 여기는 것은 창조 세계를 향한 하나님의 선한 비전을 알아보기 어렵게 만드는 영적 엘리트주의를 몰아내기 위한 영적 실천이다.

주님께 하듯 일하기

바울은 골로새서를 시작하면서 예수님이 만물을 다스리시고, 그렇기에 삶의 모든 것이 중요하다고 지적한다. 그리고 이 서신의 뒷부분에서 바울은 일부 그리스도인들이 이것을 염두에 두고 일하지 않는다는 말을 들었다고 밝힌다. 골로새 교인들이 예배와 일을 대하는 태도에는 단절이 있었다. 그들은 주인이 옆에 있을 때와 자리를 비웠을 때 일하는 모습이 달랐다(우리 모두에게 친숙한 모습이다). 3장에서 바울은 이 점을 분명하게 지적했다. 그는 신자들이 "사람을 기쁘게 하는 자들처럼 눈가림으로 하지 말고"(22절) 주인을 위해 제대로 일할 마음을 가져야 한다고 썼다. 그러고 나서 "여러분이 섬기는 분은 주 그리스도"(24절)라고 말했다. 이 진술은 우리 일의 궁극적 토대가 된다. 우리는 예수님을 위해서 일하는 것이다.

뉴 라이프 교회에서는 일터 파송 예배를 드릴 때 이 부분을 생생하게 전달하려고 노력한다. 예배의 막바지에 이르면 우리는 다양한 직업에서 자기 일에 전념하는 사람들의 노고를 인정한다. 그 과정에서, 그들의 일이 하나님께 바치는 예배가 됨을 상기시킨다. 그다음 이렇게 말한다. 여러분이 회계사라면 예수님의 장부를 정리하는 것처럼 세심하게 회계 일을 하십시오. 자동차 영업 사원이라면 그리스도께 파는 것처럼 마음을 다하십시오. 컴퓨터 프로그래머라면 예수님의 컴퓨터로 작업한다고 생각하십시오. 건설 관리자라면 여러분은 지금 예수님의 집을 짓고 있는 것입니다. 환경미화원이라면 여러분이 쓰레기통에서 떨어진 모든 쓰레기를 줍는 이유는 지금 청소하는 이 거리가 예수님의 것이기 때문입니다. 교사 여러분, 예수님이 여러분의 학생들 사이에 계십니다. 음악가들은 그리스도께 기쁨을 드리기 위해 연주하고 작곡합니다. 미용사 여러분은 지금 예수님의 머리를 다듬고 있습니다. 목록은 죽 이어진다. 우리는 그리스도를 위해 일한다.

일을 우수하게 해내기

직장에서 우리가 해야 할 가장 중요한 과제가 모두를 전도하는 것이라고 생각할 때가 많다(앞장에 소개한 내 경우처럼). 하나님이 사람들을 회심시키기 위해 우리를 그곳으로 보내셨다고 믿고 싶어 하는 것이다. 그런데 이것이 우리의 최우선 관심사가 되면, 우리가 하는 일의 질은 종종 부차적인 문제가 되고 만다. 물론 우리는 예수님의 현존을 증거하기 위해 그곳에 있어야 하지만, 그분의 현존은 주로 우리가 잘 해낸 일로 드러나야 한다.

시인이자 에세이 작가인 도로시 세이어즈(Dorothy Sayers)의 말이 생각난다. 그녀는 "[목수의] 종교가 그에게 요구하는 첫 번째 사항은 좋은 식탁을 만들어야 한다는 것이다"라고 썼다.[11] 우리가 모든 사람에게 그리스도에 대해 말한다 해도 우리 일을 엉망으로 한다면 그 증언이 무슨 소용이 있겠는가? 그러므로 양질의 일을 수행하는 것이 우리 선교적 부르심의 일부분이다. 이런 양질의 일을 말할 때, 나는 성품의 고결함과 일에서 탁월함을 드러내겠다는 의지를 모두 염두에 둔다. 킹 박사는 이렇게 말했다. "도로의 환경미화원이 된다면 미켈란젤로가 그림을 그리듯, 셰익스피어가 시를 쓰듯, 베토벤이 작곡하듯 거리를 쓸어야 한다. 거리를 너무나 잘 쓸어서 천지의 모든 천군 천사들이 멈춰서 이렇게 말할 정도가 되어야 한다. '여기에 위대한 도로 환경미화원이 살았어. 그는 빗질을 정말 잘했지.'"[12]

이렇게 살아가려면 많은 노력이 필요하고 일터에서 하나님의 임재를 깊이 인식해야 한다. 많은 사람들처럼 나도 여러 힘든 일을 해 보았다. 대학 졸업 후 처음 해 본 일 중 하나는 넉 달간의 임시직이었는데, 잔뜩 쌓인 종이 뭉치에서 스테이플러 침을 제거하고 페이지를 정돈하는 일이었다. 매일. 하루도. 빠짐없이. 그 일이 끔찍했다고 말하는 것은 너무 절제된 표현이다. 세상에는 양질의 결과를 만들기가 어려운 일거리와 직업도 있다. 그러나 우리가 어떤 정신으로 주어진 일을 하는가가 우리가 하는 일의 일부임을 기억한다면, 하나님이 우리 삶을 통해 일하실 것이다.

깊이 있게 형성된 선교적 현존은 구획화의 영향력에 저항한다. 우리는 일터에 기술과 적성만 가져가는 게 아니라 우리의 자아 자체를 가져간다. 우리의 존재는 행함과 이어져 있다. 우리는 뭔가를 생산하려는 목적으로만 일하는 것이 아니다. 우리의 존재는 일터의 분위기를 만드는 귀한 선물이다. 그렇기 때문에 우리가 하는 일과 수도자적 리듬을 떼어 놓고 생각할 수 없다. 우리가 하나님과 함께하는 시간을 어떻게든 내지 않으면, 최종 이익에 궁극적 가치를 부여하는 사회의 압박과 요구에 휩쓸릴 수 있다.

루크라는 친구는 항공 관제사로 일한다. 내가 믿음과 일에 대한 연속 설교를 한 후, 그는 내게 이메일을 보내어 직장에서 탁월성을 보이기 위해 시도했던 몇 가지 방식을 나누었다.

저는 항공 관제사입니다. 요란하고 공격적이며 공포가 엄습하고 한 단어 건너 육두문자가 남발하며 스트레스가 높은 환경에 둘러싸여 있죠. 그래서 일에 대한 연속 설교는 이런 환경 가운데서도 차분하고 고요하며 겸손하고 자제력 있는 사람으로 존재하라는 격려가 되었습니다. 제 일자리에서 증인이 되기는 사실 아주 쉽습니다. 15분 정도만 욕을 하지 않으면 사람들이 문제가 생겼나 해서 관심을 보이니까요. 시속 640킬로미터의 속도로 서로를 향해 날아드는 거대한 비행기들을 조율하고 순서를 조정하는 일이 서서히 사랑의 노고가 되고 있습니다. 성령을 의식하고 있을 때는 스트레스가 줄어드는 것 같습니다. 마치 주님이 거미줄처럼 뒤얽힌 뉴욕/뉴저지의 공역을 통해 비행기들을 인도하고 계신 것 같습니다.

정체성은 우리의 일에서 나오지 않는다

일을 선교적 실천으로 구현하지 못하게 막는 두 가지 사고방식이 있다. 하나는 일을 악마화하는 것, 다른 하나는 일을 신성화하는 것이다.

일을 필요악으로 여기고 진행할 때 우리는 일을 악마화하게 된다. 일은 주말을 즐기기 위해 어쩔 수 없이 해야 하는 것이 된다. 청구서를 처리하기 위해 일하고 입에 풀칠하기 위해 일한다. 일은 장애물이고 방해거리며 지루하고 마음을 괴롭히는 지긋지긋한 것이다. 우리는 보통 일을 예배의 확장으로 여기지 않는다. 오히려 일은 투쟁의 경험으로 다가온다.

그런가 하면 일을 신성화할 수도 있다. 이런 사고방식에서 일은 신과 같은 지위로 격상된다. 일은 정체성 확보에 필요한 수단이 된다. 일을 이렇게 대하는 사람들이 실직하거나 은퇴하면 영혼의 상태가 고스란히 드러난다. 일에 너무나 많은 것을 쏟아붓게 되면 일 자체가 자신을 이해하는 유일한 길이 된다.

일을 선교적 실천으로 구현하지 못하게 막는 두 가지 사고방식이 있다. 하나는 일을 악마화하는 것, 다른 하나는 일을 신성화하는 것이다.

월급이 신이 되고, 지위가 내 존재 의미를 대변하고, 성공과 출세하는 능력 때문에 자신이 중요한 존재로 느껴진다면, 일이 신성화된 것이다. 그러나 일을 주님이 주신 사명으로 여기고 행하는 깊이 있게 형성된 사람들에게는 일이 생기를 얻는 원천이 아니다. 우리는 일을 통해 삶의 청지기가 되도록 부름을 받았다. 우리 손으로 만들어 내는 것이 아니라 하나님의 사랑 안에서 삶의 의미를 찾는다. 그렇기 때문에 안식일 준수가 꼭 필요하다. 안식하는 가운데 우리는 우리의 정체성이 다른 곳에서 온다고 자신에게, 그리고 세상에 선포한다.

복음을 전하는 실천

마지막으로 살펴볼 깊이 있게 형성된 영성의 선교적 실천은 복음 선포다. 복음 선포는 목회자와 복음 전도자만 하는 일이라고 생각할 수 있지만, 이것은 예수님을 따르는 모든 사람이 깊이 있게 형성되기 위한 본질적인 부분이다.

내가 회심하여 그리스도인이 되었던 시절에, 복음을 전한다는 말은 교회 예배와 노방전도만을 의미했다. 처음에는 내가 할 일이 하나님의 진리를 널리 공개적으로 말하는 것이라고 믿었다. 그러면 사람들이 복음을 믿지 않아도 내 책임은 아니라고 생각했다. "나는 여기서 내 할 일을 했습니다. 나머지는 여러분에게 달렸습니다"라는 식이었다. 이런 방식의 복음 전도에는 아쉬운 부분이 많다. 첫째, 이것은 나쁜 소식에 파묻힌 사람들에게 좋은 소식이 전해지길 원하시는 하나님의 방식이 아니다. 둘째, 이런 방식은 도덕주의적 틀에서 복음을 바라본다. 셋째, 이 방식으로는 하나님이 우리가 사람들과 나누기 원하시는 긴밀한 교제가 배제된다. 복음 선포는 대규모 기독교 집회에서만 이루어지는 일이 아니다. 복음을 전하는 일은 우리가 매일 접촉하는 사람들과의 만남에서 이루어져야 한다.

앞에서 얘기한 대로, 복음의 본질은 예수 그리스도의 주 되심이다. 예수님은 그분의 생애, 대속의 죽음, 부활, 승천을 통해 세상을 구속하셨다(그리고 구속하고 계신다). 간단히 말하면, 복음은 예수님이 만물을 다스리시는 주라는 인정이자 속박의 굴레에서 벗어난 삶으로 함께하자는 초대다. 이 예수님은 우리가 (성령의 능력으로) 그분의 사역에 합류하여 주변 세상을 해방하는 존재가 되라고 부르신다. 우리가 그분의 사역에 합류하는 방법 중 하나는 복음을 전하는 것이다. 복음을 전하려면 개방적 자세가 필요하다. 판에 박힌 절차들을 일괄적으로 적용하기를 거부하고, 사람들이 하나님과 관계를 맺지 못하도록 가로막는 특별한 장애물을 공감 어린 마음으로 헤아릴 수 있어야 한다.

그리스도인이 되고 몇 해 동안 나는 복음 전도의 다양한 모델을 배웠다. 그 모델들은 대체로 견고한 성경적 진리에 근거했지만, 모든 사람에게 다가갈 수 있도록 조절하다 보니 복음 선포가 진부하고 거래 비슷한 만남이 되었다. 이런 접근법은 관리 가능한 상황에서 미리 연습해 둔 해결책을 잘 모르는 문제에 적용하는 것과 같았다. 그러나 복음 선포의 실천에는 신중한 분별, 공감 어린 호기심, 그리고 거래 같은 신앙의 전달을 기꺼이 넘어서려는 자세가 필요하다.

데이비드 피치(David Fitch)는 『하나님의 임재: 선교적 교회의 7 훈련』 (*Faithful Presence: Seven Disciplines That Shape the Church for Mission*)에서 복음 선포에 대해 썼다. 여기서 그는 특히 통제권에 관한 핵심적인 요점을 제시했다.

복음 선포는 듣는 사람이 하나님께 굴복하게 하는, 매우 탈중심적인 경험이다. 이것은 통제 가능 상태와 정반대다. 복음 선포는 이렇게 시작된다. "희망이 없습니까? 잘못된 세상에 갇혔습니까? 죄에 빠졌습니까? 무력합니까? 세상에 의해, 불의에 의해 망가지고 있습니까? 복음의 내용은 하나님이 예수 그리스도를 통해 오셨고 세상의 권세를 무찌르셨다는 것입니다. 하나님이 예수님을 우리의 주님으로 삼으셨습니다. 그래서 그분이 다스리시고 당신을 둘러싼 모든 상황 속에서 일하고 계십니다. 개인적 상황과 세계적 상황 모두에서 말입니다. 통제권을 버리고 주 예수님께 굴복하여 이 새로운 세계에 참여하시겠습니까?"[13]

피치의 요점을 견본처럼 그대로 사용해서는 안 되겠지만, 복음을 전하는 것에 대해 지금까지와는 다른 출발점을 제공한다. 우리가 접촉하는 모든 사람은 상당한 고통을 경험했고 경험하고 있으며 경험하게 될 것이다. 이것이 진실이다. 모든 사람은 결국 꼼짝 못 하게 갇힌 듯한 느낌을 받게 되고 거기에서 벗어나기를 갈망하게 될 것이다. 어떤 시점에 이르러 무력감을 느끼고 절망하게 될 것이다. 우리가 사랑하는 마음으로 참을성 있게 다른 사람들에게 귀를 기울이고 그들과 함께한다면, 강압적이지 않은 방식으로 소망의 말을 건넬 더 나은 기회가 생길 것이고, 그리스도께서 우리와 함께하시고 신뢰할 만한 분이심을 전할 수 있을 것이다.

깊이 있게 형성된 방식으로 복음을 전하려면 기법과 만능 전략을 넘어서야 한다. 예수님이 완벽하게 본을 보이신 것처럼, 우리는 자신을 열어서 다른 이들의 여정에 함께하고, 관계를 구축하며, 분별력 있는 개방성을 기르고, 그들을 위한 하나님의 사랑의 임재와 헌신을 선언하는 일에 부름받았다. 이것은 판에 박힌 복음 전도가 아니다. 그래서 어떤 식으로 나아가야 할지 확신하지 못하게 될 수 있다. 그러나 이것이 믿음의 본질이다. 그렇지 않은가?

후기

깊이 있게 형성된 길로 나아가기

살날이 얼마 남지 않은 젊은 독일인 목사가 감옥에서 글을 쓰며 단순한 질문을 던졌다. 이후 수많은 사람들이 그 질문으로 되돌아갔다. 그는 친구들과 서신을 주고받으며 종교의 본질, 급변하는 세상, 아돌프 히틀러가 수많은 목숨을 파괴하는 시대에 교회의 증언 등의 사안들을 가지고 씨름했다. 이 젊은 목사는 예리한 통찰력을 발휘하여 이렇게 썼다. "나를 끊임없이 괴롭히는 것은 오늘날 우리에게 기독교란 정말 무엇인가, 또는 오늘날 우리에게 그리스도는 정말 어떤 분이신가 하는 질문입니다." 1944년에 이 예언자적 질문을 던진 이는 독일의 복음주의 목사 디트리히 본회퍼(Dietrich Bonhoeffer)다.[1]

오늘날의 우리도 이와 똑같이 날카로운 질문을 던져야 한다. 오늘날 **우리**는 그리스도께 정말 어떤 존재인가? 두 질문 모두 우리 삶을 진지하게 살펴볼 것을 촉구한다. 그리고 솔직히 말해, 현재의 상황은 만만치 않다. 우리가 사는 세계는 위험한 리듬, 인종적 적대감, 정서적 미성숙, 경솔한 성, 정치적 우상숭배, 개인주의적 소비주의에 점점 더 많은 영향을 받고 있다. 이것들은 우리의 삶과 공동체에 피해를 주는 여러 세력 중 몇 가지만 나열한 것이다. 우리는 다음과 같이 물어야 한다.

- 스스로 그리스도인이라고 말하는 이들이 기도로 예수님과 함께 거하는 시늉조차 못 할 만큼 파괴적인 속도로 사는 일이 어떻게 가능한가?
- 그리스도를 따른다고 자처하는 이들이 다른 사람들을 향해 지독한 인종주의적 신념을 갖는 일이 어떻게 가능한가?
- 스스로 예수님의 제자라고 여기는 이들이 정서적 역기능이 드러나는 삶을 사는 일이 어떻게 가능한가?
- 하나님이 인간이 되셨다고 믿는 이들에게서 몸과 영성의 진지한 통합을 찾아볼 수 없는 것은 어찌된 일일까?
- 세상에서 예수님의 현존이 되도록 부름받은 이들이 세상과 구별되지 않게 사는 것은 어찌된 일일까?

이 질문들은 기독교의 외적 장식들과 자신을 완전히 동일시하면서도 하나님 나라 안에 있는 생명과 근본적으로 어울리지 않는 삶을 사는 것이 분명히 가능함을 상기시키는 확실한 메시지다. 이 질문들은 얄팍한 형태의 기독교를 추구하면서 그리스도에 의해 깊이 형성되지 않는 일이 분명히 가능함을 알려 준다.

나는 하나님이 우리의 어떤 부분은 변화시키고 나머지는 건드리

> 우리에게 있는 최고의 증인은 우리 자신의 변화된 삶이다.

지 않고 남겨 두기 원하신다고 믿지 않는다. 성경에서 하나님이 우리의 삶을 성과 속의 범주로 나누라고 명하시는 대목을 찾을 수 없다. 신약성경을 숙고할 때 나는 예수님이 온 세상을 구속하신 과정과 하나님이 우리 삶의 모든 측면을 빛으시도록 맡김으로써 이 복음을 삶으로 드러내도록 부르시고 있음을 발견한다.

그래서 처음으로 돌아가면, 내가 깊이 있게 형성되는 삶에 관해 말할 때 구체적으로 의미하는 바는 세상에서 존재하는 방식이다. 이 존재 방식은 새로운 리듬, 관상적 현존, 내면 인식을 특징으로 하고, 삶의 모든 측면에 담긴 신성함을 알아보면서 화해, 정의, 평화를 위해 일하는 삶을 낳는다. 하나님은 바로 이런 삶을 우리 안에 형성하기 원하신다. 왜? 이 모든 영역에서 나타나는 변화는 세상이 하나님의 구원하시는 사랑을 경험하게 하는 대단히 효과적인 방법이기 때문이다.

교회가 갖춘 최고의 증언은 훌륭한 음악이 아니고, 사람들의 욕구를 채워 주는 프로그램도 아니고, 예배가 진행되는 으리으리한 건물도 아니다. 우리에게 있는 최고의 증인은 우리 자신의 변화된 삶이다. 그러면 우리가 이제껏 살펴본 모든 내용을 어떻게 하나로 결합할 수 있을까? 나는 우리에게 규칙이 필요하다고 믿는다.

깊이 있게 형성되는 삶의 규칙

삶의 규칙은 우리가 하나님 및 다른 사람들을 사랑하고 삶의 모든 구성 요소를 거룩하게 보도록 우리의 일상을 의도적으로 정돈하는 방식이다. 이 **규칙**은 지켜야 할 일의 목록을 의미하지 않는다. 그보다는 그리스도 안에서 우리의 온전함을 위해 성령께서 영감을 주시는 일련의 실천, 관계, 헌신으로 이루어진 세트라고 할 수 있다.

이 책에서 나는 독자가 고려해 볼 만한 많은 실천 방안을 강력하게 제시했다. 그 모두를 다 숙달할 수는 없을 것이다. 그 실천 방안들의 목적은 점검 목록에 올려 빨리 해치우고 다음으로 넘어가는 것이 아니다. 내가 바라는 것은 독자가 특정 시기에 필요한 특정 실천 방안에 주목하는 것이다. 예를 들어, 지금 독자가 우리 세계의 인종적 복잡성을 이해하려고 노력하는 시기에 있다면, 화해와 관련된 실천 방안들이 당장 필요할 것이다. 성의 영역에서 치유를 구하고 있다면, 성적 온전함을 다룬 장들에서 볼 수 있는 실천 방안들에 초점을 맞추어야 할 것이다.

그다음에는 어떻게 해야 할까? 간단한 방법이 있다. 자기에게 맞는 깊이 있게 형성되는 규칙을 만드는 것이다. 내가 다룬 다섯 영역, 즉 관상적 리듬, 인종 화해, 내면 점검, 성적 온전함, 선교적 현존에서 한두 가지씩 실천 방안을 적어 보라. 다음의 질문들을 생각해 보고 자신에게 가장 필요한 실천 방안들을 찾으라.

- 내 삶의 어떤 부분에서 스트레스가 많이 발생하는가?

- 지금 나의 참여를 촉구하는 실천 사항이 있는가?
- 나의 큰 빈틈은 어느 영역에 있는가?
- 다른 사람들을 이끌도록 내가 부름받은 영역은 어디인가?
- 어떤 실천 방안이 다른 사람들을 돕는 데 유용할까?

이 질문들은 하나님이 당신을 어떻게 인도하고 계신지 분명히 알아보도록 돕는다. 실천 방안을 정했으면, 실천 과정을 공유할 친구나 소그룹을 찾으라. 다른 사람과 관계를 맺고 대화하면서 진리의 더 깊은 층위를 발견하는 경우가 종종 있다. 실천 방안은 우리가 평생 함께할 동반자다. 우리는 깊이 형성되는 끝없는 여정에 나섰기 때문이다.

기독교의 미래

우리 세계에서 기독교의 미래를 생각할 때, 예수님을 따르는 자들 앞에 큰 기회가 놓여 있음을 확신하게 된다. 세상의 길은 분주함, 적대감, 혼란, 피상성 안으로 사람들을 계속 던져 넣고 있다.

신앙의 문제들에 정답을 아는 것은 유용한 일이지만, 예수님의 방식으로 사람들을 형성하는 데 큰 역할을 하지는 못한다. 우리에겐 논증을 통해 찾는 해답 이상의 것, 우리 삶에서 발견되는 답이 필요하다. 우리의 머리만이 아니라 전인적으로 답해야 할 근본적 질문들에 대한 통합적 답변을 찾아내야 한다.

예수님을 따르고 변화시키는 그분의 능력을 삶의 모든 측면에서 드러내는 과제를 우리가 진지하게 받아들인다면, 복음의 주장이 더 깊이 뿌리를 내릴 수 있는 위치에 머물게 될 것이다. 이 목적을 위해 성령의 능력으로 일하며 우리 삶과 교회, 세상에서 그리스도가 형성되는 장면을 보게 되기를 기원한다.

감사의 글

이 책이 나오도록 도와주신 많은 분에게 큰 신세를 졌습니다. 다른 눈들이 제 초기 원고 중 일부를 검토하기 시작하면서 제게 있는 숱한 맹점과 글쓰기의 공동체적 성격을 깨달았습니다. 책 한 권을 쓰는 데는 한 마을을 이룰 만큼 많은 사람의 도움이 필요합니다.

저의 에이전트 앨릭스 필드에게 많은 고마움을 전합니다. 줄곧 격려로 함께해 주었거든요. 저를 이끌어 준 편집자 섀넌 마르키즈에게 감사를 전합니다. 당신의 통찰력은 너무나 귀중했어요. 저는 첫 번째 책을 맡아 줄 최고의 편집자를 만난 겁니다.

조지프 테리, 토미 오리츠, 필 바기즈, 글렌 패키엄, 단테 스튜어트, 호세 험프리스, 크리스티안 허낸데즈에게 감사합니다. 이 책의 여러 장에 대한 여러분의 의견 덕분에 이 책의 많은 부분에 확신을 얻었고 명료하게 다듬을 수 있었습니다. 아르날도 산티아고 2세에게 특별히 감사를 전하고 싶습니다. 단어 하나까지 꼼꼼히 읽고 탁월한 식견을 부드럽게 제시해 준 덕분에 이 책이 더 좋아졌습니다.

뉴 라이프 펠로십 교회 교인들에게도 감사드리고 싶습니다. 저는 이 교회에서 12년째 목사로 시무하고 있고 그중에서 지난 7년간은 담임 목사로 섬겨 왔습니다. 이보다 더 좋은 공동체를 이끈다는 것은 생각도 할 수 없는 일입니다. 여러분의 관대함은 한계를 모릅니다. 여러분을 섬기는 일은 제가 받은 큰 특권입니다. 교직자분들에게 감사한 마음을 이루 헤아릴 수 없습니다. 매주 저는 여러분과 함께 교회를 이끄는 기쁨을 누립니다. 여러분의 격려, 의견, 유쾌함은 순전한 은총이었습니다. 우리 교회 장로회에도 진심 어린 감사를 드립니다. 이 책을 집필할 시기를 분별하도록 도와주시고 이 책을 통해 우리 교인들뿐 아니라 그 너머의 사람들까지 섬길 기회를 주셔서 감사합니다.

제 인생, 결혼, 리더십은 피터와 제리 스카지로 부부의 영향력 없이는 이해할 수 없습니다. 깊이 있게 형성된 삶의 본을 보여 주셨고 두 분이 30년 전에 뉴 라이프 펠로십 교회에 뿌린 씨앗에 물을 줄 일생일대의 기회를 맡겨 주셨습니다. 감사합니다.

형제자매인 제이슨, 로라, 미셸에게 감사를 전합니다. 너그럽게도 제가 보내 준 모든 글을 읽어 준 여동생 멜리사에게 특별히 고마움을 전하고 싶습니다. 형제자매들 덕분에 제 인생은 헤아릴 수 없이 풍성해졌습니다.

어머니(니코라사)와 아버지(리처드 씨)에게 감사를 드립니다. 두 분의 지칠 줄 모르는 사랑과 지지는 제 평생 힘의 원천이었습니다. 사랑합니다.

우리 아이들 카리스와 네이션에게 고마움을 전합니다. 아버지인 내게 너희가 준 기쁨은 절대로 제대로 다 표현할 수 없을 거야. 둘 다 내게 많은 교훈을 가르쳐 주었지. 아빠가 사랑한다.

끝으로, 사랑하는 아내 로지에게. 이 책은 당신이 없었으면 쓸 수 없었을 겁니다. 여러 해 전에 당신은 나를 작가로 믿어 주고 나의 재능을 끌어내 주었어요. 최고의 친구가 되어 줘서 고마워요. 당신의 사랑이 나를 깊이 형성했어요.

주

서론: 피상적 세계에 의해 형성된 삶

1. Leonard Klady, "'Titanic' Sails to All-Time Box-Office Record," *Variety*, 1998년 3월 3일, https://variety.com/1998/film/news/titanic-sails-to-all-time-box-office-record-1201345048/.
2. Navigation Center, "How Much of an Iceberg Is Below the Water", United States Coast Guard, www.navcen.uscg.gov/?pageName=iipHowMuchOfAnIcebergIsBelowTheWater.

1장. 탈진한 삶을 위한 관상적 리듬

1. John H. Girdner, *Newyorkitis* (New York: Grafton, 1901), p. 27.
2. Parker J. Palmer, *Let Your Life Speak: Listening for the Voice of Vocation* (San Francisco: Jossey-Bass, 2000), p. 49. 『삶이 내게 말을 걸어올 때』(한문화).
3. Kosuke Koyama, *Three Mile an Hour God* (United Kingdom: SCM Press, 2015).
4. N. T. Wright. *GodSpeed, The Pace of Being Known*, documentary film, 36:53, www.livegodspeed.org/watchgodspeed.
5. Dallas Willard, John Ortberg 재인용, *Soul Keeping: Caring for the Most*

Important Part of You (Grand Rapids, MI: Zondervan, 2014), p. 20. 『내 영혼은 무엇을 갈망하는가?』(국제제자훈련원).
6. Ken Shigematsu, *God in My Everything: How an Ancient Rhythm Helps Busy People Enjoy God* (Grand Rapids, MI: Zondervan, 2013), p. 20. 『상황에 끌려다니지 않기로 했다』(두란노).
7. Justo L. Gonzáalez, *The Story of Christianity*, vol. 1, *The Early Church to the Dawn of the Reformation*, rev. ed. (New York: Harper Collins, 2010), pp. 125-126. 『초대교회사』(은성).
8. Gonzáalez, *Story of Christianity*, p. 157. 『중세교회사』(은성).
9. Thomas Merton, *Conjectures of a Guilty Bystander* (New York: Doubleday, 1966), p. 92. 『토머스 머튼의 단상』(바오로딸).

2장. 관상적 리듬을 위한 깊이 있는 실천 방안

1. Robert Cardinal Sarah, *The Power of Silence: Against the Dictatorship of Noise* (San Francisco: Ignatius Press, 2017), pp. 27-28.
2. Marjorie J. Thompson, *The Gift of Encouragement: Restoring Heart to Those Who Have Lost It* (Nashville: Abingdon, 2013), pp. 92-93.
3. Lily Kuo and Quartz, "Japan May Force Its Workers to Take Vaca-tion", *Atlantic*, 2015년 2월 5일, theatlantic.com/international/archive/2015/02/japan-may-force-its-workers-to-take-vacation/385210.
4. Eugene H. Peterson, *Eat This Book: A Conversation in the Art of Spiritual Reading* (Grand Rapids, MI: Eerdmans, 2006), p. 2. 『이 책을 먹으라』(IVP).

3장. 분열된 세계를 위한 인종 화해

1. Peter Scazzero, *The Emotionally Healthy Church: A Strategy for Discipleship That Actually Changes Lives* (Grand Rapids, MI: Zondervan, 2015), 『정서적으로 건강한 교회』(두란노), *Emotionally Healthy Spirituality: It's Impossible to Be Spiritually Mature While Remaining Emotionally Immature* (Grand Rapids, MI: Zondervan, 2017). 『정서적으로 건강한 영성』(두란노).
2. 뉴 라이프 교회에서 화해에 관해 말할 때는 인종적·민족적·경제적·성적·세대

적 관점이라는 다섯 영역을 다룬다는 점을 밝혀 둔다. 이번 장에서의 우리 목적상, 나는 인종적 관점과 민족적 관점을 강조할 것이다.

3. George Eldon Ladd, *The Gospel of the Kingdom: Scriptural Studies in the Kingdom of God* (Grand Rapids, MI: Eerdmans, 1990), p. 16. 『하나님 나라의 복음』(서로사랑).
4. Jessica Liber, "The Filter Bubble Is Your Own Damn Fault, Says Facebook", *Fast Company*, 2015년 5월 7일, www.fastcompany.com/3046032/the-filter-bubble-is-your-own-damn-fault-says-facebook.
5. Brenda Salter McNeil, *Roadmap to Reconciliation: Moving Communities into Unity, Wholeness, and Justice* (Downers Grove, IL: InterVarsity, 2015), p. 22.
6. Lisa Sharon Harper, *The Very Good Gospel: How Everything Wrong Can Be Made Right* (Colorado Springs, CO: WaterBrook, 2016), p. 140, p. 146.
7. James Baldwin, GoodReads.com, www.goodreads.com/quotes/14374-not-everything-that-is-faced-can-be-changed-but-nothing.
8. Michael O. Emerson, *The Persistent Problem* (Waco: TX: Center for Christian Ethics at Baylor University, 2010), www.baylor.edu/content/services/document.php/110974.pdf.
9. Cornel West, GoodReads.com, www.goodreads.com/author/quotes/6176.CornelWest.
10. Michael O. Emerson and Christian Smith, *Divided by Faith: Evangelical Religion and the Problem of Faith in America* (New York: Oxford University Press, 2000).

4장. 인종 화해를 위한 깊이 있는 실천 방안

1. Eddie S. Glaude Jr., *Democracy in Black: How Race Still Enslaves the American Soul* (New York: Crown, 2017), p. 55, p. 56.
2. James Baldwin, *Nobody Knows My Name* (New York: Vintage, 1992), p. 61.
3. Bryan Stevenson, "Opinion: This Is the Conversation About Race That We Need to Have Now", Ideas.Ted.Com, 2017년 8월 17일, https://ideas.ted.com/opinion-this-is-the-conversation-about-race-that-we-need-to-

have-now.
4. George Yancy, "Dear White America", *New York Times*, 2015년 12월 24일, https://opinionator.blogs.nytimes.com/2015/12/24/dear-white-america.
5. Peter Scazzero, *The Emotionally Healthy Church: A Strategy for Discipleship That Actually Changes Lives* (Grand Rapids, MI: Zondervan, 2015), 10장.
6. *Munyurangabo*, directed by Isaac Lee Chung (Brooklyn, NY: Almond Tree Films, 2007), DVD.
7. 2013년 10월 17일에 정이삭 감독이 저자에게 보낸 개인 이메일.
8. Soong-Chan Rah, *Prophetic Lament: A Call for Justice in Troubled Times* (Downers Grove, IL: InterVarsity, 2015), p. 23.
9. Parker J. Palmer, *Let Your Life Speak: Listening for the Voice of Vocation* (San Francisco: Jossey-Bass, 1999), 5장.
10. Coretta Scott King, The Schomburg Center for Research in Black Culture 재인용, *Standing in the Need of Prayer: A Celebration of Black Prayer* (New York: Free Press, 2003), p. x.
11. Walter Brueggemann, *The Prophetic Imagination* (Minneapolis: Fortress, 1978). 『예언자적 상상력』(복있는사람).
12. Willie James Jennings, *The Christian Imagination: Theology and the Origins of Race* (New Haven, CT: Yale University, 2010), p. 59.
13. Alastair Bonnett, Daniel Hill, 재인용 *White Awake: An Honest Look at What It Means to Be White* (Downers Grove, IL: 2017), p. 31.
14. *The Book of Common Prayer and Administration of the Sacraments and Other Rites and Ceremonies of the Church* (New York: Oxford University Press, 2005), p. 79.
15. Miroslav Volf, *Exclusion and Embrace: A Theological Exploration of Identity, Otherness, and Reconciliation* (Nashville: Abingdon, 1996), p. 124. 『배제와 포용』(IVP).

5장. 피상적으로 살아가는 세상을 위한 내면 점검

1. Alice Miller, *The Body Never Lies: The Lingering Effects of Hurtful*

Parenting, trans. Andrew Jenkins (New York: Norton, 2005), p. 119. 『폭력의 기억, 사랑을 잃어버린 사람들』(양철북).

2. Ronald Rolheiser, The Holy Longing: The Search for a Christian Spirituality (New York: Crown, 2014), p. 32. 『성聖과 성性의 영성』(성바오로출판사).

3. "Check Yo Self", MP3 audio, track 13 on Ice Cube, The Predator, Priority, 1992.

4. John Calvin, Institutes of the Christian Religion (Grand Rapids, MI: Eerdmans, 1957), 1:37. 『기독교강요』.

5. Richard Rohr and Andreas Ebert, The Enneagram: A Christian Perspective (Claudius Verlag, Munich: Crossroad, 1999), p. xi.

6. Parker J. Palmer, On the Brink of Everything: Grace, Gravity, and Getting Old (San Francisco: Berrett-Koehler, 2018), p. 146. 『모든 것의 가장자리에서: 나 이듦에 관한 일곱 가지 프리즘』(글항아리).

7. David Benner, The Gift of Being Yourself: The Sacred Call to Self-Discovery (Downers Grove, IL: InterVarsity, 2015), p. 50. 『나, 주님의 사랑에 안기다』(생명의말씀사).

8. Benner, Gift of Being Yourself, p. 51.

6장. 내면 점검을 위한 깊이 있는 실천 방안

1. Donald Winnicott, Lesley Caldwell and Angela Joyce 재인용, Reading Winnicott (New York: Routledge, 2011), p. 206. 『리딩 위니코트』(눈출판그룹).

2. Robert Stolorow, Trauma and Human Existence: Autobiographical, Psychoanalytic, and Philosophical Reflections (New York: Routledge, 2007), p. 10.

3. Peter Scazzero의 책 『정서적으로 건강한 교회』는 제노그램(genograms)에 대한 유용한 신학적 개관을 제공하고 추가로 나아갈 길을 제시한다.

4. Peter L. Steinke, Congregational Leadership in Anxious Times: Being Calm and Courageous No Matter What (Lanham, MD: Rowman and Littlefield, 2006), p. 10.

5. Alice Miller, The Body Never Lies: The Lingering Effects of Hurtful

Parenting, trans. Andrew Jenkins (New York: Norton, 2005), p. 14.
6. Peter Scazzero and Geri Scazzero, *Emotionally Healthy Relationships Workbook* (Grand Rapids, MI: Zondervan, 2017), p. 82.

7장. 몸과 영혼을 분리하는 문화에 맞선 성적 온전함

1. Alan Leeds, Tourée 재인용, "Prince's Holy Lust", *New York Times*, 2016년 4월 22일, www.nytimes.com/2016/04/24/opinion/sunday/princes-holy-lust.html.
2. Ronald Rolheiser, *The Holy Longing: The Search for a Christian Spirituality* (New York: Crown, 2014), p. 34.
3. Debra Hirsch, *Redeeming Sex: Naked Conversations About Sexuality and Spirituality* (Downers Grove, IL: InterVarsity, 2015), p. 26.
4. Marva Dawn, *Sexual Character: Beyond Technique to Intimacy* (Grand Rapids, MI: Eerdmans, 1993), p. 10.
5. Dawn, *Sexual Character*, p. 10.
6. Dawn, *Sexual Character*, p. 10.
7. Dawn, *Sexual Character*, p. 12.
8. Christopher West, *Fill These Hearts: God, Sex, and the Universal Longing* (New York: Image, 2018).
9. Shaji George Kochuthara, *The Concept of Sexual Pleasure in the Catholic Moral Tradition* (Rome: Gregorian University Press, 2007), pp. 148-149.
10. Peter Brown, *The Body and Society: Men, Women, and Sexual Renunciation in Early Christianity* (New York: Columbia University, 2008), p. 173.
11. Saint Augustine, *Confessions*, trans. Sarah Ruden (New York: Modern Library, 2018), p. 223. 『고백록』.
12. C. S. Lewis, *Mere Christianity* (New York: HarperOne, 2015), pp. 136-137. 『순전한 기독교』(홍성사).

8장. 성적 온전함을 위한 깊이 있는 실천 방안

1. Dallas Willard, Mike Sullivan 재인용, "The Divine Conspiracy: The Grandest Prayer of All Is the Lord's Prayer by Dallas Willard", *Emmaus*

City (blog), 2018년 5월 24일, http://emmauscity.blogspot.com/2018/05/the-divine-conspiracy-rediscovering-our.html.
2. "May Launches Government's First Loneliness Strategy", *Government Business*, 2018년 10월 15일, https://governmentbusiness.co.uk/news/-15102018/may-launches-government%e2%80%99s-first-loneliness-strategy.
3. 2013년 10월 31일 Sue가 저자에게 보낸 개인 이메일.
4. Bessel van der Kolk, *The Body Keeps the Score: Brain, Mind, and Body in the Healing of Trauma* (New York: Penguin Random House, 2014), pp. 125-126. 『몸은 기억한다』(을유문화사).
5. Richard Wagamese, *Embers: One Ojibway's Meditations* (Madeira Park, BC: Douglas and McIntyre, 2017), p. 55.

9장. 고립되고 관계가 끊긴 사람들을 위한 선교적 현존

1. Thomas Merton, *The Seven Storey Mountain: An Autobiography of Faith* (New York: Harcourt Brace Jovanovich, 1948), 197. 『칠층산』(바오로딸).
2. Homer Simpson, Mostly Simpsons 재인용, "The Simpsons Everybody's a Sinner, Except for This Guy", YouTube video, 0:15, 2016년 5월 18일, www.youtube.com/watch?v=8OPJYbgD45Q.
3. Jüurgen Moltmann, *The Trinity and the Kingdom* (Minneapolis: Fortress, 1993), pp. 174-175. 『삼위일체와 하나님의 나라』(대한기독교서회).
4. Mother Teresa, GoodReads.com, www.goodreads.com/quotes/2887-if-you-judge-people-you-have-no-time-to-love.

10장. 선교적 현존을 위한 깊이 있는 실천 방안

1. Kate Taylor and Jeffrey E. Singer, "In Queens, Immigrants Clash with Residents of New Homeless Shelter", *New York Times*, 2014년 7월 25일, www.nytimes.com/2014/07/26/nyregion/homeless-shelters-opening-in-queens-stirs-ugly-exchanges.html.
2. Henri J. M. Nouwen, *Reaching Out: The Three Movements of the Spiritual Life* (New York: Image, 1986), p. 71. 『영적 발돋움』(두란노).

3. Nadia Whitehead, "That's Not Fair! Crime and Punishment in a Preschooler's Mind", *NPR*, 2015년 6월 24일, www.npr.org/sections/health-shots/2015/06/24/415495362/thats-not-fair-crime-and-punishment-in-a-preschoolers-mind.
4. Whitehead, "That's Not Fair!"
5. Timothy Keller, *Generous Justice: How God's Grace Makes Us Just* (New York: Penguin Books, 2012), p. 4. 『팀 켈러의 정의란 무엇인가』(두란노).
6. Frederick Buechner, GoodReads.com, www.goodreads.com/quotes/140448-the-place-god-calls-you-to-is-the-place-where.
7. Thomas L. Friedman, *The Lexus and the Olive Tree: Understanding Globalization* (New York: Farrar, Straus & Giroux, 2000), p. 66. 『렉서스와 올리브나무』(21세기북스).
8. David Sayce, "The Number of Tweets Per Day in 2019", www.dsayce.com/social-media/tweets-day.
9. Martin Luther King Jr., "Beyond Vietnam: A Time to Break Silence" (1967년 4월 4일 리버사이드 교회에서 한 연설), audio, 1:55:40, https://soundcloud.com/kinginstitute/vietnam-a-crisis-of-conscience.
10. Leigh Campbell, "We've Broken Down Your Entire Life into Years Spent Doing Tasks", *Huffington Post Australia*, 2017년 10월 19일, www.huffingtonpost.com.au/2017/10/18/weve-broken-down-your-entire-life-into-years-spent-doing-tasks_a_23248153.
11. Dorothy Sayers, "Why Work?", Center for Faith and Work at LeTourneau University, https://centerforfaithandwork.com/article/why-work-dorothy-sayers.
12. Martin Luther King Jr., *The Papers of Martin Luther King Jr.*, vol. 3, *Birth of a New Age, December 1955–December 1956*, ed. Clayborne Carson et al. (Berkeley, CA: University of California, 1997), p. 457.
13. David E. Fitch, *Faithful Presence: Seven Disciplines That Shape the Church for Mission* (Downers Grove, IL: InterVarsity, 2016), p. 101.

후기: 깊이 있게 형성된 길로 나아가기

1. Dietrich Bonhoeffer, *Letters and Papers from Prison* (New York: Simon & Schuster, 2001), p. 279. 『디트리히 본회퍼의 옥중서간』(대한기독교서회).

옮긴이 홍종락은 학부에서 언어학을 공부했고, 한국해비타트에서 간사로 일했다. 2001년 후반부터 현재까지 아내와 한 팀을 이루어 번역가로 일하고 있으며, 번역하며 배운 내용을 자기 글로 풀어낼 궁리를 하며 산다. 저서로 『오리지널 에필로그』, 공저로 『나니아 나라를 찾아서』(이상 홍성사)가 있고, 역서로는 『그리스도인은 누구인가』(공역) 『덕과 성품』 『한나의 아이』(이상 IVP), 『평화의 나라』 『폐기된 이미지』(이상 비아토르), 『실낙원 서문』 『오독』 『이야기에 관하여』 『영광의 무게』(이상 홍성사), 『한밤을 걷는 기도』(두란노) 등이 있다. 2009 'CTK(크리스채너티투데이 한국판) 번역가 대상'과 2014년 한국기독교출판협회 선정 '올해의 역자상'을 수상했다.

예수님께 뿌리내린 삶

초판 발행_ 2022년 2월 15일
초판 2쇄_ 2022년 12월 20일

지은이_ 리치 빌로다스
옮긴이_ 홍종락
펴낸이_ 정모세

펴낸곳_ 한국기독학생회출판부
등록번호_ 제2001-000198호(1978.6.1)
주소_ 04031 서울시 마포구 동교로 156-10
대표 전화_ (02)337-2257 팩스_ (02)337-2258
영업 전화_ (02)338-2282 팩스_ 080-915-1515
홈페이지_ http://www.ivp.co.kr 이메일_ ivp@ivp.co.kr
ISBN 978-89-328-1912-9

ⓒ 한국기독학생회출판부 2022

책값은 뒤표지에 있습니다.
무단 전재와 복제를 금합니다.